JAVASCRIPT
COMO NUNCA ANTES SE LO HABÍAN CONTADO

Tomás Domínguez Mínguez

Acceda a www.marcombo.info
para descargar gratis
el contenido adicional
complemento imprescindible de este libro

Código: JAVASCRIPT24

JAVASCRIPT
COMO NUNCA ANTES SE LO HABÍAN CONTADO

Tomás Domínguez Mínguez

JavaScript como nunca antes se lo habían contado
Primera edición, 2024
© 2024 Tomás Domínguez Mínguez
© 2024 MARCOMBO, S. L.
    www.marcombo.com

Ilustración de cubierta: Jotaká
Maquetación: quimdiaz.net
Corrector: Nuria Barroso
Directora de producción: M.ª Rosa Castillo

ISBN: 978-84-267-3810-3
D.L.: B 9070-2024

Impreso en Arteos
Printed in Spain

Libro ecológico
Impreso con papel procedente de bosques gestionados
de manera eficiente, libre de cloro

TABLA DE CONTENIDO

1. INTRODUCCIÓN   1

    1.1 ¡Hola Mundo!...2

2. SINTAXIS BÁSICA   9

3. VARIABLE Y CONSTANTES   13

    3.1 Variables 14

    3.2 Constantes 21

4. TIPOS DE DATOS PRIMITIVOS   23

    4.1 Boolean 24

    4.2 Number... 24

    4.3 String.. 28

    4.4 Null y undefined.. 31

    4.5 Conversión entre tipos de datos primitivos............................. 32

        4.5.1 Conversión a números.. 32

        4.5.2 Conversión a cadenas 34

        4.5.3 Conversión a valores booleanos 37

5. OPERADORES   39

    5.1 Operadores aritméticos... 41

5.2 Operadores de asignación.. 45

5.3 Operadores de comparación.. 48

5.4 Operadores lógicos 50

5.5 El operador condicional.. 52

5.6 El operador typeof 53

5.7 Precedencia de operadores 54

6. SENTENCIAS DE CONTROL DE FLUJO   57

6.1 if…else.. 58

6.2 switch…case 60

6.3 for 65

6.4 while y do…while.. 69

6.5 break y continue 72

7. FUNCIONES   75

7.1 Invocación de una función.. 79

7.2 El tipo de datos Function.. 82

7.3 Alcance de las variables 86

8. OBJETOS   89

8.1 Propiedades 90

8.2 Métodos 97

8.3 La función constructora.. 100

8.4 Mutabilidad 105

8.5 Objetos globales 112

8.5.1 El objeto Array 117

8.5.1.1 Acceso a los elementos de un array 118

8.5.1.2 Uso de arrays como colas o stacks............................... 123

8.5.1.3 Métodos de unión, división y transformación
de arrays 125

8.5.1.4 Métodos de ordenación de los elementos de un array 128

8.5.2 El objeto String 139

8.5.2.1 Acceso a los caracteres de una cadena 139

8.5.2.2 Métodos de manejo de cadenas 142

8.5.2.3 Plantillas literales 153

8.5.3 El objeto Date 155

8.5.3.1 Métodos de manejo de fechas 163

8.5.4 El objeto Math 167

9. EL DOM   171

9.1 Estructura de datos del DOM 172

9.2 Interfaz de programación del DOM 174

9.2.1 Nodos 175

9.2.2 Elementos HTML 178

9.3 Acceso a los elementos HTML de un documento HTML 183

9.3.1 Acceso directo 184

9.3.2 Acceso a través de la estructura del DOM 191

9.4 Modificación de la estructura de un documento HTML 197

9.5 Gestión de eventos 202

9.5.1 Eventos 205

9.5.2 Controladores de eventos 208

9.5.3 Prácticas de manejo de eventos 210

9.5.3.1 Validación de los datos de un formulario 210

9.5.3.2 Editor gráfico 221

9.5.3.3 Menú contextual 225

9.5.4 Burbujeo de eventos 232

10. HERRAMIENTAS PARA DESARROLLADORES DE CHROME   239

10.1 Mensajes de traza 246

10.2 La sentencia debugger 252

10.3 Breakpoints 258

11. EL BOM   263

11.1 La ventana del navegador.. 263

11.1.1 Dimensiones y posición de la ventana del navegador........ 265

11.1.2 Carga de los elementos de una página 269

11.1.3 Cuadros de diálogo... 274

11.1.4 Foco.. 284

11.2 Temporizadores 287

11.2.1 Prácticas 290

11.2.1.1 Animación de imágenes... 290

11.2.1.2 Movimiento de imágenes en una ventana................ 295

11.2.1.3 Movimiento de imágenes dentro de una zona de la ventana 302

11.2.1.4 Gestión del tamaño de la ventana............................ 306

11.2.1.5 El juego del frontón 308

11.3 La pantalla del dispositivo.. 321

11.4 El navegador... 324

11.5 Las direcciones web 326

12. ALMACENAMIENTO DE DATOS   335

12.1 Prácticas 336

12.1.1 Almacenamiento de sesión..................................... 337

12.1.2 Almacenamiento persistente 340

13. APLICACIONES MÓVILES   351

13.1 El servidor web de XAMPP 352

13.2 Pantallas táctiles... 361

13.2.1 Prácticas 366

13.2.1.1 Editor de páginas web... 366

13.2.1.2 Atrapa el zombi 370

13.3 Sensores de orientación espacial.. 387

13.3.1 Bloqueo de la orientación de la pantalla 387

13.3.2 Control basado en la orientación del dispositivo............... 391

13.3.3 Prácticas 398

13.3.3.1 Efecto de flotación 398

13.3.3.2 Efecto de gravedad 402

14. ANEXO   409

14.1 Explosión de un globo con efecto sonoro.................................... 409

14.1.1 Código HTML... 409

14.1.2 Código JavaScript 410

14.2 Gestión del tamaño de la ventana.. 410

14.2.1 Código HTML... 410

14.2.2 Código JavaScript 411

14.3 Juego del frontón manejado con el ratón 413

14.3.1 Código HTML... 413

14.3.2 Código JavaScript 413

14.4 Almacenamiento de datos de sesión 416

14.4.1 Código HTML... 416

14.4.1.1 Página de acceso... 416

14.4.1.2 Página de popup 417

14.4.1.3 Página privada 417

14.4.2 Código JavaScript 418

14.4.2.1 Página de acceso... 418

14.4.2.2 Página de popup 419

14.4.2.3 Página privada 419

14.5 Juego del frontón con ventana de configuración........................ 420

14.5.1 Código HTML... 420

14.5.2 Código JavaScript 420

Unidad 1
INTRODUCCIÓN

A principios de los años 90, en los inicios de la WWW (*World Wide Web*), las páginas web se escribían básicamente en HTML (aunque, tímidamente, empezaba a utilizarse CSS), lenguajes con los que se daba estructura y forma al contenido publicado en Internet. Sin embargo, estos lenguajes solo permitían mostrar contenido estático, por lo que cualquier interacción con el usuario (tal como ya se hacía con las aplicaciones de escritorio tradicionales) pasaba por el envío de información al servidor, que, tras procesarla, devolvía otra página estática como respuesta. Esto suponía una importante limitación para las primeras aplicaciones web ya que, según iban aumentando en complejidad, tardaban cada vez más en cargarse debido a las velocidades de comunicación existentes en aquella época (se utilizaban módems de 28 800 bits/sg). La simple verificación de los datos de un formulario suponía tiempos de respuesta que impedían una interacción ágil con el usuario, lo que provocaba un rechazo que amenazaba el despegue, incluso la viabilidad, de este nuevo tipo de aplicaciones basadas en tecnología web.

Por ese motivo, cuando la empresa Netscape (creadora del primer navegador comercial) contrató a Brendan Eich (cofundador del proyecto Mozilla), lo primero que le encargó fue un nuevo lenguaje de programación ligero que se ejecutara en su navegador. El objetivo era dotarle de la capacidad necesaria para realizar algunas de las tareas de procesamiento que hasta ese momento venían haciendo únicamente los servidores web. Se quería evitar la comunicación de ida y vuelta (y el consecuente tiempo de espera) entre las peticiones del usuario y las respuestas del servidor.

Como resultado de este encargo, Brendan creo en 1995 LiveScript (fue el nombre inicial de JavaScript), que se incorporó al navegador Netscape Navigator 2.0, convirtiéndose en el primero que incluía soporte a un lenguaje de script en las páginas web. Originalmente apenas servía para algo más que para validar formularios, pero resultó ser un gran éxito, por lo que se fue expandiendo con rapidez.

El cambio de nombre a JavaScript se realizó tras la compra de Netscape Navigator por parte de Sun Microsystems (adquirida posteriormente por Oracle en 2010), empresa creadora de Java. Los motivos no están claros. Algunos creen que fue una cuestión de marketing, ya que Java era la palabra de moda en el mundo de la informática e Internet en aquella época. Sin embargo, otras fuentes señalan que se quería evitar problemas legales con Microsoft, que acababa de lanzar JScript (lenguaje prácticamente idéntico) para su navegador Internet Explorer.

En este contexto técnico y comercial, Netscape decidió estandarizar el lenguaje JavaScript para evitar una guerra de tecnologías. Por ese motivo, en 1997 se envió la especificación JavaScript 1.1 al organismo ECMA (European Computer Manufacturers Association), que creó el comité TC39 con objeto de normalizar un lenguaje de script multiplataforma e independiente del navegador donde se ejecutara. El primer estándar de este comité fue el denominado ECMA-262, en el que se definió el lenguaje ECMAScript (nombre que algunos programadores prefieren utilizar, en vez de JavaScript). Poco después, dicha especificación también se convirtió en un estándar ISO (Internacional Organization for Standardization, Organización Internacional de Normalización), en concreto, el ISO/IEC-16262.

A partir de entonces, ECMA ha ido sacando nuevas versiones conocidas por su nombre abreviado ES1, ES2, etc., hasta ES6, en 2015. A partir de ese año, pasaron a llamarse ECMAScript 2016, 2017, etc. De todas ellas, la que ha marcado los fundamentos del lenguaje JavaScript tal como lo conocemos actualmente es la ES6 (también conocido como ECMAScript 2015, por el año de su lanzamiento), motivo por el que es la especificación en la que se basa esta obra.

1.1 ¡HOLA MUNDO!

Si ha estudiado otros lenguajes de programación, seguramente sospechara que empezaría desarrollando el conocido ¡Hola Mundo! Aunque no hay normas escritas sobre lo que debe hacer, generalmente muestra en pantalla el texto que le da nombre. Se emplea para dar una visión general de las principales características del lenguaje y tener un contacto inicial con su entorno de desarrollo y ejecución. A este último respecto no tendrá que hacer uso de ninguno en concreto, ya que el código se puede escribir en cualquier editor de texto y ejecutar en cualquier navegador.

En relación a los editores de texto, una buena opción son los de uso libre, como, por ejemplo, Atom, Notepad++, GNU Emacs o Visual Studio Code. También son válidos aquellos que vienen de serie con los sistemas operativos, como el Bloc de notas de Windows o TextEdit en OS X. Sin embargo, evite los paquetes ofimáticos (por ejemplo, Office 365) porque introducen elementos ocultos que provocan errores de ejecución.

Entre todos ellos destaca Visual Studio Code, ya que también es muy popular como editor de código HTML y CSS. Aunque no sea un editor específico de JavaScript, una vez que abre o crea un archivo con la extensión ".js" presupone que contiene código escrito en dicho lenguaje y ofrece de forma nativa multitud de ayudas y menús contextuales que facilitan su escritura. No tendrá que realizar ninguna configuración ni tampoco instalar ningún plugin específico para empezar a usar funciones como la de IntelliSense (autocompletado), formateo de código e, incluso, herramientas de depuración, por poner algún ejemplo.

Si todavía no dispone de esta herramienta, no dude en descargarla de https://code.visualstudio.com/download. Aunque una vez instalada podrá empezar a utilizarla de forma casi inmediata, le animo a documentarse sobre las múltiples facilidades que ofrece. Solo así podrá sacar el máximo provecho, tanto del propio editor como de los complementos que, de forma opcional, añaden todo tipo de características que mejoran su experiencia de uso.

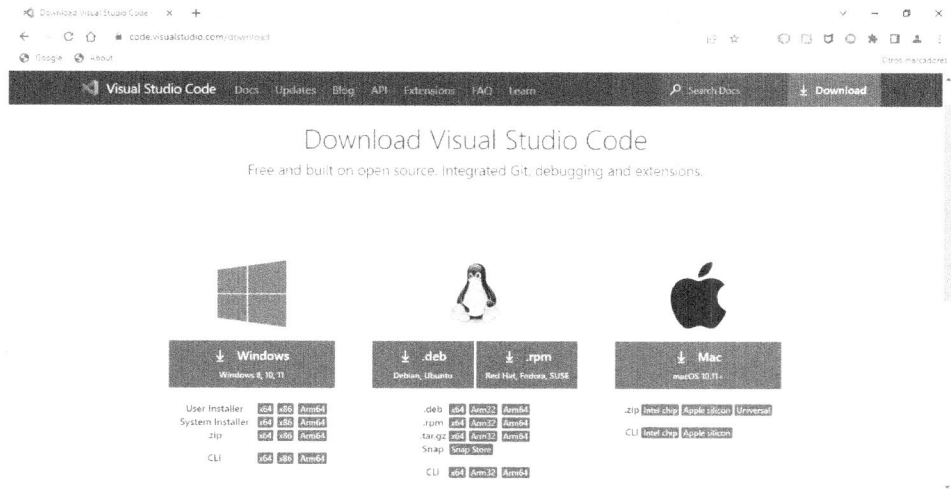

De las opciones ofrecidas en la página de descarga de Visual Studio Code, la más sencilla es descargar el instalador. Hay dos: User Instaler (instalador de usuario) y System Instaler (instalador del sistema). La diferencia entre ambos es que el primero instala el editor en su carpeta de usuario y no necesita privilegios de administrador, mientras que el segundo lo instala para todos los usuarios del sistema.

Si el desarrollo de código JavaScript solo requiere un editor como Visual Studio Code, su ejecución solo exige un navegador. Puede usar cualquiera de los más conocidos, como Firefox, Chrome, Opera, Safari o Edge (Internet Explorer está fuera de soporte). Aunque en los ejercicios descritos a lo largo de este libro se utilice exclusivamente Chrome, todos ellos disponen de un motor JavaScript que interpreta los programas desarrollados en este lenguaje. Sin embargo, no todos los navegadores son compatibles al 100% con el estándar ECMAScript, por lo que, al igual que sucede con HTML y CSS, los resultados podrían llegar a variar de unos a otros.

Ahora sí, abra Visual Studio Code (o su editor favorito), cree un nuevo fichero llamado "holaMundo.html" y escriba el siguiente código:

```
<html>
  <head>
    <script>
      alert("Hola Mundo");
    </script>
  </head>
  <body></body>
</html>
```

Como puede observar, el código JavaScript forma parte de la etiqueta `<script>` situada dentro de la cabecera (etiqueta `<head>`), aunque también habría podido incluirse en el cuerpo del documento HTML (etiqueta `<body>`). Se trata de un código muy sencillo formado por una sentencia `alert()` que abre una ventana emergente con el texto pasado como argumento ("Hola Mundo").

Una vez guardado el archivo, acceda a la carpeta donde se encuentra y pulse sobre él con el botón derecho del ratón. En el menú contextual que aparece, seleccione la opción "Abrir con" y, finalmente, "Google Chrome".

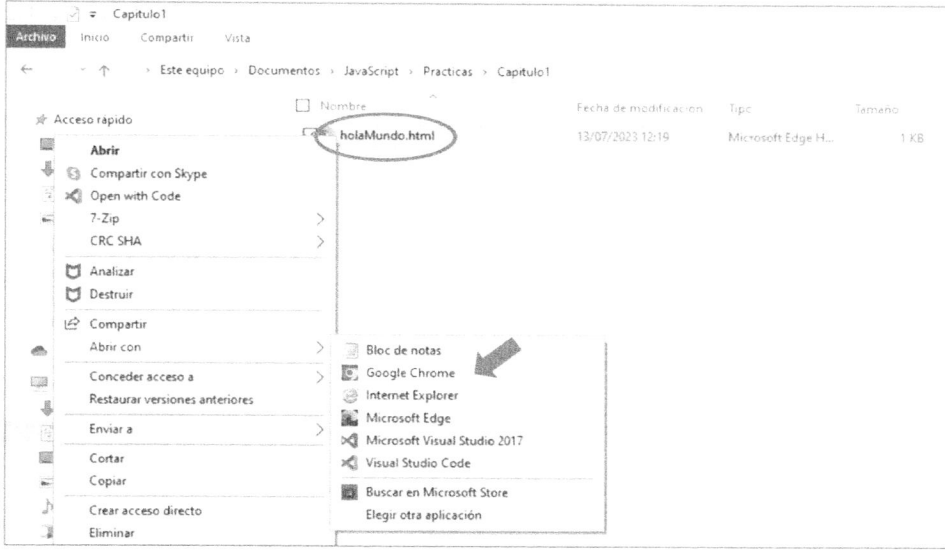

> Aunque en todas las prácticas se haga referencia a Google Chrome, puede utilizar cualquier otro navegador. Si fuera el configurado por defecto en su ordenador, solo tendría que abrirlo igual que hace con los archivos de cualquier otra aplicación.

El resultado es el que puede ver a continuación, en el que el navegador muestra el texto "Hola Mundo" en una ventana de alerta.

Al pulsar el botón "Aceptar" desaparecería dicha ventana. Si refrescara la página, volvería a ejecutarse el código JavaScript y aparecería de nuevo esta misma ventana.

El código JavaScript no solo puede estar en la propia página web sino en un archivo independiente (de forma similar a como se hace con las hojas de estilo CSS). De esta forma, al separar del código HTML y JavaScript se facilitaría su lectura y, en consecuencia, su mantenimiento sería más sencillo. Si se decantara por esta opción, la etiqueta con la que se importaría el código JavaScript en una página web seguiría siendo la misma (`<script>`), solo que ahora no tendría ningún contenido sino un atributo `src` cuyo valor sería el nombre del fichero donde estuviera almacenado el programa.

Para demostrarlo, cree un nuevo fichero llamado "holaMundo.js" en la misma carpeta donde se encuentra "holaMundo.html" y añada únicamente esta línea de código:

```
alert("Hola Mundo");
```

Elimine esa misma línea del archivo "holaMundo.html". Además, añada el atributo src a la etiqueta <script> y asígnele como valor el nombre del archivo que acaba de crear, tal como se muestra a continuación:

```
<html>
    <head>
        <script src="holaMundo.js"></script>
    </head>
    <body></body>
</html>
```

El efecto producido al recargar la página web será el mismo de antes.

Naturalmente, si el archivo con el código JavaScript no estuviera en la misma carpeta que el de la página HTML, el valor del atributo src sería el *path* donde se encontrara (puede ser absoluto o relativo). En cambio, si fuera parte de los recursos ofrecidos por un servidor web, su valor sería el URL de acceso.

Unidad 2
SINTAXIS BÁSICA

Tal como se mencionó en el capítulo de introducción, JavaScript cumple con la especificación ECMAScript (ES), cuya versión ES6 (ECMAScript 2015) será la descrita en esta obra por ser la que realmente ha marcado los fundamentos del lenguaje tal como lo conocemos actualmente.

El nombre de este lenguaje ya da una idea de cuál es su crientación, el desarrollo de scripts. Como cualquier otro programa, un script está formados por un conjunto de instrucciones, llamadas sentencias, que indican al ordenador (en concreto, al navegador, ya que es quien las interpreta) la secuencia de acciones que debe realizar en cada momento.

Las sentencias se separan entre sí con un punto y coma (';').

```
sentencia;
...
sentencia;
```

Aunque JavaScript interpreta por defecto el retorno de carro como el final de una sentencia, se aconseja encarecidamente añadir siempre un punto y coma, ya que, cuando menos se lo espere, obtendrá errores inexplicables muy difíciles de corregir.

Cuando una sentencia sea muy larga, podrá dividirse en varias líneas para mejorar su legibilidad. Pese a que pueda hacerlo allí donde haya un espacio (siempre que este no forme parte de un texto entrecomillado), lo adecuado es partir la sentencia después de un operador o una coma.

Si bien no es lo habitual, varias sentencias cortas podrían llegar a escribirse en una misma línea:

```
sentencia;...;sentencia;
```

Las sentencias se componen de:

- Valores
- Variables (o constantes)
- Operadores
- Palabras clave

Los valores son los datos que manejan los programas. Estos pertenecen a un tipo que determina sus características y las operaciones en las que pueden participar. Los tipos de datos más comunes en JavaScript son los booleanos (representan los conceptos de cierto y falso), los números y los textos. Se trata de tipos primitivos porque representan un único dato, a diferencia de aquellos formados por estructuras que los agrupan en listas u objetos. Dichos valores pueden usarse directamente o almacenarse en variables (o constantes). En ese caso, cuando haga referencia a ellas lo estará haciendo al valor que contengan en ese momento.

Las variables y/o los valores podrán combinarse mediante operadores para formar expresiones que permitan obtener nuevos valores. Por ejemplo, la expresión:

```
2 + 3
```

estaría formada por dos valores (el número 2 y el 3) y un operador (la suma), cuyo resultado sería otro valor (el número 5).

Por último, las palabras clave del lenguaje son las que especifican la acción que debe realizarse. Por ejemplo, la palabra clave `let` indica a JavaScript que cree una variable, tal como se hace en la siguiente sentencia con la que se crea la variable `x`:

```
let x;
```

La lista completa de palabras reservadas de JavaScript la puede encontrar en https://developer.mozilla.org/en-US/docs/Web/JavaScript/Reference/Lexical_grammar#keywords.

Todo lo que se escribe en un script es susceptible de ser ejecutado. Si no quiere que sea así, deberá formar parte de un comentario. Generalmente, los comentarios son textos que explican lo que hace el código, ayudan a entenderlo y, en consecuencia, facilitan su mantenimiento. También son útiles durante la fase de pruebas, ya que al comentar una sentencia se evita su ejecución, lo que permite descartar que sea la causa de un problema o dirigir la atención hacia determinadas partes del código que pudieran estar provocando el error.

Un comentario puede ocupar una o varias líneas.

Los comentarios de una línea comienzan con los caracteres "//". Pueden ir solos o a continuación de la sentencia que describen. Por ejemplo:

```
//Se crea la variable x
let x;
let y; //Se crea la variable y
```

En los comentarios de más de una línea, la primera empezaría con los caracteres "/*" y la última finalizaría con "*/".

```
/*Se crea la variable x
  cuya función es almacenar un valor */
let x;
```

La guía de referencia completa de JavaScript se encuentra en https://developer.mozilla.org/es/docs/Web/JavaScript/Reference.

Unidad 3
VARIABLE Y CONSTANTES

Los elementos más básicos de un programa son las variables y las constantes, ya que son los encargados de mantener en memoria la información utilizada durante su ejecución. Por su nombre ya habrá deducido que las primeras permiten modificar su valor, mientras que en las segundas permanece inalterable.

Con el fin de afianzar estos dos conceptos fundamentales (y aquellos otros que se vayan introduciendo en secciones posteriores), se supone que los códigos JavaScript usados de ejemplo se encuentran en un archivo llamado "pruebas.js" situado en la misma carpeta que la página web desde la que se importan. Si bien el código JavaScript de cada ejercicio sustituye al anterior, el código HTML será siempre el mismo.

```html
<html>
    <head>
        <meta charset="utf-8">
        <script src="pruebas.js"></script>
    </head>
    <body>
    </body>
</html>
```

> *i* Aunque el nombre de este archivo resulta indiferente, se ha optado por llamarlo "pruebas.html".

Como puede observar, se trata de un archivo HTML básico en el que la cabecera contiene la etiqueta `<meta>` con la que se establece el juego de caracteres UTF-8 (imprescindible para que el navegador muestre correctamente caracteres especiales, como la letra 'ñ' y los acentos). Allí también se encuentra la etiqueta `<script>` que importa el código JavaScript desarrollado en cada ejercicio (almacenado en el archivo "pruebas.js").

Ahora sí, empecemos el estudio de las variables.

3.1 VARIABLES

Una variable es un espacio de memoria donde se almacena información. Se distinguen entre ellas por un nombre (identificador) que, al ser referenciado, permite guardar o recuperar los datos que contiene. En JavaScript las variables se crean cuando se declaran con la palabra clave `let` seguida de su identificador:

`let` *identificador*

> Por compatibilidad con viejos navegadores, también se permite declarar variables con la palabra clave `var` (en vez de `let`). Aunque básicamente hacen lo mismo, existen sutiles diferencias de comportamiento que pueden modificar los resultados de un programa según se emplee una u otra. Por ese motivo, en esta obra únicamente se utilizará `let`.

Los nombres de las variables solo pueden estar formados por letras, dígitos o los símbolos $ y _. El primer carácter no puede ser un dígito y, por supuesto, no es posible utilizar las palabras reservadas del propio lenguaje. Por ejemplo, `let` o `1identificador` no podrán ser nombres de variables, a diferencia de `_variable`, `$variable` o `identificador1`, que son identificadores válidos. Un último apunte, los caracteres en mayúsculas y en minúsculas son diferentes, por lo que la variable `identificador1` es diferente de `Identificador1`.

> No use nunca guiones ('-') ya que se confundirían con el operador de la resta.

Naturalmente, al declarar una variable también es posible asignarle un valor:

`let` *identificador* = *valor*

Por ejemplo, la siguiente sentencia crea la variable `texto` y la inicia con el valor "Hola Mundo":

```
let texto = "Hola Mundo";
```

En una misma línea de código se pueden declarar varias variables, sean del mismo o de diferente tipo.

```
let texto = "Hola Mundo", numero = 1, booleano = true;
```

Aunque la sentencia anterior ocupa una sola línea, si resultara muy larga podría dividirse en varias.

```
let texto = "Hola Mundo",
numero = 1,
booleano = true;
```

El valor de las variables que no se inician cuando se declaran es `undefined`. Compruébelo usted mismo escribiendo estas dos líneas de código en el archivo "pruebas.js":

```
let x;
alert(x);
```

La primera sentencia solo declara la variable `x` (no la inicia) y la segunda muestra su valor en una ventana informativa.

Al cargar la página "pruebas.html" en el navegador obtendría el siguiente resultado:

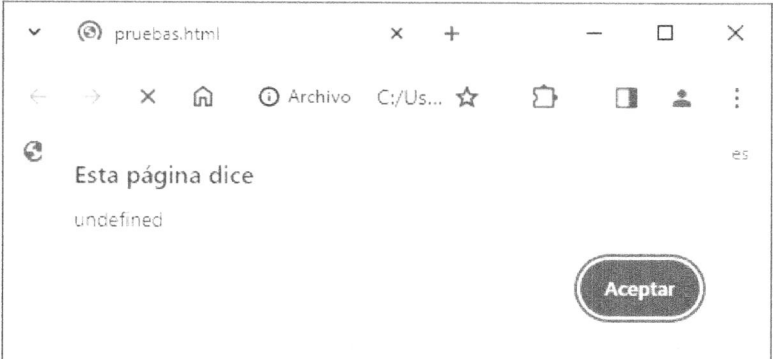

Por convención (no es obligatorio), las variables con un nombre compuesto (constituido por varias palabras) suelen seguir la nomenclatura *camel case*. Según dicha nomenclatura, la primera palabra empezaría en minúsculas y las siguientes en mayúsculas. Por ejemplo, `nombreLargoDeVariable`.

El perfil ondulante que se genera (similar al de las jorobas de los camellos) es lo que da nombre a esta nomenclatura.

Aunque JavaScript permite asignar un valor a una variable sin haberla declarado previamente, no se aconseja hacerlo para evitar que se creen variables cuyo nombre se haya escrito de forma incorrecta. La mejor forma de evitar este problema es utilizar la siguiente directiva como primera línea de código:

```
"use strict"
```

Además de obligar a declarar todas las variables, esta directiva tiene más implicaciones, muchas de ellas relacionadas con los objetos (estructuras de datos que se estudian más adelante), ya que lo que realmente hace es activar la ejecución del código en modo estricto. Esto permite localizar errores de manera temprana, evitando el uso de malas prácticas permitidas por el propio lenguaje (que todavía se mantienen por compatibilidad con programas desarrollados en versiones anteriores).

 Si quiere conocer todas las implicaciones que tiene el uso de la directiva `"use strict"`, visite la página
https://developer.mozilla.org/es/docs/Web/JavaScript/Reference/Strict_mode.

A modo de ejemplo, analicemos el siguiente código:

```
let variableConTexto;

varibleConTexto = "Hola Mundo";
alert(variableConTexto);
```

En la primera sentencia se declara la variable `variableConTexto` y en la segunda se le asigna el valor "Hola Mundo" ... o eso era lo que se pretendía, ya que en la ventana de alerta aparece un resultado inesperado.

Efectivamente, la variable `variableConTexto` tiene el valor `undefined` porque tras haber sido declarada, no se le ha dado ningún valor. Por error, la cadena "Hola Mundo" se asignó a la variable `varibleConTexto` (le falta una 'a').

Aunque en este caso concreto le haya resultado fácil encontrar el error, los programas que desarrolle en la práctica pueden llegar a tener cientos de líneas de código, decenas de variables y nombres compuestos en los que la pérdida o cambio de un carácter es difícilmente reconocible (el cerebro muchas veces completa o convierte de manera subconsciente una palabra mal escrita en otra conocida).

Si hubiera usado la directiva `"use strict"` al principio del programa esto no hubiera sucedido, ya que al tratar de asignar el valor "Hola Mundo" a la variable `varibleConTexto` se hubiera generado un error fácilmente reconocible, evitándole la consiguiente pérdida de tiempo y esfuerzo. Pero, sobre todo, le hubiera librado de las sensaciones de desánimo, disgusto, desesperación y abatimiento que se producen en situaciones en apariencia ilógicas.

Añada, pues, la directiva `"use strict"` al principio del programa y recargue de nuevo la página.

```
"use strict"

let variableConTexto;

varibleConTexto = "Hola Mundo";
alert(variableConTexto);
```

 Las directivas no son sentencias, por lo que no es necesario que acaben en punto y coma (';').

En esta ocasión no aparecerá la ventana de alerta, señal inequívoca de que se ha producido un error antes de la sentencia en la que se llamaba al comando `alert()` y, en consecuencia, el programa dejó de ejecutarse en ese punto.

Seguramente se esté preguntando qué ventaja aporta el uso de esta directiva ya que, aparentemente, sigue sin saber cuál es el motivo del error… a no ser que sepa cómo abrir las herramientas para desarrolladores de Chrome.

Aunque el manejo de esta herramienta sea objeto de estudio de una sección posterior, en esta aprenderá cómo abrirla y consultar los mensajes de error. Solo tiene que pulsar sobre el menú desplegable que tiene Chrome en la esquina superior derecha (representado por tres puntos verticales), seleccionar la opción "Más herramientas" → "Herramientas para desarrolladores".

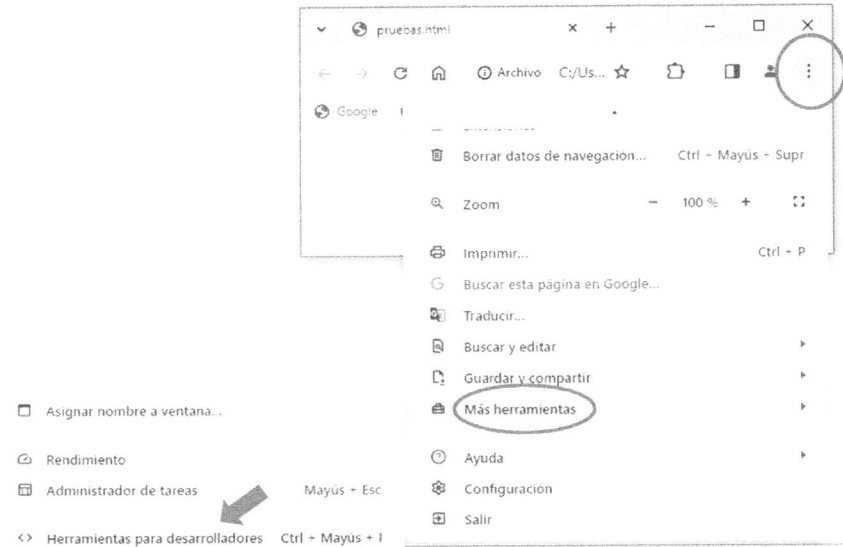

Aparecerá una nueva ventana en la que, por defecto, se muestra la pestaña correspondiente a la consola de JavaScript. Allí encontrará el error producido: "…varibleConTexto is not defined", es decir, que la variable `varibleConTexto` no se ha declarado.

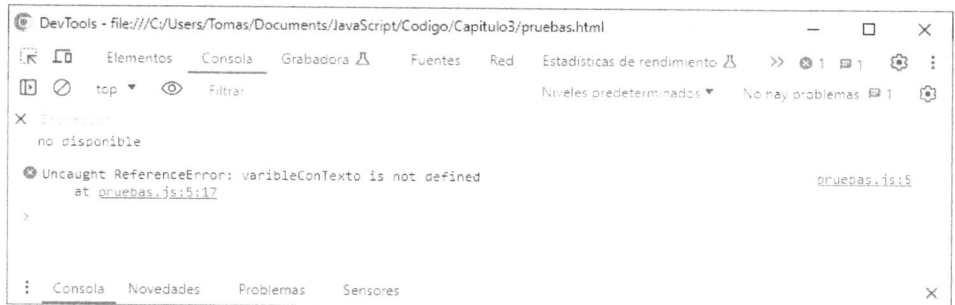

> Seguramente, los textos de estas herramientas le aparezcan en español (excepto el mensaje de error). Si no fuera así, pulse el botón "Switch DevTools to Spanish" que hay en la parte superior de la ventana para cambiarlos de idioma.

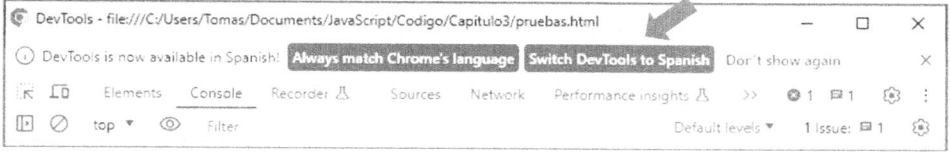

Si bien JavaScript permite asignar un valor a una variable sin declararla, lo que no deja es darle un valor y luego declararla. Para comprobarlo, solo tiene que modificar ligeramente el programa anterior:

```
variableConTexto = "Hola Mundo";
let variableConTexto;
alert(variableConTexto);
```

> Observe que no es necesario el uso de la directiva `"use strict"`.

En este caso, el error que aparece en la consola es: "…Cannot acces 'variableConTexto' before initialization…."

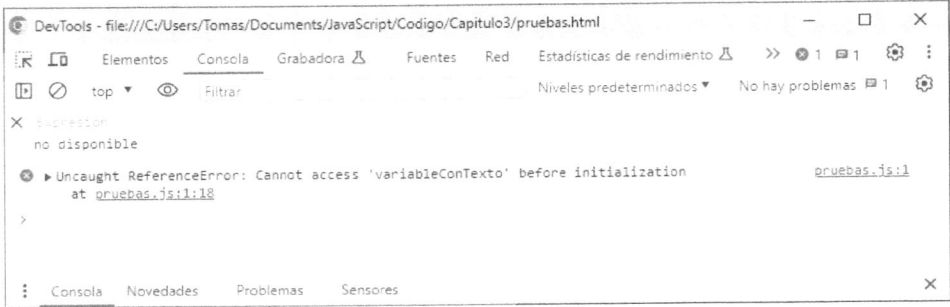

Por último, debe saber que JavaScript es un lenguaje de tipado dinámico, por lo que una variable puede contener un valor de cualquier tipo en cualquier momento. Por ejemplo, en este código se asigna primero el número 123 y luego la cadena "Hola Mundo" a la variable x (algo completamente legal):

```
let x;
x = 123;
x = "Hola Mundo";
```

Lo que no se puede hacer es declarar más de una vez la misma variable, por lo que este otro código provocaría un error:

```
let x = 123;
let x = "Hola Mundo";
```

Si todavía tiene abierta la consola, al recargar la página "pruebas.html" verá que aparece el error "…Identifier 'x' has already been declared…", lo que indica que la variable x ya había sido declarada.

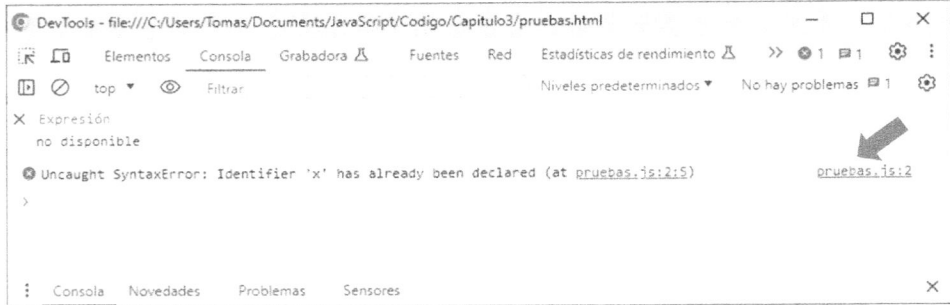

Solo tiene que pulsar sobre el enlace con el nombre del archivo ("pruebas.js") señalado en la imagen anterior, para que se abra una nueva vista en la herramienta para desarrolladores (pestaña "Fuentes") donde se identifica la sentencia que provoca el error. Como era previsible, se trata de aquella en la que se declara por segunda vez la variable x.

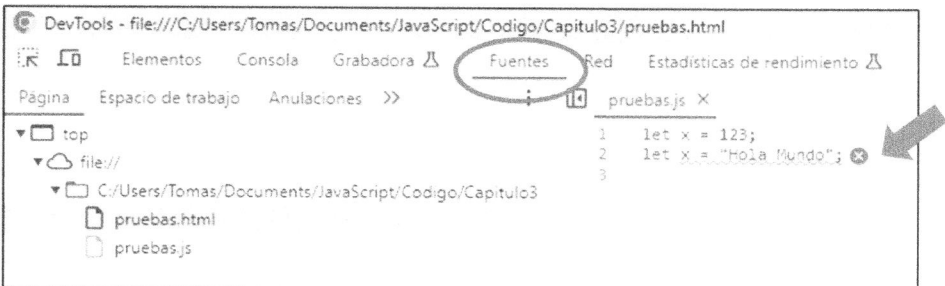

 No se olvide guardar los cambios cada vez que modifique el archivo "pruebas.html".

3.2 CONSTANTES

Las constantes, al igual que las variables, son espacios de memoria donde se almacenan datos. Sin embargo, a diferencia de estas, una vez asignado un valor ya no puede variarse. Las constantes se declaran con la palabra clave const, seguida de un identificador y un valor:

```
const identificador = valor
```

Por lo tanto, a diferencia de las variables es obligatorio asignarles un valor en el momento de declararlas. Por ejemplo, el siguiente código sería incorrecto:

```
const PI;
PI = 3.14;
```

La declaración de esta constante tendría que haberse hecho así:

```
const PI = 3.14;
```

Aunque los nombres de las constantes siguen la misma nomenclatura que el de las variables, para distinguir unas de otras se escriben habitualmente en mayúsculas. Adicionalmente, cuando el nombre es compuesto, las palabras se separan mediante un guion bajo ('_'), por ejemplo, NOMBRE_LARGO_DE_CONSTANTE.

Si una vez asignado un valor a una constante este no se puede cambiar, con más motivo tampoco podrá formar parte de dos declaraciones diferentes. Por esa razón, estas dos sentencias, situadas en diferentes partes de un programa, provocarían un error de ejecución:

```
const PI = 3.14;
…
const PI = 3.1416;
```

Unidad 4
TIPOS DE DATOS PRIMITIVOS

En informática, los datos se agrupan en tipos que determinan el conjunto de valores que lo componen y las operaciones en las que pueden intervenir (además de la forma en la que se representan internamente por el ordenador). Por ese motivo, muchos lenguajes de programación establecen el tipo de una variable en el momento de crearla. Sin embargo, en JavaScript esto no es necesario ya que usa un tipado dinámico.

Los tipos de datos pueden ser primitivos (los más básicos con los que se puede trabajar) o compuestos (formados por uno o más datos primitivos). En esta sección solo se estudiarán los tipos primitivos, que en JavaScript son:

- `Boolean`. Abarca únicamente los valores `true` y `false`.

- `Number`. Constituye cualquier número, tanto entero, como decimal.

- `BigInt`. Son números enteros más grandes que los de tipo `Number`.

- `String`. Sus valores son cadenas de caracteres. Podrán ir entre comillas dobles o simples. Eso significa que, por ejemplo, "perro" y 'perro' son iguales.

- `Null`. Solo puede tomar el valor `null`, que representa un valor nulo o vacío.

- `Undefined`. Solo puede tomar el valor `undefined`, que conceptualmente es la falta de valor. Por ese motivo, es el que tiene una variable cuando se declara sin iniciarla.

i Existe un último tipo de datos primitivo (`Symbol`), que no se va a estudiar en esta obra.

Analicemos con algo más de detalles estos tipos de datos primitivos, empezando por el primero de la lista.

4.1 BOOLEAN

Como se acaba de indicar, el tipo de datos `Boolean` está formado solo por los dos valores, que representan los conceptos de verdadero (`true`) y falso (`false`). Ambos valores son el resultado de la evaluación de expresiones de comparación y/o lógicas y se utilizan para saber si hay que ejecutar un bloque de código u otro en sentencias condiciones de tipo `if..then…else` o `switch…case`. También se emplean para determinar cuándo debe finalizar la ejecución de un bucle de tipo `for`, `while` o `do…while`.

Todas estas sentencias se explicarán en un capítulo posterior.

4.2 NUMBER

A diferencia de otros lenguajes de programación que distinguen entre enteros, con signo, sin signo, decimales de simple o doble precisión, etc., en JavaScript todos los valores numéricos forman parte del tipo de datos `Number`. Internamente, estos se almacenan como decimales y ocupan 64 bits en memoria.

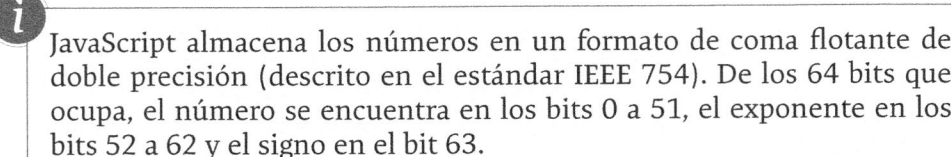

JavaScript almacena los números en un formato de coma flotante de doble precisión (descrito en el estándar IEEE 754). De los 64 bits que ocupa, el número se encuentra en los bits 0 a 51, el exponente en los bits 52 a 62 y el signo en el bit 63.

Aunque en un principio pueda parecer intrascendente la forma de almacenar un número, lo cierto es que determina los valores límite dentro de los que se puede trabajar con una precisión del 100%. Más allá de esos límites, un valor quedaría almacenado de forma aproximada, algo que puede llegar a ser problemático dependiendo del ámbito de uso de la aplicación. En este sentido, JavaScript solo representa de forma exacta los números enteros comprendidos entre $-(2^{53} - 1)$ y $2^{53} - 1$, es decir, entre -9007199254740991 y 9007199254740991. Superados estos límites, se produce un redondeo, tal como deja en evidencia la siguiente sentencia:

```
alert(9007199254740993);
```

Como el número que se pretende mostrar supera el del máximo entero, a veces el valor mostrado no coincide con el asignado sino con el almacenado por JavaScript, que es otro aproximado.

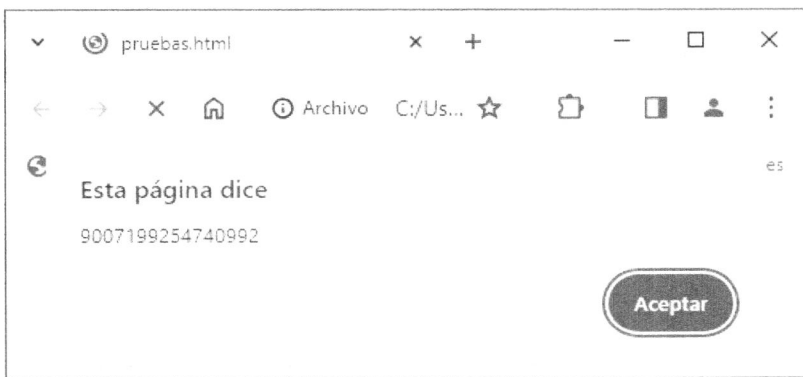

Esa falta de precisión también se produce con números decimales, como demuestra esta otra sentencia:

```
alert(0.1 + 0.2);
```

En teoría, el resultado que debería mostrarse en la ventana de alerta es 0.3, pero en la práctica, esta forma de representar los números hace que no siempre sea así, como sucede en este caso en concreto.

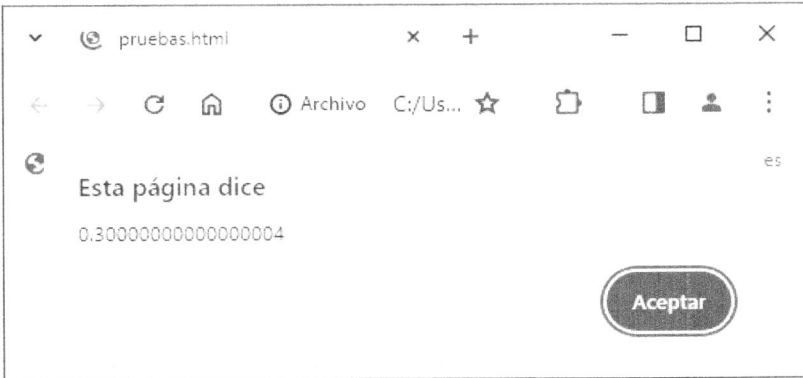

En lo que respecta a los números enteros, esta falta de presión podría superarse utilizando el tipo de datos BigInt, para lo cual solo habría que añadir el carácter 'n' al final del número, tal como se ha hecho en esta nueva sentencia (similar a otra anterior):

```
alert(9007199254740993n);
```

Ahora, la ventana de alerta sí mostraría el número real y no uno redondeado.

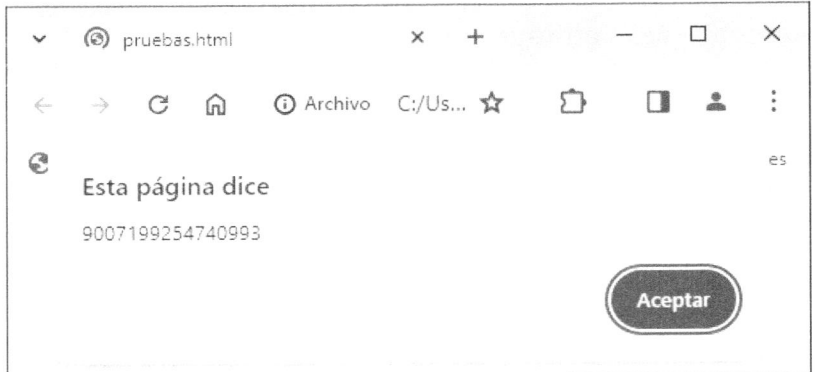

> ℹ No se aconseja la combinación de valores de tipo `Number` y `BigInt` en operaciones aritméticas. Y recuerde, un número del tipo `BigInt` no tiene decimales (es un número entero).

Con el fin de facilitar la escritura de números muy grandes, estos se pueden formular en notación exponencial. Por ejemplo, la forma de escribir 123 (12×12×12) sería:

```
12e3
```

Naturalmente, tanto la base como el exponente pueden ser números negativos. De este modo, la forma de escribir la expresión:

$$\frac{1}{(-12) \times (-12) \times (-12)}$$

sería:

```
-12e-3
```

Además de números, el tipo de datos `Number` tiene dos valores simbólicos que representan el infinito matemático (`+Infinity`, `-Infinity`).

Estos serían el resultado de indeterminaciones matemáticas o, simplemente, de expresiones que devuelven un número tan grande que no se pueda manejar en JavaScript (los mayores de 1.79×10^{308}).

En matemáticas, una indeterminación clásica es la división por cero de cualquier número. Eso es precisamente lo que hace la siguiente sentencia, que muestra en una ventana de alerta el resultado de dividir el número 1 por 0:

```
alert(1/0);
```

Si recuerda las matemáticas estudiadas en el bachillerato, sabrá que el resultado de esta división es infinito, valor que coincide con el que aparece en pantalla.

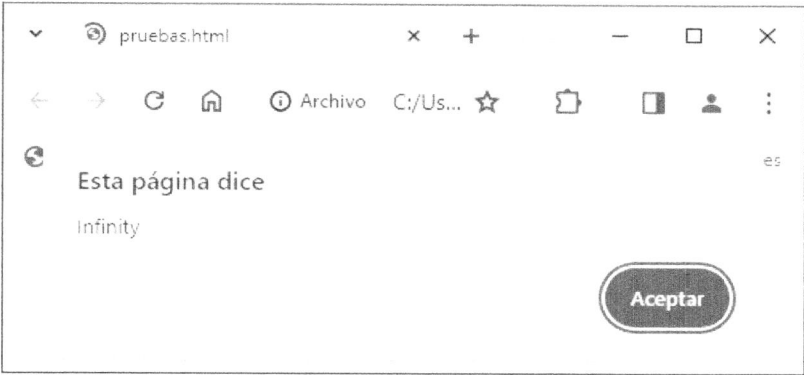

Aparte de +Infinity y -Infinity, el tipo de datos Number dispone de otro valor muy especial. Se trata de NaN (acrónimo de *Not A Number*, no es un número), que es el que devolvería una expresión aritmética que no pudiera llevarse a cabo. Por ejemplo, el resultado de dividir el texto "naranja" por 2 no sería media naranja sino algo que para JavaScript no es un número.

Para verificarlo solo tiene que ejecutar la siguiente sentencia:

```
alert("naranja"/2);
```

cuyo resultado sería el mostrado a continuación:

4.3 STRING

El tipo de datos `String` se utiliza para el manejo de textos, formados por una secuencia de caracteres entre comillas (tanto simples como dobles). Por ejemplo, estados dos cadenas representan el mismo texto:

```
"Hola Mundo"
'Hola Mundo'
```

Las cadenas de caracteres pueden combinar comillas simples o dobles, siempre que sean de tipos diferentes, como, por ejemplo:

```
"La palabra 'cadena' está entrecomillada"
'La palabra "cadena" está entrecomillada'
```

Los caracteres que componen una cadena no solo pueden ser los alfanuméricos habituales sino secuencias de escape que se preceden por una barra invertida ('\'). Las más habituales son:

- \b → retroceso
- \n → salto de línea
- \r → retorno de carro
- \t → tabulador

Las secuencias de escape también se utilizan para que el navegador no malinterprete ciertos caracteres propios del lenguaje. Por ejemplo, la siguiente sentencia provocaría un error de ejecución:

```
alert("El libro que más me gusta es "Don Quijote de la Mancha"");
```

El motivo es porque las segundas comillas dobles se interpretan como el final del texto utilizado como argumento del comando `alert()`, cuando realmente son parte de la cadena. En esa situación, JavaScript espera a continuación el paréntesis de cierre de dicho comando, en vez de la secuencia de caracteres `Don Quijote de la Mancha"")`. Eso es precisamente lo que indica el mensaje de error que aparece en la consola:

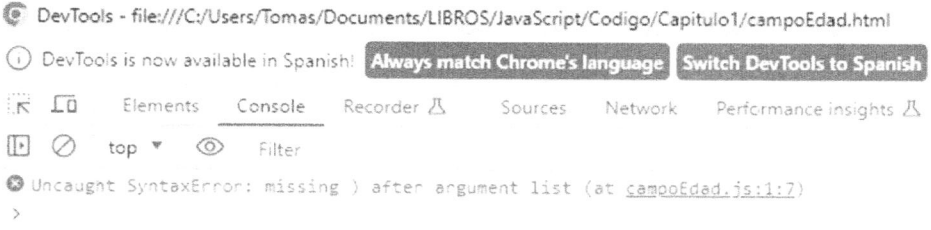

Para resolver este problema, las comillas simples, las dobles e, incluso, la barra invertida utilizada como carácter de escape, se deben preceder con dicha barra invertida:

```
\'  → Comilla simple.
\"  → Comilla doble.
\\  → Barra invertida.
```

De ese modo, la forma correcta de escribir la sentencia anterior sería:

```
alert("El libro que más me gusta es \"Don Quijote de la Mancha\"");
```

Al volver a cargar la página HTML, esta vez sí se mostraría el texto correctamente en la ventana de alerta.

> **i** En el caso anterior, también sería posible mezclar las comillas simples con las dobles de la siguiente forma:
>
> ```
> alert('El libro que más me gusta es "Don Quijote de la Mancha"');
> ```

A veces, los mensajes mostrados al usuario pueden ser muy largos y requieran partirse en varias líneas utilizando la secuencia de escape '\n'. En ese caso, también podría estar tentado de dividir la cadena de texto mediante retornos de carro en el propio editor de código para verla correctamente. Eso es precisamente lo que se ha hecho (incorrectamente) en esta sentencia utilizada de ejemplo:

```
alert("En esta línea hay una palabra con acento.\n
       En esta otra hay una palabra \"entrecomillada\".");
```

El resultado sería un error de ejecución, debido a que el navegador interpreta ambas líneas como dos sentencias, en la primera de las cuales se abre una cadena que luego no se cierra:

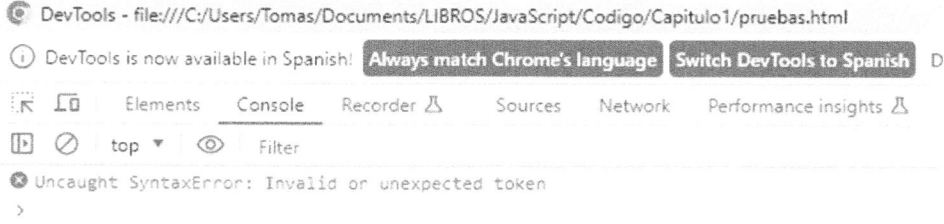

La forma correcta de dividir una cadena en varias líneas en el editor de código es finalizar cada una de ellas con el carácter '\' de la siguiente forma:

```
alert("En esta línea hay una palabra con acento.\n\
En esta otra hay una palabra \"entrecomillada\".");
```

Dicho carácter no forma parte de la cadena de caracteres mostrada en la ventana de alerta, ya que se utiliza para indicar al navegador que la cadena continúa en la siguiente línea.

Una vez hecho el cambio, vuelva a cargar de nuevo la página HTML y compruebe que el resultado obtenido en esta ocasión es el deseado (un texto formado por dos líneas):

Le animo a seguir practicando con las secuencias de escape, ya que tendrá que usarlas con frecuencia en los mensajes de texto generados por sus programas.

4.4 NULL Y UNDEFINED

Ambos tipos de datos solo tienen un único valor, null y undefined, respectivamente. Aunque podrían llegar a confundirse, conceptualmente son diferentes ya que el primero representa un valor nulo o irrelevante, mientras que el segundo es el que tiene una variable a la que todavía no se le ha asignado ningún valor. De hecho, la especificación ECMAScript define null como *el valor primitivo que representa la ausencia intencional de cualquier valor de objeto.*

Por ejemplo, en este código de ejemplo se asigna de forma intencionada el valor null a la variable x, mientras el de la variable y es undefined:

```
let x = null;
let y;
```

4.5 CONVERSIÓN ENTRE TIPOS DE DATOS PRIMITIVOS

Si bien los operadores están pensados para trabajar con operandos del mismo tipo, cuando esto no ocurre JavaScript trata de convertirlos automáticamente al tipo adecuado. No obstante, si se quiere mantener un mayor control sobre la ejecución del programa, lo más seguro es forzar de forma explícita dicha conversión con las siguientes funciones globales:

- Number(). Convierte un tipo de datos primitivo en un número.
- String(). Convierte un tipo de datos primitivo en una cadena.
- Boolean(). Convierte un tipo de datos primitivo en un valor booleano.

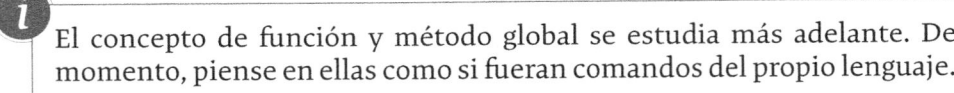

El concepto de función y método global se estudia más adelante. De momento, piense en ellas como si fueran comandos del propio lenguaje.

Veamos en detalle cada una de estas funciones de conversión de tipos.

4.5.1 Conversión a números

La función global que transforma cualquier tipo de dato primitivo en un número es:

```
Number(valor)
```

A continuación, se muestran diversas expresiones de ejemplo y el resultado de su evaluación como un comentario al lado de cada una de ellas:

```
Number("123")        //123
Number("  123  ")    //123
```

Observe que los espacios en blanco al principio o al final de la cadena no afectan a la conversión.

Si no se pudiera realizar la conversión, se devolvería el valor NaN, tal como sucede en estas otras expresiones:

```
Number("1 23")      //NaN
Number("Hola Mundo") //NaN
```

Las cadenas que están vacías o solo tienen espacios se convierten en el número 0:

```
Number("")          //0
Number("  ")        //0
```

La conversión de cadenas a números se hace de forma automática en todas las operaciones aritméticas (siempre que el valor de la cadena sea numérico), excepto en la suma. Por ese motivo, en las siguientes expresiones no sería necesario usar la función `Number()`:

```
"10" - "2"    //8
"10" / "2"    //5
"10" * "2"    //20
```

Donde sí sería imprescindible dicha función es en expresiones donde se realice una suma, como en esta:

```
Number("10") + Number("2")   //12
```

De lo contrario, ambas cadenas se concatenarían y el resultado sería otra cadena (en este caso, "102"), no un número.

Además de la función `Number()`, JavaScript ofrece estas funciones adicionales:

- `parseInt(cadena, base)`. Convierte una cadena en un número entero. Opcionalmente, este método puede incluir un segundo argumento con la base en la que está expresado el número que hay dentro de la cadena (binaria, decimal, hexadecimal, etc.).

- `parseFloat(cadena, base)`. Convierte una cadena en un número de coma flotante (se trata de un número real, es decir, entero o decimal con signo). Al igual que el método anterior, admite un segundo argumento opcional con la base en la que estaría expresado el número incluido en la cadena.

En matemáticas, la base de un número es la cantidad de cifras o dígitos que se utilizan para representarlo. Habitualmente se trabaja en base 10, ya que todos los números se presentan con 10 dígitos (0, 1, 2, 3, ..., 9). Sin embargo, en informática también se trabaja con números binarios (en base 2, formada por los dígitos 0, 1) y hexadecimales (en base 16, formada por los números 0, 1, ... 9 y las letras A, B, ..., F).

Las siguientes expresiones muestran algunos ejemplos de uso del método global `parseInt()`:

```
parseInt("123")         //123
parseInt("  123 ")      //123
parseInt("123 456")     //123
parseInt("123Mundo")    //123
parseInt("Hola 123")    //NaN
parseInt("1.23")        //1
parseInt("00000101", 2) //5
```

Observe que este método solo devuelve el valor NaN cuando la cadena no comienza por un número. Por otra parte, como su resultado siempre es un número entero, elimina los decimales sin hacer ningún tipo de redondeo. La última expresión de ejemplo muestra una conversión de un número binario a otro decimal.

Los resultados de la evaluación de las expresiones anteriores serían los mismos con el método `parseFloat()`, excepto en esta, que devolvería el número decimal 1.23:

```
parseFloat("1.23")
```

No solo las cadenas se pueden convertir en números. También es posible hacerlo con valores booleanos, tal como se pone de manifiesto a continuación:

```
Number(true)      //1
Number(false)     //0
```

El valor null tampoco es ninguna excepción, ya que se convertiría en el número 0, no así undefined, para el que la función Number() devolvería NaN como resultado:

```
Number(null)      //0
Number(undefned)  //NaN
```

4.5.2 Conversión a cadenas

La función global que transforma cualquier otro tipo de datos primitivo en una cadena es:

```
String(valor)
```

Así, por ejemplo, la siguiente expresión devolvería la cadena "123":

```
String(123)
```

Los valores booleanos también se pueden convertir en cadenas. En concreto, el valor `true` se transformaría en la cadena "true" y el valor `false` en la cadena "false":

```
String(true)        // "true"
String(false)       // "false"
```

Lo mismo sucede con los valores primitivos `null` y `undefined`, que se convertirían en las cadenas "null" y "undefined":

```
String(null)        //"null"
String(undefined)   //"undefined"
```

De forma alternativa, si el valor a convertir fuera de tipo booleano o un número, también se podría utilizar el siguiente método:

```
toString()
```

Al tratarse de un método (no de una función), deberá llamarse de una forma muy particular:

```
valor.toString()
```

Cuando estudie los objetos, descubrirá qué son los métodos y entenderá el motivo de esta "extraña" sintaxis.

Las siguientes expresiones son ejemplo de uso de este método:

```
(123).toString()    //"123"
true.toString()     //"true"
```

Otros métodos de conversión de números a cadenas que le podrían resultar interesantes son:

- `toFixed(número, decimales)`. Convierte el número en una cadena, que se redondearía con los decimales indicados opcionalmente como argumento.

- `toExponential(número, decimales)`. Su comportamiento es similar al del método anterior, excepto que el número se expresaría en notación exponencial.

- toPrecision(*número, dígitos*). Su comportamiento vuelve a ser similar al del primer método, solo que, en este, el argumento opcional indicaría el número de dígitos al que se redondearía el número.

El siguiente código muestra un ejemplo del comportamiento de estos tres métodos:

```
const PI = 3.1416;
alert (PI.toFixed(3) + "\n" +
       PI.toPrecision(3)+ "\n" +
       PI.toExponential(3));
```

Tal como se aprecia en la imagen mostrada a continuación, el número π aparece con tres decimales, con tres dígitos y de forma exponencial. Observe que el redondeo a tres decimales hace que el tercero pase a ser 2 (en el número original era 1).

4.5.3 Conversión a valores booleanos

Una vez conocidas las diversas formas de transformar un valor en un número o en una cadena, solo faltaría saber cómo convertirlo en `true` o `false`. Para ello deberá utilizar la función global:

```
Boolean(valor)
```

Se trata de una función poco utilizada, ya que JavaScript realiza automáticamente esta conversión en las expresiones de comparación y/o lógicas donde se emplea este tipo de valores.

Las siguientes expresiones son ejemplos representativos de su comportamiento:

```
Boolean(null)         //false
Boolean(undefined)    //false
Boolean(0)            //false
Boolean(123)          //true
Boolean("")           //false
Boolean(" ")          //true
Boolean("Hola Mundo") //true
```

En general, cualquier cadena que no esté vacía (aunque solo tenga espacios) se convierte en `true`. Por el mismo motivo, cualquier número que no sea el 0 (con o sin decimales) también se convertiría en `true`.

Unidad 5
OPERADORES

Cuando se definió el concepto de tipo de datos se hizo referencia al conjunto de valores que lo componían y las operaciones en las que podían intervenir. Ya conoce los valores que puede llegar a tener cada uno de los tipos de datos primitivos. Solo faltaría desgranar las operaciones en las que pueden intervenir, objeto de estudio de esta sección.

Los operadores son símbolos especiales con los que se realiza algún tipo de cálculo sobre uno o más valores, cuyo resultado es otro valor. Así, por ejemplo, la siguiente expresión suma los valores 2 y 3 para obtener el valor 5:

```
2 + 3
```

En dicha expresión, los números 2 y 3 son los operandos y el signo '+' el operador que realiza la suma de ambos. Naturalmente, los operandos no solo pueden ser valores literales sino también variables, constantes, el resultado de una función o el de la evaluación de otra expresión, como, por ejemplo:

```
(8 / 4) + x
```

En este caso, el operando izquierdo del operador '+' es una expresión en la que se divide el número 8 entre 2. Por su parte, el operando derecho es el valor almacenado en la variable x.

> *i*
>
> El orden en el que se ejecutan los operadores viene determinado por su precedencia y el uso de los paréntesis. En el ejemplo anterior, primero se evalúa la expresión `8 / 4` y, luego, el resultado se suma al valor de a variable `x`. Más adelante, una vez descritos todos los operadores, se analizará su precedencia.

El operador suma es de tipo binario porque necesita dos valores que sumar. Sin embargo, JavaScript también dispone de operadores unarios, que solo necesitan un operando (como el de negación) e, incluso, ternarios (como el condicional).

Los operadores se agrupan en las siguientes categorías:

- Aritméticos. Realizan operaciones matemáticas sobre sus operandos.

- Asignación. Asignan el valor del operando derecho al izquierdo. El más conocido es '='.

- Comparación. Tal como indica su nombre, los operadores de este grupo comparan los operandos y devuelven el valor `true` si son iguales o `false` en caso contrario. Dichos operandos podrán ser numéricos, lógicos, cadenas de caracteres e, incluso, objetos (se estudiarán más adelante).

- Lógicos. Al igual que los operadores de la categoría anterior, estos también devuelven el valor `true` o `false`, pero a diferencia de ellos, dicho valor se obtiene aplicando las reglas de algebra de Boole (no se asuste, son muy sencillas).

- *condición?valor1:valor2*. Operador ternario formado por una condición y dos valores. La condición es una expresión de comparación y/o lógica cuyo resultado (`true` o `false`) determina si el resultado devuelto es el primer o el segundo valor.

- `typeof` operando. Operador unario que devuelve el tipo de datos al que pertenece su operando.

Además de los operadores pertenecientes a las categorías anteriores hay otros, como los que trabajan a nivel de bit, que no se van a tratar en esta obra. Si quiere conocerlos, visite la página https://developer.mozilla.org/es/docs/Web/JavaScript/Guide/Expressions_and_Operators#operadores_bit_a_bit. En cualquier caso, en https://developer.mozilla.org/es/docs/Web/JavaScript/Guide/Expressions_and_Operators tiene disponible toda la información acerca de estos y el resto de operadores.

Empecemos analizando en detalle los operadores aritméticos, ya que le resultarán los más familiares.

5.1 OPERADORES ARITMÉTICOS

Los operadores aritméticos son los responsables de las operaciones matemáticas básicas, a saber:

- Suma ('+'). Es el más particular, porque suma los dos operandos cuando su valor es un número y los concatena cuando se trata de cadenas.

- Resta ('-'). Resta los dos operandos.

- Multiplicación ('*'). Multiplica los dos operandos.

- División ('/'). Divide el primer operando (izquierdo) por el segundo (derecho).

- Resto ('%'). Devuelve el resto de dividir el primer operando por el segundo.

- Exponenciación ('**'). Eleva el primer operando al segundo.

- Incremento ('++'). Incrementa (agrega uno) al operando.

- Decremento ('--'). Decrementa (resta uno) al operando.

- Negación ('-'). Cambia de signo del operando. Aunque el símbolo es el mismo que el de la resta, no hay ambigüedad porque este operador es unario, mientras que el de la resta es binario.

Como puede observar, hay seis operadores binarios y 3 unarios (los últimos). De todos ellos, el operador '+' es el más especial, ya que no solo se utiliza para sumar números sino también para concatenar cadenas. Por ejemplo, la siguiente expresión daría como resultado el texto "Hola Mundo":

```
"Hola " + "Mundo";
```

 Desde un punto de vista formal, cuando el operador '+' se utiliza con cadenas, pasaría de ser el operador suma al de concatenación.

Cuando se mezclan varios operandos de distintos tipos y uno de ellos es una cadena, JavaScript convierte automáticamente el otro en una cadena y los concatenará. Por ese motivo, la evaluación de esta otra expresión sería "Hola1":

```
"Hola " + 1;
```

La concatenación de operandos se produce siempre que uno de ellos sea una cadena, aunque el contenido de ambos sea numérico. Así, por ejemplo, la siguiente sentencia mostraría en pantalla la cadena "10010" (no el número 110):

```
alert("100"+"10");
```

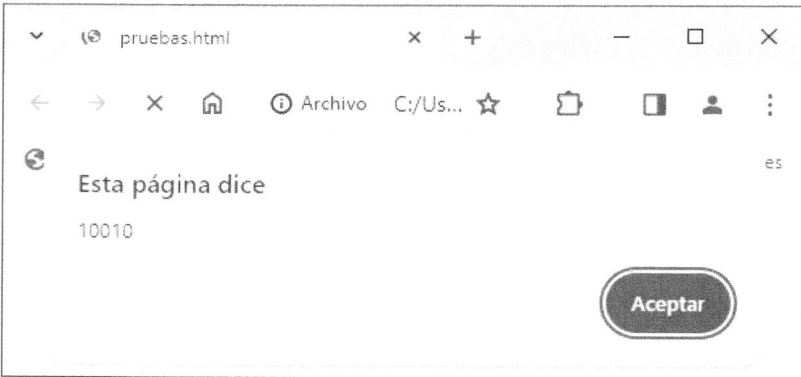

Al igual que sucede con los números, los valores `true`, `false`, `null` y `undefined` se convierten automáticamente en las cadenas "true", "false", "null" y "undefined".

La conversión automática de números a textos solo se hace de forma excepcional con el operador suma. Con el resto de operadores aritméticos se hace justo lo contrario, es decir, las cadenas cuyo contenido es numérico se convierten en números con el fin de poder llevar a cabo la operación matemática correspondiente.

Por lo tanto, el resultado de esta expresión sería el número 90.

```
alert("100" - "10");
```

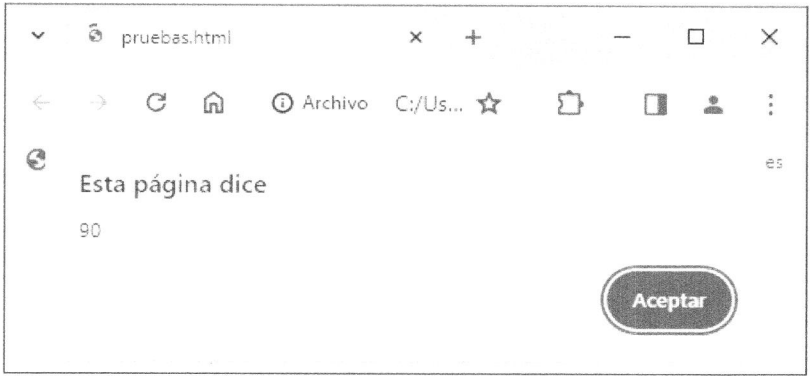

Este mismo resultado se habría obtenido igualmente si uno de los operadores fuera una cadena numérica y el otro un número:

```
alert("100" - 10);
```

Cuando la cadena no es numérica, este tipo de expresiones devuelve el valor NaN, tal como demuestra la ejecución de la siguiente sentencia:

```
alert("gato" / 2);
```

Si los operadores de suma, resta, multiplicación, división y exponenciación tenían dos operandos (eran binarios), los de incremento, decremento o negación solo tienen uno (son unarios). Además, el de incremento y el de decremento tienen una particularidad, se pueden poner antes o después de la variable que haga de operando. En ambos casos se incrementa o decrementa su valor inicial, pero se hace en momentos distintos, lo que cambia por completo el resultado de su ejecución. Si el operador va delante, el valor devuelto es el de la variable una vez incrementado (o decrementado). En cambio, cuando el operador va después, lo que devuelve es el valor actual de la variable, que incrementa (o decrementa) posteriormente. En ambos casos, el valor incrementado (o decrementado) queda almacenado en la variable.

Analicemos el siguiente código de ejemplo para tratar de aclarar algunos efectos en apariencia extraños producidos por este tipo de operadores:

```
let x = 1;
let y = ++x;
alert("Valor de x: " + x + "\n" + "Valor de y: " + y);
```

La primera sentencia crea y asigna el valor 1 la variable x. En cambio, la variable y se crea e inicia con el valor que tiene x una vez incrementado. Como el valor de la variable x se incrementa antes de asignarlo a la variable y, ambas contienen el mismo (2).

Ahora, sustituya la sentencia donde se declaraba la variable y por esta otra:

```
let y = x++;
```

Esta vez, el valor de la variable x se incrementa después de asignarlo a la variable y. Por lo tanto, aunque el valor de x sea 2, el de y será 1.

5.2 OPERADORES DE ASIGNACIÓN

Los operadores de asignación almacenan en una variable el resultado de una expresión. El más común ya lo conoce ("="), aunque no es el único, ya que JavaScript ofrece todos estos:

- Asignación simple ('='). Asigna a la variable situada a la izquierda el resultado de la expresión derecha.

- Asignación de suma ('+='). Asigna a la variable situada a la izquierda el resultado de sumar su valor inicial al de la expresión derecha.

- Asignación de resta ('-='). Igual que el operador anterior, pero utilizando la resta.

- Asignación de multiplicación ('*='). Asigna a la variable situada a la izquierda el resultado de multiplicar su valor inicial por el de la expresión derecha.

- Asignación de división ('/='). Igual que el operador anterior, pero utilizando la división.

- Asignación de exponenciación ('**='). Asigna a la variable situada a la izquierda el resultado de elevar su valor inicial al de la expresión derecha.

- Asignación de resto ('%='). Asigna a la variable situada a la izquierda el resto de dividir su valor inicial por el de la expresión derecha.

Puesto que el operador '+=' asigna a la variable izquierda el resultado de sumar el valor de la expresión derecha, estas dos sentencias son equivalentes:

```
x += y;
x = x + y;
```

Por el mismo motivo, estas otras parejas de sentencias también serían equivalentes:

```
x -= y;          x *= y;       x /= y        x ** = y;       x %= y;
x = x - y;       x = x * y;    x = x / y;    x = x ** y;     x = x % y;
```

El siguiente código muestra un ejemplo de uso de uno de estos operadores:

```
let x = 2, y = 3;
x *= y;
alert(x);
```

Como cabía esperar, el valor final de la variable x es el resultado de multiplicar el asignado inicialmente (2) por el de la variable y (3), es decir, 2 * 3 = 6.

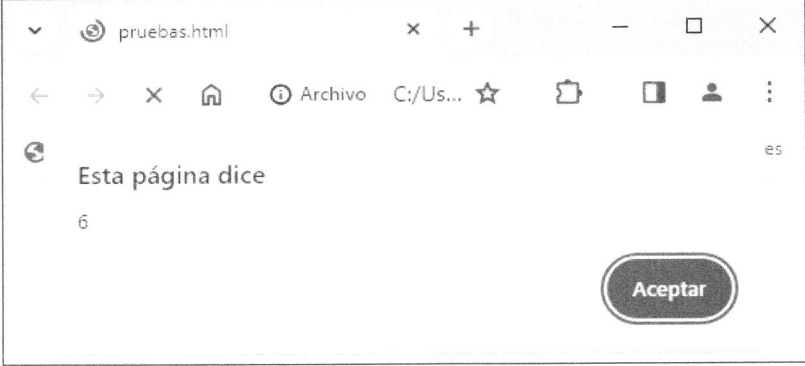

El operador '+=' también se emplea para concatenar (unir) cadenas de caracteres. Si uno de los operandos fuera una cadena, JavaScript convertiría automáticamente el otro en una cadena y los concatenaría.

A modo de ejemplo, el valor de la variable x tras ejecutar las dos primeras sentencias de este código será "Hola Mundo":

```
let x = "Hola ";
x += "Mundo";
alert (x);
```

La imagen mostrada a continuación avala este resultado:

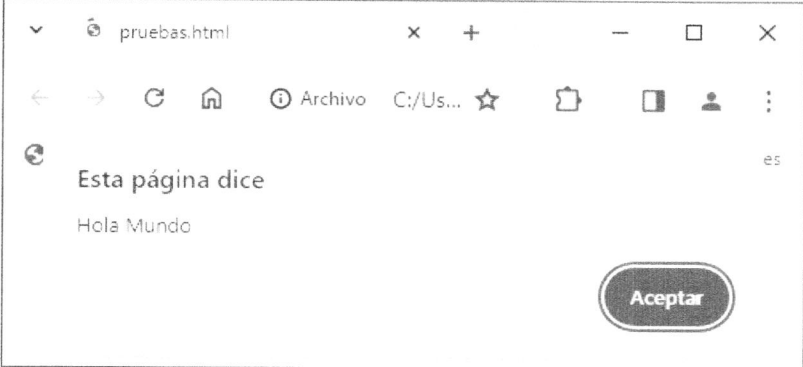

Es posible utilizar varios operadores '=' en la misma sentencia. En ese caso, las expresiones se evaluarían de derecha a izquierda. Por ejemplo, tras la ejecución de las siguientes sentencias la variable z tendría el valor 10:

```
let x = 2, y = 3, z = 4;
z += x *= y;
alert(z);
```

La forma de llegar a este resultado es muy sencilla. Puesto que las asignaciones se hacen de derecha a izquierda, la primera sería:

```
x *= y
```

Como x vale 2 inicialmente e y vale 3, x tomará el valor 6 (2*3), que es el utilizado en la otra asignación:

```
z = +x
```

Dado que ahora x vale 6, al sumar este valor al de z (4) el resultado será 10 (4+6), que es el mostrado en la imagen anterior.

5.3 OPERADORES DE COMPARACIÓN

Los operadores de comparación devuelven el valor `true` cuando sus operandos son iguales o `false` en caso contrario. Se utilizan en sentencias condicionales que ejecutan uno u otro bloque de código según el valor devuelto por una expresión (la condición). También se emplean en bucles que ejecutan un conjunto de sentencias de forma reiterada mientras la expresión de control utilizada devuelva el valor `true`.

JavaScript ofrece los siguientes operadores de comparación:

- Igual ('=='). Devuelve `true` si el valor de ambos operandos es el mismo.
- Estrictamente igual ('==='). Devuelve `true` si el valor y el tipo de ambos operandos son idénticos. Esto permite diferenciar, por ejemplo, el número 0, la cadena vacía "" y el valor `false`, que serían considerados iguales con el operador anterior.
- Distinto ('!='). Devuelve `true` si ambos operandos son diferentes.
- Estrictamente distinto ('!=='). Devuelve `true` si el valor o el tipo de ambos operandos es diferente.
- Menor, menor o igual, mayor, mayor o igual ('<', '<=', '>' y '>='). Devuelve `true` si el primer operando es menor, menor o igual, mayor, mayor o igual que el segundo, respectivamente.

Cuando se trabaja con números, dichas comparaciones son intuitivas. En el caso de las cadenas se realizan de forma lexicográfica, carácter a carácter (tal como se haría en un diccionario). Así, por ejemplo, la palabra "JavaScript" iría después de "Java", pero antes que "Python." El siguiente programa lo demuestra:

```
let x = "Java";
let y = "JavaScript";
alert(x < y);
```

ya que la expresión de comparación utilizada como argumento del comando `alert()` devuelve el valor `true`.

Sustituya el texto "Java" por "Python" y compruebe que en ese caso el resultado es `false`.

Estrictamente hablando, no se sigue un orden lexicográfico sino numérico, ya que lo que se compara es el valor Unicode de cada carácter. Unicode es un estándar de codificación de caracteres diseñado para facilitar el tratamiento informático, la transmisión, y la visualización de textos. A tal efecto, asigna un valor único a cada carácter, que es precisamente el utilizado en las comparaciones. Por ejemplo, el código Unicode de la letra 'A' es 65, mientras que el de la letra 'B' es 66. Por ese motivo, la siguiente expresión sería evaluada como `true`:

```
'A' < 'B'          //true
```

En cambio, el código Unicode del carácter 'a' es 97, por lo que el resultado de esta otra expresión sería `false`:

```
'A' > 'a'          //false
```

Los caracteres que representan los números 0-9 tienen códigos Unicode más pequeños que los de las letras. Por ejemplo, el del carácter '1' es el 49, el del número '2' el 50 y así sucesivamente hasta el carácter '9', cuyo código Unicode es el 57. Por ese motivo, el resultado de la evaluación de esta expresión es `false`:

```
'1' > 'a'          //false
```

Una vez que sabe cómo se comparan realmente las cadenas, ya está en condiciones de entender por qué la siguiente expresión devuelve el valor `true`:

```
"2" > "12"    //true
```

Efectivamente, el código Unicode del carácter '2' es mayor que el del carácter '1' por el que empieza la cadena "12" (en estas circunstancias finaliza la comparación, por lo que el número de caracteres numéricos que haya a continuación es indiferente).

Pero ¿qué sucede si lo que se comparan son textos con números? En ese caso, el texto se convertiría automáticamente a un número antes de realizar la comparación. Por ese motivo, la cadena "12" ahora sí sería mayor que el número 2 y la siguiente expresión devolvería el valor `false`.

```
2 > "12"     //false
```

Tal como se acaba de indicar, al comparar una cadena con un número, JavaScript trata de convertir la cadena en un número antes de realizar la comparación. En este sentido, una cadena vacía (`""`) se convierte en el número 0. Si la cadena no fuera numérica se convertiría en el valor `NaN` y el resultado de la evaluación siempre sería `false`. Esta expresión es ejemplo de ello:

```
"Hola Mundo" > 12
```

Como lo habitual es comparar siempre valores del mismo tipo, para evitar problemas lo mejor es realizar comparaciones estrictas ('===' y '!=='). De esta forma, cuando el tipo no fuera el mismo, el resultado sería `false`. A modo de ejemplo, observe el valor devuelto por las siguientes expresiones:

```
"12" == 12   //true
"12" === 12  // false
```

Aunque conceptualmente los valores `null` y `undefined` son diferentes, ambos suelen confundirse con facilidad. Esto es algo que le ocurre incluso al propio JavaScript, que no sería capaz de distinguirlos en una comparación normal, pero sí en una estricta:

```
null == undefined    // true
null === undefined   // false
```

5.4 OPERADORES LÓGICOS

Los operadores lógicos aplican las reglas del álgebra de Boole a sus operadores. Se utilizan solos o en expresiones donde se combinan con operadores de comparación.

Los operadores lógicos ofrecidos por JavaScript son los siguientes:

- AND ('&&'). Devuelve `true` si ambos operandos son `true`. En caso contrario, devolvería `false`.
- OR ('||'). Devuelve `true` si alguno de sus operandos es `true`. En caso contrario, devolvería `false`.
- NOT ('!'). Devuelve `true` si su único operando es `false`, y viceversa.

Si los valores no fueran booleanos, el valor devuelto por los operadores lógicos sería este otro:

- AND ('&&'). Devuelve el valor del primer operando si este se puede convertir a `false`. De lo contrario, devolvería el del segundo.
- OR ('||'). Devuelve el valor del primer operando si este se puede convertir a `true`. De lo contrario, devolvería el del segundo.
- NOT ('!'). Devuelve `false` si su único operando se puede convertir a `true`. De lo contrario, devolvería `true`.

En las operaciones lógicas, JavaScript convierte a `false` los valores `undefined`, `null` o `NaN`, así como la cadena vacía (`""`) y el número 0. Cualquier otro número o cadena será interpretada como `true`.

Así, por ejemplo, las siguientes expresiones devolverían el valor `true`:

```
!false
true && (3 != 4)
true || cualquier otra expresión
```

Estas otras devolverían el valor `false`:

```
!true
false || (3 == 4)
false && cualquier otra expresión
```

En las últimas expresiones utilizadas de ejemplo, el valor devuelto se indica como un comentario a su derecha:

```
!0                    //true
!"Hola"               //false
"Hola" && "Mundo"     //"Mundo"
"Hola" || "Mundo"     //"Hola"
```

5.5 EL OPERADOR CONDICIONAL

El operador condicional es el único ternario (tiene tres operandos), ya que está formado por una condición y dos valores:

condición? valor1 : valor2

Si la condición (expresión que contiene operadores de comparación y/o lógicos) se evaluara como `true` el operador devolvería el *valor1* y, en caso contrario, el *valor2*.

El siguiente código de ejemplo servirá para terminar de aclarar el funcionamiento de este operador:

```
let x = "Java";
let y = "JavaScript";
alert(x < y ? x + " es menor que " + y: x + " es mayor que " + y);
```

Este programa le resultará familiar, ya que está basado en otro anterior que comparaba dos textos. La diferencia es que en esta ocasión se emplea un operador condicional que permite mostrar en pantalla un mensaje mucho más expresivo. La imagen mostrada a continuación es prueba de ello:

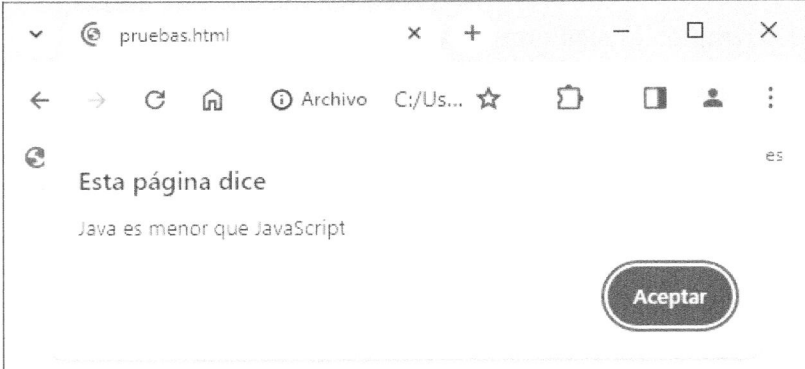

Ahora, asigne el valor "Python" a la variable `x`. El resultado obtenido será este otro:

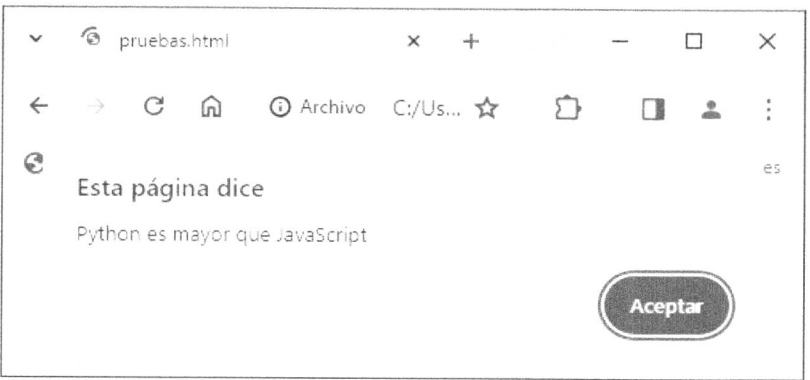

5.6 EL OPERADOR TYPEOF

El operador `typeof` es un operador unario muy especial porque devuelve una cadena con el tipo de su operando. Admite la siguiente sintaxis:

```
typeof operador
typeof(operador)
```

Además de `String`, `Number`, `BigInt`, `Boolean`, `Null` y `Undefined`, este operador también identifica los siguientes tipos de datos:

- `Object`. Sus valores son objetos, estructuras de datos muy peculiares formadas por atributos y métodos, base del paradigma de programación orientada a objetos. Dada su importancia, se dedicará un amplio capítulo a su estudio.

- `Function`. Aunque parezca extraño, las funciones son valores de este peculiar tipo de datos, el único que tiene la capacidad de ser invocable. Al igual que los objetos, tendrá la oportunidad de conocerlas en detalle más adelante.

La siguiente sentencia muestra en pantalla el tipo de diversos valores primitivos:

```
alert("El tipo de 123 es " + typeof(123) + "\n" +
     "El tipo de \"Hola Mundo\" es " + typeof("Hola MUndo") + "\n" +
     "El tipo de true es " + typeof(true) + "\n" +
     "El tipo de undefined es " + typeof(undefined) + "\n" +
     "El tipo de null es " + typeof(null));
```

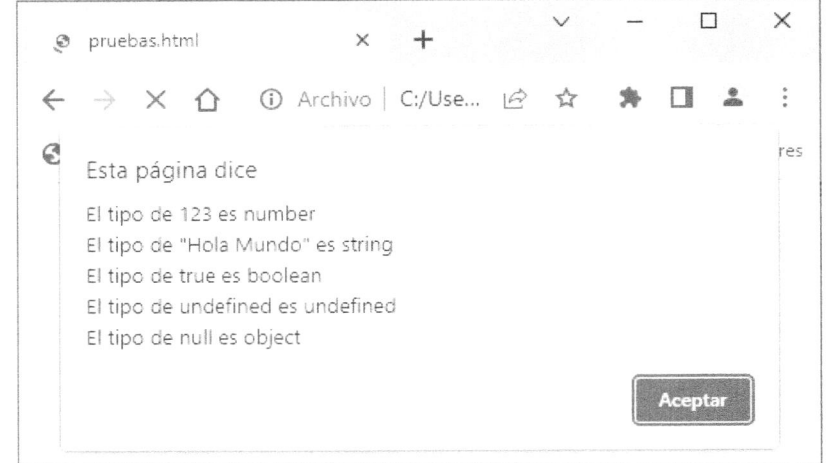

El único valor cuyo tipo no coincide con el real es `null`, ya que el resultado devuelto por el operador `typeof` no es `Null` sino `Object` (tipo que estudiará más adelante), algo que puede resultar incongruente. Algunos lo consideran un error y otros lo justifican porque se usa generalmente para indicar la referencia vacía a un objeto.

> Cuando estudie los objetos, aprenderá a utilizar el operador `instanceof`, que permite identificar la clase de un objeto (`typeof` solo indica que se trata de un objeto).

5.7 PRECEDENCIA DE OPERADORES

Muchas de las expresiones que tenga que desarrollar en la práctica seguramente requieran más de un operador. En ese caso, podría llegar a pensar que estos se ejecutan de izquierda a derecha. Si dicho razonamiento fuera correcto, el valor devuelto por la expresión:

```
2 + 3 * 5 **2
```

sería el resultado de sumar los números 2 y 3 (5), multiplicarlo por 5 (25) y elevarlo al cuadrado (625):

Para comprobarlo, ejecute la sentencia:

```
alert(2 + 3 * 5 **2);
```

¿Qué ha sucedido? Que primero se ha elevado el número 5 al cuadrado (25), luego se ha multiplicado por 3 (75) y, finalmente, se le ha sumado 2 (77). Puede parecer que el orden de ejecución de los operadores es derecha a izquierda (en vez de izquierda a derecha, tal como se supuso inicialmente). Sin embargo, esta conjetura también sería falsa, ya que el orden de ejecución de los operadores viene determinado por su precedencia que, ordenada de mayor a menor, es el siguiente:

- Operadores de incremento, decremento (++, --).
- Operadores de negación y obtención de tipo (-, typecf).
- Operador de exponenciación (**).
- Operadores de multiplicación, división y resto (*, /, %).
- Operadores de adición y sustracción (+, -).
- Operadores de comparación (<, <=, >, >=).
- Operadores de igualdad (==, !=, ===, !==).
- Operador condicional (?:).
- Operadores de asignación (=, +=, -=, *=, /=, %=, **=).

Se han omitido aquellos operadores que no se van a estudiar en esta obra, como el operador coma y los de manejo de bits.

El orden de ejecución de los operadores puede modificarse mediante el uso de paréntesis, que harían la función de operador de agrupación (el de mayor precedencia). Por ejemplo, si en la expresión anterior quisiera realizar primero la suma, tendría que haberla escrito de esta otra forma:

```
(2 + 3) * 5 ** 2
```

En esta ocasión se empezaría haciendo la suma de los números 2 y 3 (5), luego se multiplicaría por 5 (25) y, finalmente, se elevaría al cuadrado, dando como resultado 625.

> ℹ️ Si quiere saber más sobre los conceptos de precedencias y asociatividad, visite la página https://developer.mozilla.org/en-US/docs/Web/JavaScript/Reference/Operators/Operator_precedence y https://www.w3schools.com/js/js_precedence.asp.

Unidad 6
SENTENCIAS DE CONTROL DE FLUJO

Todos los códigos de ejemplo que se han visto hasta ahora estaban formados por un conjunto de sentencias que se ejecutaban de forma secuencial en el orden que se habían escrito, al que se conoce como flujo del programa. Sin embargo, esta forma de trabajar resulta muy limitada. Por ejemplo, imagine que fuera necesario ejecutar cien veces un bloque de sentencias. Eso supondría repetir cien veces las mismas sentencias (algo parecido a un castigo escolar). Aun así, este método no serviría cuando el número de iteraciones no fuera conocido de antemano.

Por lo tanto, queda clara la necesidad de controlar el flujo de ejecución para adaptarlo a las necesidades específicas de la aplicación, algo que se consigue mediante el uso de sentencias condicionales e iterativas.

Las sentencias condicionales ofrecidas por JavaScript son:

- `if…else`. Ejecuta un grupo u otro de sentencias dependiendo de si se cumple o no una condición.
- `switch…case`. Ejecuta los grupos de sentencias asociados a ciertos valores de una expresión.

Las sentencias de repetición son estas otras:

- `while`. Ejecuta de forma reiterada un grupo de sentencias mientras se cumpla una condición.
- `do…while`. Similar al anterior, excepto que la condición se comprueba después de haber ejecutado el grupo de sentencias, no antes.
- `for`. Ejecuta un grupo de sentencias un número determinado de veces.

Veamos en detalle el comportamiento de cada una de estas sentencias de control.

6.1 IF...ELSE

Esta sentencia condicional permite la ejecución de un bloque de código u otro en función del resultado devuelto por una expresión lógica y/o de comparación. Su sintaxis es la siguiente:

```
if(condición){
    ...
}
else{
    ....
}
```

El código de ejemplo mostrado a continuación hace uso de esta sentencia para comparar el valor de dos variables:

```
let x = 1; y = 2;
let mensaje;

if(x > y){
    mensaje = "x es mayor que y";
}
else{
    mensaje = "x es menor que y"
}
alert(mensaje);
```

Como puede observar, primero se declaran las variables que se quiere comparar (x e y) y luego la que contendrá el texto mostrado en pantalla (mensaje). Dicho texto será el resultado de la comparación realizada en la condición de la sentencia if...else que hay justo después, tal como prueba esta imagen:

Los bloques de sentencias que se ejecutan cuando se cumple (o no) la condición se encierran entre llaves (caracteres '{' y '}'). Si solo estuvieran formados por una sentencia, las llaves serían opcionales. Por esa razón, la sentencia if...else anterior podía haberse escrito de la siguiente manera:

```
if(x > y) resultado = "x es mayor que y";
else resultado = "x es menor que y"
```

Hay veces que solo es necesario ejecutar un bloque de sentencias cuando se cumple la condición, por lo que la sintaxis de la sentencia if quedaría simplificada:

```
if(condición){
    …
}
```

Sin embargo, otras veces es necesario realizar más de una comprobación antes de ejecutar una acción. En tales circunstancias, JavaScript permite el uso de sentencias if anidadas:

```
if(condición1){
    …
}
else if(condición2){
    ….
}
…
else if(condiciónX){
    …
}
```

En ese caso, el bloque de sentencias asociado a una sentencia if se ejecutaría cuando se cumpliera su condición después de no haberse cumplido ninguna de las anteriores.

Por ejemplo, si para conducir un coche fuera necesario tener más de 18 años y tener carnet conducir, el siguiente programa le informaría si alguien está en condiciones de hacerlo:

```
let edad = 18;
let carnet = true;
let mensaje;

if(edad < 18) mensaje = "No tienes edad para conducir";
```

```
else if(carnet) mensaje = "Conduce con precaución";
else mensaje = "Sin carnet no puedes conducir";

alert(mensaje);
```

Solo habría que asignar a la variable edad los años de la persona y a la variable carnet el valor true si lo tuviera o false en caso contrario. La variable mensaje es auxiliar, ya que solo se utiliza para almacenar el texto mostrado en pantalla.

Las sentencias anidadas if…else if…else contienen toda la lógica del programa, ya que el cumplimiento de las dos condiciones, solo una o de ninguna, determina el resultado mostrado en pantalla.

Como puede comprobar, cuando la persona tiene 18 años y se ha sacado el carnet de conducir, aparece el mensaje adecuado.

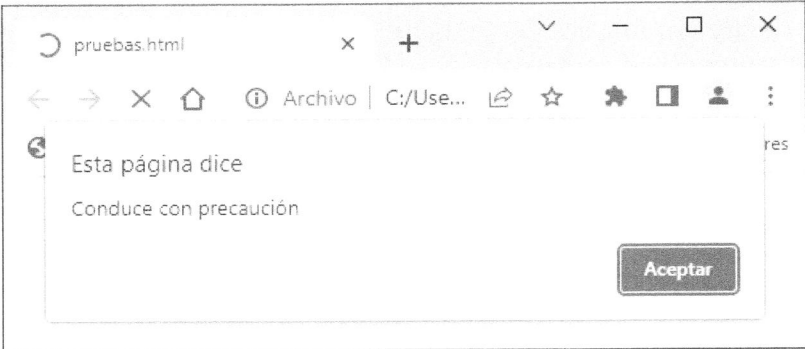

Modifique el valor de las variables edad y carnet con el fin de verificar si el comportamiento del programa es el correcto con cualquier combinación de valores.

Naturalmente, puede anidar tantas sentencias if…else como sea necesario, aunque en esos casos podría ser más adecuado el uso de la sentencia switch…case que se describe a continuación.

6.2 SWITCH…CASE

Esta sentencia permite la ejecución de bloques de código asociados a ciertos valores de una expresión. Su sintaxis es la siguiente:

```
switch(expresión) {
  case valor1:
    ...
    break;
  case valor2:
    ...
    break;
  ...
  default:
    ...
}
```

En primer lugar, se evalúa la expresión del switch, cuyo valor se compara con el de los diferentes case en orden descendente. Cuando se encuentra una coincidencia, se ejecuta el bloque de código correspondiente. Si no hubiera ninguna, se ejecutaría el bloque de código asociado a default.

La sentencia switch tiene algunas particularidades, que conviene conocer:

- La comparación del valor devuelto por la expresión y el de cada case se realiza de forma estricta, es decir, debe coincidir el tipo y el valor.

- El valor de un case puede ser también el valor de una expresión.

- El bloque de código default es opcional. Si no existiera y no hubiera ninguna coincidencia, la sentencia switch finalizaría sin realizar ninguna acción.

- Incluya siempre la sentencia break al final de cada bloque de código (excepto en el último). De lo contrario, se ejecutarían las sentencias de todos los bloques de código que hubiera por debajo hasta encontrarla, incluso aunque no hubiera coincidencia con el valor de ninguno de los case.

A modo de ejemplo, el siguiente programa utiliza la sentencia switch para informar del tipo de vehículos que se pueden conducir con cada carnet:

```
let carnet;
let vehiculos;

carnet = prompt("Tipo de carnet:");

switch(carnet){
  case "A":
    vehiculos = "motos y ciclomotores";
```

```
      break;
  case "B":
      vehiculos = "coches y vehículo ligeros";
      break;
  case "C":
      vehiculos = "caminones";
      break;
  case "D":
      vehiculos = "autobuses";
  }
  if(vehiculos) alert("Con el carnet "+carnet+" puede conducir "+vehiculos);
  else alert("Por favor, introduzca un tipo de carnet válido");
```

Inicialmente, se declara la variable que contendrá el carnet del que se quiere saber el tipo de vehículos que pueden conducirse (`carnet`), que se almacenarán como un texto en la segunda (`vehiculos`).

Luego, se invoca un comando nuevo y muy especial, ya que permite solicitar información al usuario. Abre un cuadro de diálogo compuesto por un mensaje informativo, un campo de entrada (que puede estar relleno con un texto inicial) y dos botones, "Aceptar" y "Cancelar". Su sintaxis es la siguiente:

```
  prompt(mensaje, texto inicial)
```

Este comando devuelve el texto introducido en el campo cuando se pulsa el botón "Confirmar" o el valor `null` si hubiera sido "Cancelar".

La expresión de la sentencia `switch` está formada únicamente por la variable `carnet`, por lo que su valor ("A", "B", "C" y "D") será el que determine la sentencia que asigne a la variable `vehiculos` aquellos que puedan conducirse.

Por último, la sentencia `if` compone un texto con dichos vehículos o un mensaje de error si el carnet no fuera ninguno de los conocidos.

A continuación, se muestra un ejemplo de ejecución de este programa, aplicable a un carnet de tipo "A":

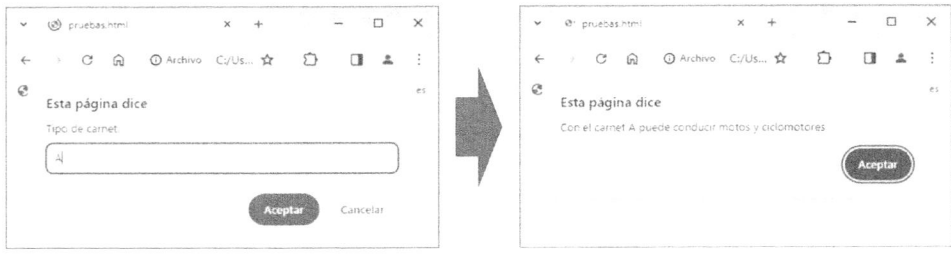

Introduzca distintos valores en el campo de entrada para comprobar las diferentes respuestas.

Como curiosidad simule haberse olvidado de escribir la primera sentencia `break`. La sentencia `switch` quedaría así:

```
switch(carnet){
   case "A":
      vehiculos = "motos y ciclomotores";
   case "B":
      vehiculos = "coches y vehículo ligeros";
      break;
   case "C":
      vehiculos = "caminones";
      break;
   case "D":
      vehiculos = "autobuses";
}
```

En estas circunstancias, aunque se indique el mismo carnet (de tipo A), el resultado será completamente diferente:

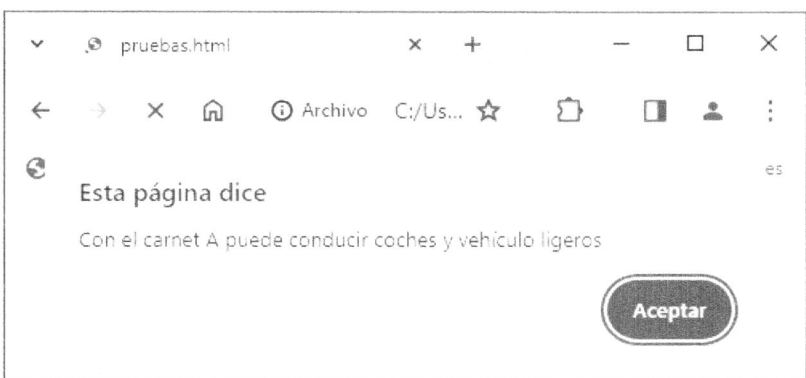

Lo que ha sucedido es que, una vez asignado el valor "motos y ciclomotores" a la variable `vehiculos` en el primer `case`, al no haber una sentencia `break` se ejecuta el bloque de código del siguiente `case` (aunque su valor no coincide con el de la variable `carnet`). En este segundo `case` se asigna el texto "coches y vehículos ligeros" a la variable `vehiculos`, que es el mostrado finalmente en pantalla, ya que justo después hay una sentencia `break` que finaliza la ejecución del `switch`. Por lo tanto, nunca se olvide de finalizar con un `break` el bloque de sentencias de cada `case` (excepto el último) si no quiere obtener resultados aparentemente incomprensibles.

En el caso de que un mismo bloque de código estuviera asociado a diferentes `case`, no sería necesario repetirlo. El siguiente programa de ejemplo de clasificación de animales lo demuestra:

```javascript
let especie;
let animal = prompt("Animal:");

switch(animal){
    case "gallina":
    case "loro":
        especie = "ave";
        break;
    case "serpiente":
    case "cocodrilo":
        especie = "reptil";
    default:
        especie = "desconocida";
}
alert("La especie de " + animal + " es " + especie);
```

En primer lugar, se declaran las variables que contendrán el animal y la especie a la que pertenece (`animal` y `especie`).

Solo se reconocen cuatro animales (gallina, loro, serpiente y cocodrilo) de dos especies (aves y reptiles). Por ese motivo, los `case` del `switch` pertenecientes a los animales de la misma especie comparten el mismo bloque de código.

Una vez conocida la especie, se compone el texto que finalmente se muestra en la ventana de alerta, tal como puede ver a continuación:

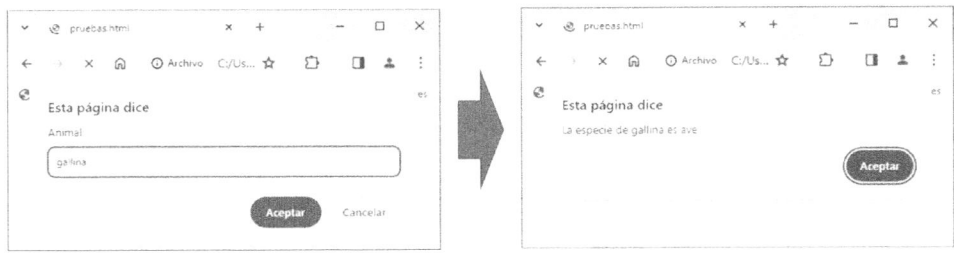

6.3 FOR

Esta sentencia ejecuta un bloque de código un determinado número de veces. Su sintaxis es la siguiente:

```
for (expresión inicial; condición; expresión final) {
    ...
}
```

Cuando se describan los arrays y los objetos, también se introducirán los bucles for...in y for...of.

Como puede observar, está formada por tres expresiones:

- Expresión inicial. Se evalúa solo una vez, justo antes de comprobar la condición por primera vez. Se trata de una expresión de asignación, aunque habitualmente es la declaración de una variable que se usa de contador.
- Condición. Se evalúa antes de cada iteración del bucle. Si el resultado fuera true, se ejecutaría el bloque de código asociado (el que hay entre llaves). En caso contrario, finalizaría su ejecución.
- Expresión final. Se evalúa al final de cada iteración, justo antes de volver a comprobar la condición. Se usa generalmente para actualizar o incrementar/decrementar la variable contadora.

Con el fin de ilustrar el comportamiento de esta sentencia, escriba el siguiente programa, que muestra la tabla de multiplicar de un número:

```
let numero;
let tablaMultiplicar = "";

numero = Number(prompt("Número:"));
if (numero != NaN && numero%1 == 0 && numero > 0) {
  for (let x = 1; x < 10; x++) {
    tablaMultiplicar += numero + " x " + x + " = " + numero * x + "\n";
  }
  alert(tablaMultiplicar);
}
else alert("Introduzca un número entero y positivo");
```

Al principio del programa se declara la variable que contendrá el número del que se quiere obtener la tabla de multiplicar (numero), que se almacenará como un texto en la siguiente variable (tablaMultiplicar).

A continuación, se solicita al usuario el número del que se desea conocer la tabla de multiplicar. Dado que el comando prompt() devuelve siempre una cadena, se convierte a un número con la función global Number().

Después, se comprueba en la condición de una sentencia if que el contenido de la variable numero sea un número entero y positivo. Analicemos en detalle las partes que forman esta expresión. En la primera se confirma si dicho valor no es NaN (el devuelto por la función Number() cuando no puede realizar la conversión). Para saber si el número es entero se verifica que el resto de dividirlo por 1 sea 0. La última parte asegura que este sea mayor que 0.

```
numero != NaN && numero%1 == 0 && numero > 0
```

Si el número fuera entero y positivo (se cumple la condición), la sentencia for compondría la tabla de multiplicar línea a línea (una en cada iteración). En la expresión inicial se declara y asigna el valor 1 a la variable x que hace de contador. La condición permite la ejecución reiterada del bloque de código mientras su valor sea menor que 10. La expresión final incrementa su valor en cada iteración.

El comportamiento del bucle for es muy sencillo. Una vez iniciada la variable contador x con el valor 1 se evalúa la condición, cuyo resultado es true (1 es menor que 9). En consecuencia, se ejecuta por primera vez el bloque de código asociado al bucle, compuesto por una única sentencia que concatena la cadena vacía ("") con la primera línea de la tabla de multiplicar (observe que finaliza con un retorno de carro).

Luego se evalúa la expresión final, que incrementa el valor de la variable x (toma el valor 1 +1 = 2). Hecho esto, se comprueba por segunda vez la condición, cuyo resultado vuelve a ser true (2 es menor que 9). En consecuencia, se vuelve a ejecutar el bloque de código, que en este caso añade la segunda línea de la tabla de multiplicar a continuación de la primera.

Este proceso se repite una y otra vez mientras la variable x toma los valores 1, 2, … 9, hasta que llega a 10, momento en el que la condición deja de cumplirse y finaliza la ejecución del bucle.

Por último, el comando `alert()` muestra en pantalla la tabla de multiplicar, tal como puede ver a continuación:

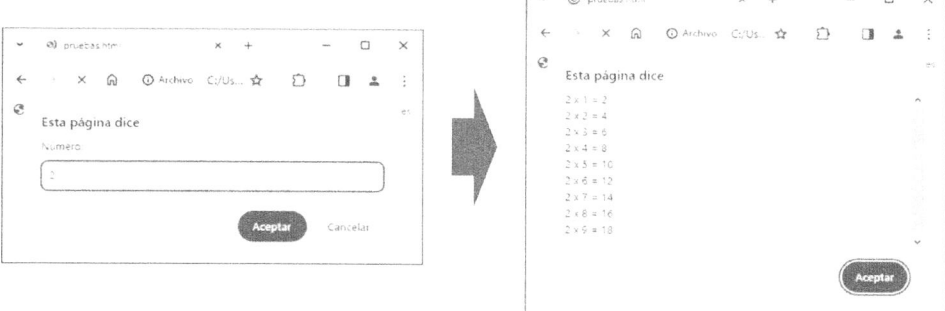

Tanto la expresión inicial, como la condición o la expresión final son opcionales. Si faltara alguna de ellas, el comportamiento de la sentencia `for` sería el siguiente:

- Expresión inicial. Si no se incluyera, la variable contadora se tendría que declarar e iniciar en una sentencia anterior.

- Condición. Si no existiera, se evaluaría siempre como `true`. Por ese motivo, es imprescindible que dentro del bucle haya una sentencia condicional que ejecute un `break`, ya que de lo contrario no se podría salir de él y el navegador quedaría bloqueado.

- Expresión final. Su ausencia obliga a modificar la variable contadora dentro del bloque de código del propio bucle o a incluir una sentencia condicional que ejecute un `break` cuando se cumplan ciertas condiciones, lo que permitiría salir del bucle y evitar el bloqueo del navegador.

A modo de ejemplo, este nuevo código es una modificación del ejercicio anterior en el que se prescinde de la expresión inicial:

```
let numero;
let tablaMultiplicar = "";
let x = 1;

numero = Number(prompt("Número:"));
```

```
if (numero != NaN && numero%1 == 0 && numero > 0) {
  for (; x < 10; x++) {
    tablaMultiplicar += numero + " x " + x + " = " + numero * x + "\n";
  }
  alert(tablaMultiplicar);
}
else alert("Introduzca un número entero y positivo");
```

En este caso, la variable contadora (x) se ha declarado e iniciado con el valor 1 antes del bucle for. Además, observe que se mantiene el punto y coma (';') que separaba la expresión inicial de la condición.

Recargue la página en el navegador y compruebe que el resultado obtenido es el mismo del código original.

En esta otra versión del código original, lo que falta es la condición:

```
let numero;
let tablaMultiplicar = "";

numero = Number(prompt("Número:"));

if (numero != NaN && numero%1 == 0 && numero > 0) {
  for (let x = 1; ; x++) {
    tablaMultiplicar += numero + " x " + x + " = " + numero * x + "\n";
    if (x >= 9) break;
  }
  alert(tablaMultiplicar);
}
else alert("Introduzca un número entero y positivo");
```

Por ese motivo, dentro del bloque de código se ha añadido una sentencia if que permite salir del bucle una vez realizadas las nueve iteraciones. Observe que, de nuevo, se mantiene el punto y coma (';') que separaba la condición de la expresión final.

En este último código se omite la expresión final, que se ha incluido como sentencia adicional dentro del código del bucle:

```
let numero;
let tablaMultiplicar = "";

numero = Number(prompt("Número:"));
```

```
if (numero != NaN && numero%1 == 0 && numero > 0) {
  for (let x = 1; x < 10;) {
    tablaMultiplicar+= numero+"x"+x+"="+numero * x+"\r";
    x++;
  }
  alert(tablaMultiplicar);
}
else alert("Introduzca un número entero y positivo");
```

Una vez más, se mantiene el punto y coma (';') que separaba la expresión final de la condición.

6.4 WHILE Y DO...WHILE

Esta sentencia ejecuta un bloque de código de forma reiterada mientras se cumpla una condición. Su sintaxis es la siguiente:

```
while (condición) {
  ...
}
```

Lo primero que se hace es evaluar la condición. Si su valor fuera false no se entraría en el bucle. De lo contrario, se ejecutaría el bloque de código asociado, tras lo cual se volvería a evaluar la condición. Si su valor fuera false se saldría del bucle. En caso contrario, se ejecutarían de nuevo el bloque de código una vez más. Así sucesivamente.

Con el fin de tener un primer contacto con la sentencia while, este programa de ejemplo muestra el número de veces que se ejecuta el bloque de código que tiene asociado:

```
let iteracion = 0;
let numeroIteraciones = 3;
let mensaje = "";

while (iteracion < numeroIteraciones){
      iteracion++;
       mensaje += "Se realiza la iteración número " + iteracion + "\n";
}
if(mensaje == "") mensaje = "No se ha realizado ninguna iteración";
alert (mensaje);
```

Al inicio del programa se declara la variable `numeroIteraciones`, que establece el número de iteraciones que deben realizarse. También se declara la variable `iteración`, que contendrá el número de la iteración actual. El valor de esta última formará parte de la línea de texto que se añada a la variable auxiliar `mensaje` cada vez que se ejecute el bloque de código asociado a la sentencia `while`.

Como la sentencia `while` tiene que realizar el número de iteraciones especificado en la variable `numeroIteraciones` (simulando un bucle `for`), su condición comprueba que el número de la iteración actual (`iteración`) no haya llegado a dicho valor. De ser así, ejecutaría el bloque de código asociado, formado por dos sentencias: la primera añade una línea de texto con el número de la iteración en curso a la variable `mensaje` y la segunda incrementa dicho número.

Veamos cuál es el comportamiento de la sentencia `while`. Como el valor de la variable `numeroIteraciones` es 3 (se quiere hacer tres iteraciones) y el valor inicial de la variable `iteración` es 0, la condición de la sentencia `while` se cumple la primera vez que se comprueba (0 es menor que 3), por lo que se añade la primera línea de texto a la variable `mensaje` y se incrementa el número de la iteración. Luego, se evalúa la condición, cuyo resultado vuelve a ser `true` (1 es menor que 3), por lo que se agrega una segunda línea de texto a la variable `mensaje` y se incrementa el número de la iteración. En estas circunstancias, la condición sigue cumpliéndose (2 es menor que 3), por lo que se añade una tercera línea de texto a la variable `mensaje` y se incrementa de nuevo el número de la iteración. Ahora la variable `iteración` tiene el valor 3, por lo que la condición del bucle deja de cumplirse (3 ya no es menor que 3) y finaliza su ejecución.

El papel de la sentencia `if` es asignar un texto informativo a la variable `mensaje` cuando no se haya efectuado ninguna iteración (no se ha entrado en el bucle `while`).

Finalmente se muestra en pantalla el resultado, tal como puede ver a continuación:

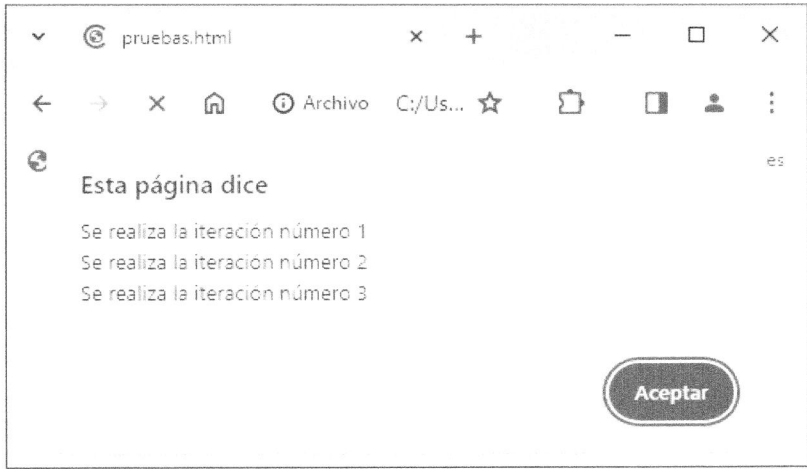

La sentencia do...while es similar a while, excepto por el hecho de que la condición se evalúa después de ejecutar el bloque de código (no antes):

```
do {
    ...
} while (condición);
```

La principal consecuencia es que el bloque de código se ejecutará al menos una vez.

Sustituya el bucle while del código anterior por este otro:

```
do{
    iteracion++;
    mensaje += "iteración número: " + iteracion + "\n";
} while (iteracion < numeroIteraciones);
```

Si lo ejecutara comprobaría que el resultado es el mismo, salvo que asigne el valor 0 a la variable `numeroIteraciones`. En ese caso, el bloque de código de la sentencia `while` no llegaría a ejecutarse (imagen de la izquierda), mientras el bucle `do...while` original lo haría una vez (imagen derecha).

6.5 BREAK Y CONTINUE

Si recuerda, la sentencia `break` se empleaba al final del bloque de código de cada `case` para forzar la salida de la sentencia `switch`. Si se omitiera, se ejecutarían los bloques de código del resto de `case` que hubiera por debajo.

La sentencia `break` también se utilizó para forzar la salida de un bucle `for` donde se prescindía de la condición o la expresión final de una sentencia `for` (algo que también sería valido para el resto de bucles `while` y `do...while`).

Sin embargo, hay veces que no se quiere salir del bucle sino únicamente de la iteración en curso. En ese caso, en vez de `break` deberá usar esta otra sentencia:

```
continue
```

Cuando el flujo de ejecución llega a ella, lo hace avanzar hasta el final del bucle, forzando la evaluación de la expresión que determina si se inicia una nueva iteración.

Para entender cómo funciona esta sentencia, el siguiente código de ejemplo (basado en el analizado anteriormente) muestra en pantalla solo los números de las iteraciones impares en un rango determinado:

```
let min = 3, max = 7;
let iteracion = 0;
let numeroIteraciones = 10;
let mensaje = "";
```

```
while(iteracion < numeroIteraciones){
    iteracion++;
    if (iteracion < min || iteracion > max || iteracion % 2 == 0) continue;
    mensaje += "iteración número " + iteracion + "\n";
}
if(mensaje == "") mensaje = "No se ha realizado ninguna iteración";
alert(mensaje);
```

A las variables iteración, numeroIteraciones y mensaje que ya conoce, se añaden otras dos que establecen el rango de valores dentro del que van a estar comprendidos los números de las iteraciones que se van a mostrar en pantalla (min y max).

Al igual que sucedía en el ejercicio anterior, el bucle while ejecutará el número de iteraciones establecido en la variable numeroIteraciones. Pero, a diferencia de este, en el bloque de código asociado hay una sentencia if con una condición cuyo cumplimiento provocaría la ejecución de la sentencia continue. Eso evitará la ejecución del resto de sentencias que hay por debajo (en este caso solo una, la encargada de añadir la línea de texto con el número de la iteración a la variable mensaje). Es decir, cuando el número de la iteración actual sea par (el resto de dividirlo por 2 sea 0) o esté por encima o por debajo de los límites del rango de valores establecido, la iteración no se verá reflejada en el texto de la variable mensaje (no se mostrará en pantalla). En consecuencia, en la ventana de alerta solo aparecerán las iteraciones impares que estén dentro del rango de valores establecido, tal como demuestra la siguiente imagen:

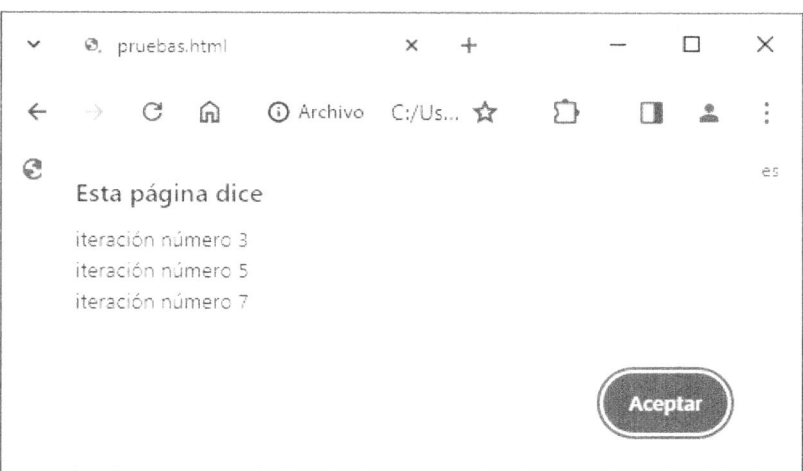

Modifique los valores del rango y el número de iteraciones y trate de adivinar el resultado que se obtendría antes de ejecutar el programa.

Unidad 7
FUNCIONES

En programación, una función se define como un conjunto de sentencias que realizan una tarea específica. Su utilidad es enorme, ya que permite dividir un programa en partes más fáciles de implementar y, en consecuencia, de mantener. Además, las funciones favorecen la reutilización de código, algo imprescindible cuando una misma actividad se efectúa en varias partes del programa.

La sintaxis con la que se declara una función es la siguiente:

```
function nombre(argumento, …, argumento) {
    ...
}
```

 Más adelante aprenderá a declarar una función en una expresión.

Como puede observar, se emplea la palabra clave `function` seguida del nombre de la función. Este sigue las mismas reglas que el de las variables. Si estuviera formado por varias palabras, utilice la nomenclatura camel case. En cualquier caso, elija siempre un nombre que describa claramente lo que hace.

Los argumentos representan los datos de entrada requeridos para llevar a cabo su cometido, labor que recae en el bloque de código asociado (el que va entre llaves), una de cuyas sentencias será la encargada de devolver el resultado de su ejecución:

```
return expresión;
```

> Esta sentencia es opcional, ya que hay funciones que no devuelven ningún resultado. Por el mismo motivo, puede haber funciones que no tengan argumentos (no necesiten ningún dato de entrada). En ese caso, los paréntesis aparecerían vacíos.

Una vez declarada una función, solo queda ejecutarla utilizando la sintaxis:

función(argumento,...,argumento)

El siguiente programa de ejemplo muestra cómo se define y se invoca una función que calcula el área de un cuadrado:

```
let lado, area;

lado = Number(prompt("Lado:"));

if(lado != NaN && lado > 0){
  area = calcularArea(lado);
  alert("El área de un cuadrado de lado " + lado + " es " + area);
}
else{
  alert("No ha introducido un número positivo");
}

function calcularArea(lado){
  let area = lado**2;
  return area;
}
```

Inicialmente, se declara las variables que contendrán el lado del cuadrado y su área (lado y area).

Después se solicita al usuario la longitud del lado del cuadrado, que convierte en un número con la función global Number().

A continuación, se comprueba en la condición de una sentencia if que dicho valor sea realmente un número positivo. En caso afirmativo, se llamaría a la función calcularArea() que estima el área del cuadrado y luego se mostraría en pantalla con el comando alert(). En caso contrario, se informaría del error.

Finalmente, se define la función. Su nombren refleja claramente lo que hace (calcularArea). Como el área de un cuadrado se obtiene a partir de la longitud de su lado, esta se incluye como argumento de entrada (lado). En el cuerpo de la función se calcula el área como el cuadrado del lado y se devuelve con la sentencia return.

Como acaba de ver, la función se llama antes de definirla. Podría pensar que esto debería haber provocado un error, ya que los lenguajes interpretados ejecutan las sentencias de forma secuencial. Estaría en lo cierto si no fuera porque JavaScript mueve las declaraciones de todas las funciones y las variables al principio del programa para que puedan utilizarse en cualquier parte.

Solo queda ejecutar el programa y ver que, en efecto, no solo no se produce un error, sino que el área del cuadrado se calcula correctamente.

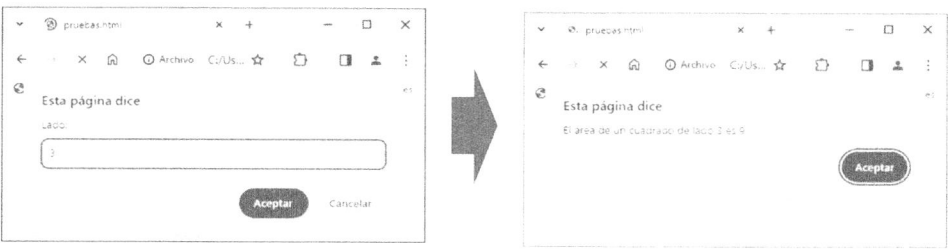

Naturalmente, desde una función se puede llamar a otras funciones, incluso de forma recursiva, como sucede en este otro código de ejemplo, que calcula el factorial de un número:

```
let numero;
let numeroFactorial;

function factorial(x) {
  return x < 2 ? 1 : x * factorial(x - 1);
};

numero = Number(prompt("Número:"));

if (numero != NaN && numero%1 == 0 && numero > 0) {
  numeroFactorial = factorial(numero);
  alert("El factorial de " + numero + " es " + numeroFactorial);
}
else alert("Introduzca un número entero y positivo");
```

En primer lugar, se declaran las variables que contendrán el número introducido por el usuario y su factorial (numero y numeroFactorial).

Luego, se define la función que calcula el factorial (operación representada matemáticamente con el carácter '!') como el producto de todos los números enteros positivos menores que él. Por ejemplo, el factorial de 4 es:

4! = 4 × 3 × 2 × 1 = 24

Esta misma expresión sería equivalente a esta otra:

4! = 4 × 3!

Ya que el factorial de 3 es:

3! = 3 × 2 × 1

Generalizando, el factorial de un número se calcularía como:

número! = numero × (número -1)!

excepto si el número es el 1, ya que:

1! = 1

Eso es precisamente lo que hace la función `factorial()`, que se va llamando a sí misma de forma recursiva. Solo consta de la sentencia `return` que devuelve el resultado de un operador condicional, en concreto, el valor 1 si el número es menor que 2 (en concreto, 1) o el resultado de multiplicarlo por el factorial de otro número una unidad menor:

```
x < 2 ? 1 : x * factorial(x - 1)
```

Una vez declarada la función, se solicita un número al usuario con el comando `prompt()`.

Finalmente, se comprueba que sea un número entero y positivo en la condición de una sentencia `if`, ya que solo en ese caso se calcularía su factorial y se mostraría en pantalla, tal como aparece a continuación:

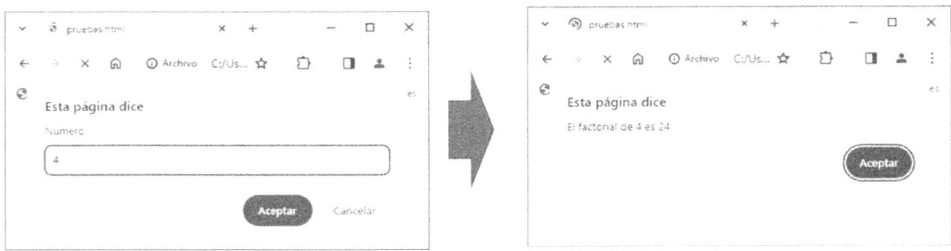

Las funciones que devuelven un valor se pueden llamar dentro de una expresión allí donde este se requiera. De ahí que la última sentencia del código anterior sería equivalente a:

```
alert("El factorial de " + numero + " es " + factorial(numero));
```

En las siguientes secciones profundizará en el uso de las funciones. Aprenderá a declararlas e invocarlas con un número variable de argumentos. También será capaz de utilizarlas como si fueran valores, lo que le permitirá almacenarlas en variables o pasarlas como argumento de otras funciones. Por último, descubrirá las diferencias entre las variables locales, que se declaran dentro de una función, y las globales, que se declaran en el flujo principal del programa.

7.1 INVOCACIÓN DE UNA FUNCIÓN

Cuando se invoca una función, lo habitual es hacerlo con el mismo número de argumentos con el que se declara. Si este fuera mayor, los argumentos adicionales serían ignorados. Si fuera menor, el valor de los que faltan sería undefined. Para evitar este último problema, JavaScript permite asignar un valor por defecto a dichos argumentos durante la declaración de la función.

El siguiente programa, que calcula el importe total de un producto/servicio a partir de su importe neto y el tipo de IVA aplicado, es un ejemplo de ello:

```
let importeNeto;
const ivaGeneral = 21;
const ivaReducido = 10;

function calcularImporte(importe, iva = ivaGeneral) {
  return importe + importe * iva / 100;
}

importeNeto = Number(prompt("Importe neto:"));
if (importeNeto != NaN && importeNeto > 0) {
 let importeGeneral = calcularImporte(importeNeto);
 let importeReducido = calcularImporte(importeNeto, ivaReducido);
 alert("El importe total con un tipo de IVA general es " +
       importeGeneral + "€\n" +
      "El importe total con un tipo de IVA reducido es " +
       importeReducido + "€");
}
else alert("Introduzca un número positivo");
```

Al inicio del programa se declara la variable que contendrá el importe neto del producto/servicio en cuestión (`importeNeto`), así como las constantes con el tipo de IVA general y el reducido (`ivaGeneral` y `ivaReducido`).

La función `calcularImporte()` obtiene el importe total a partir del importe neto y el IVA correspondiente. Este último argumento toma por defecto el valor del IVA general, que será el que se aplique cuando se omite.

Una vez finalizadas las declaraciones, se solicita al usuario el importe neto con el comando `prompt()` y se convierte a número.

Tras confirmar que se trata de un número positivo (condición de la sentencia `if`) se calcula el importe general y el reducido llamando a la función `calcularImporte()` con uno o dos argumentos, respectivamente.

Por último, se muestra en pantalla el importe total según el tipo de IVA aplicado, tal como puede ver a continuación:

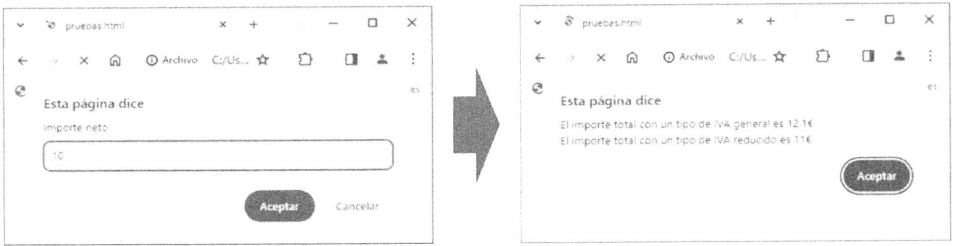

A veces, el número de argumentos de una función no es conocido o es variable. En ese caso, la sintaxis con la que se debe definir la función es:

```
function nombre(...listaArgumentos) {
    ...
}
```

Los puntos suspensivos (…) que hay dentro de los paréntesis forman parte de la sintaxis con la que se define la función e indican que *listaArgumentos* contendrá la lista de argumentos con los que se invoque la función. Aunque las listas son objeto de estudio de una sección posterior, para entender cómo se usa este tipo de funciones debe saber que sus elementos (en este contexto, los argumentos de la función), se pueden recorrer con un bucle `for...of`, tal como se hace en el siguiente código de ejemplo:

```
function sumar(...listaArgumentos) {
    let suma = 0;
    for (let argumento of listaArgumentos) suma += argumento;
    return suma;
}
```

```
let suma1 = sumar(1, 2);
let suma2 = sumar(1, 2, 3);
let suma3 = sumar(1, 2, 3, 4);

alert("1 + 2 = " + suma1 + "\n" +
     "1 + 2 + 3 = " + suma2 + "\n" +
     "1 + 2 + 3 + 4 = " + suma3);
```

La función `sumar()` se declara de modo que admita cualquier número de argumentos. Su resultado será la suma de todos ellos, obtenido mediante un bucle `for...of` en el que se agrega el valor de cada uno a la variable `suma` devuelta por la función.

Luego se invoca con dos, tres y cuatro argumentos. Su resultado será el utilizado para componer finalmente el texto mostrado en pantalla.

Cuando se invoca una función, los valores de los argumentos se pasan por valor. Eso significa que JavaScript hace una copia de dicho valor, por lo que cualquier modificación que se haga internamente no afecta al que tenía originalmente. Como esta definición puede resultar algo confusa, el siguiente código de ejemplo tratará de sacarle de dudas:

```
let x = 1;

function miFuncion(x) {
  return ++x;
}
```

```
alert("Dentro de la función x=" + miFuncion(x) +
      "\n" + "Fuera de la función x=" + x);
```

En primer lugar, se declara e inicia la variable x con el valor 1.

Luego se declara la función miFuncion(), que devuelve el valor de la variable x una vez incrementada.

Finalmente, en el comando alert() se compone un texto que muestra en pantalla el valor que tenía la variable x dentro de la función (el que devolvió), y el que tiene una vez ejecutada.

El resultado obtenido demuestra que el incremento de valor del argumento x se ha realizado sobre una copia de la variable x con la que se ha invocado la función. Por ese motivo, su valor fuera de esta permanece inalterable.

7.2 EL TIPO DE DATOS FUNCTION

Las funciones son objetos de tipo Function. Esto le puede resultar extraño, pero en JavaScript todo puede ser modelado como un objeto (incluso los tipos de datos primitivos). El siguiente código lo demuestra:

```
function factorial(x) {
  return x < 2 ? 1 : x * factorial(x - 1);
};

alert("El tipo de la función factorial() es " + typeof factorial);
```

Lo único que se hace es definir la conocida función `factorial()` y mostrar en una ventana de alerta el tipo de datos al que pertenece con el operador `typeof`. El resultado obtenido deja en evidencia que dicha función es un valor de tipo `Function`.

La consecuencia de que una función sea un objeto, es que se puede asignar a una constante (o una variable), como se ha hecho en este código de ejemplo:

```
let numero;
let numeroFactorial;
const constanteFactorial = factorial;

function factorial(x) {
  return x < 2 ? 1 : x * factorial(x - 1);
};

numero = Number(prompt("Número:"));

if (numero != NaN && numero%1 == 0 && numero > 0) {
  numeroFactorial = constanteFactorial(numero);
  alert("El factorial de " + numero + " es " + numeroFactorial);
}
else alert("Introduzca un número entero y positivo");
```

Le resultará familiar, ya que está basado en otro que calculaba el factorial de un número introducido por el usuario, de ahí que solo se describan los cambios realizados. El primero declara la `constanteFactorial`, que se inicia con el nombre de la función `factorial()`.

```
const constanteFactorial = factorial;
```

El segundo permite obtener el factorial de un número haciendo uso de dicha constante, en vez de invocando la función `factorial()`.

```
numeroFactorial = constanteFactorial(numero);
```

Ejecute este nuevo código y compruebe que el resultado es el mismo del original.

Cuando una función se utiliza solo como el valor de una constante (o una variable), su declaración se puede sustituir por una expresión de función:

```
const nombre = function nombre(argumento, …, argumento) {
    ...
}
```

Así, la `constanteFactorial` del código anterior podría declararse de esta otra forma:

```
const constanteFactorial = function factorial(x) {
    return x < 2 ? 1 : x * factorial (x - 1);
};
```

De este modo, no tendría que declarar la constante por un lado, la función por otro y luego asignar esta última como valor de la primera con una expresión de asignación. También podría omitirse el nombre de la función, en cuyo caso la expresión anterior quedaría así:

```
const constanteFactorial = function (x) {
    return x < 2 ? 1 : x * funcionFactorial (x - 1);
};
```

Observe que la función ya no tiene nombre, solo argumentos. Sin embargo, al ser recursiva (se llama a sí misma) se ha tenido que sustituir el nombre de la función original (`factorial`) por el de la variable donde ahora se almacena (`funcionFactorial`).

El hecho de que una constante (o una variable) pueda almacenar una función como un valor, hace posible su uso como argumento de otras funciones. Por ejemplo, en este nuevo programa se define una función que calcula el volumen de una caja a partir de otra que calcula el área de su base:

```
let largo = 2, ancho = 3, alto = 4;
let volumen;

const calcularBase = function (largo, ancho) {
  let area = largo * ancho;
  return area;
};

function calcularVolumen(funcionBase, largo, ancho, alto){
  let area = funcionBase(largo, ancho)
  let volumen = area * alto;
  return volumen;
}

volumen = calcularVolumen(calcularBase, largo, ancho, alto);
alert("El volumen de una caja de " +
      largo + "x" + ancho + "x" + alto + " es " + volumen);
```

En primer lugar, se declaran e inician las variables con las dimensiones de la caja (largo, ancho y alto), además de la que contendrá el volumen, una vez estimado (volumen).

La función que calcula el área de la base forma parte de una expresión en la que se crea e inicia la constante calcularBase.

La función que calcula el volumen de la caja se declara de la forma habitual. Como particularidad, su primer argumento, funcionBase, es la función con la que se obtiene la superficie de la base y, a partir de este, el del volumen aplicando la fórmula:

volumen = base × altura

En la última sentencia se compone el texto que muestra en pantalla las dimensiones de la caja y su volumen.

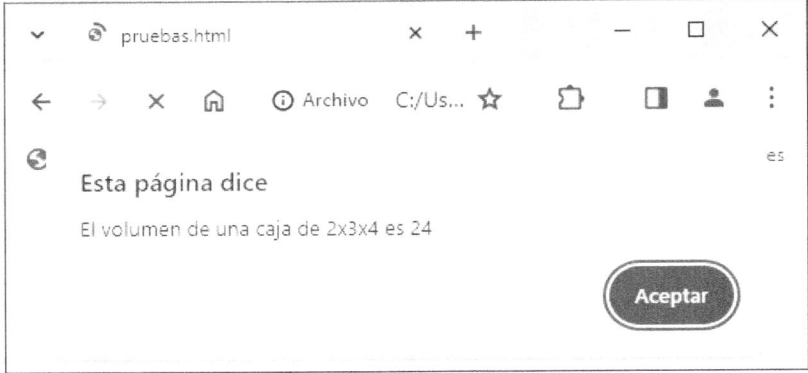

7.3 ALCANCE DE LAS VARIABLES

En informática, el alcance o ámbito de una variable es la parte del programa en la que se puede acceder a ella. De este modo, las variables definidas en el bloque principal del código (generalmente, al principio), son de ámbito global. Por el contrario, las variables declaradas dentro de una función tienen un ámbito local, que es de la propia función. Esto supone que una variable global puede ser leída y modificada tanto dentro como fuera de una función, mientras que las variables locales son inaccesibles desde el resto del programa porque se destruyen una vez ejecutada la función.

Con el fin de aclarar el concepto de alcance, el siguiente programa hace uso de diferentes tipos de variables:

```
let variable1 = 10;
let variable2 = 20;
let mensaje = "";

function miFuncion() {
  let variable1 = 1;
  variable1++;
  variable2++;
```

```
    return "Dentro de la función variable1=" + variable1 +
            " y variable2=" + variable2 + "\n";
}


mensaje = miFuncion();
mensaje += "Fuera de la función variable1=" + variable1 +
            " y variable2=" + variable2;
alert(mensaje);
```

Al inicio del programa se declaran las variables globales `variable1` y `variable2`, además de la variable auxiliar `mensaje` (también es global) donde se compondrá el texto que muestra el valor de todas ellas tanto dentro como fuera de la función.

Luego se define la función `miFuncion()`, que no tiene ningún argumento de entrada. Dentro, lo primero que se hace es declarar la variable local `variable1`, cuyo nombre coincide con el de una de las globales. Podría llegar a pensar que esto debería provocar un error porque, tal como se advirtió en su momento, una misma variable no se puede declarar dos veces. Sin embargo, la sentencia es válida porque ambas declaraciones se hacen en distintos ámbitos. Se trata, por lo tanto, de dos variables diferentes con el mismo nombre. La primera solo existe en el ámbito de la función y la segunda en el global.

De todos modos, al haber declarado `variable1` tanto de forma global como local, ¿a cuál de ellas se haría referencia dentro de la función? Para resolver esta ambigüedad, JavaScript da preferencia a la variable definida en el ámbito más específico, en este caso, el de la función. Por ese motivo, cuando dentro de la función se haga referencia a la `variable1`, se trataría de la definida localmente. Fuera de la función no habría ninguna ambigüedad, ya que solo existe la variable global.

Regresando de nuevo a la descripción de la función, lo único que hace es incrementar el valor de `variable1` y `variable2`, y devolver un texto con el valor de ambas.

Una vez definida la función, se invoca, y el texto que devuelve se concatena con otro similar que contiene el valor de esas mismas variables fuera de la función.

La siguiente imagen muestra el resultado obtenido:

El valor de `variable1` es distinto dentro y fuera la función, algo lógico, ya que, aunque tengan el mismo nombre, son diferentes (una es global y la otra local). Dentro de la función, la que se incrementa es la local, que se destruye una vez finalizada su ejecución.

El valor de `variable2` coincide porque solo se declara una vez en el ámbito global. Por lo tanto, los cambios realizados dentro de la función permanecen fuera de ella.

Para finalizar, es importante matizar que, aunque esta sección se haya enfocado en las funciones, todo lo dicho anteriormente es igual de válido en el ámbito de cualquier bloque de código, entendido como el conjunto de sentencias comprendido entre llaves.

```
{
    let variable = valor
    ...
    sentencia;
    ...
    sentencia;
}
```

Por lo tanto, cuando se declare una variable (o una constante) dentro de una sentencia condicional o un bucle, dicha variable también será considerada como local (no se ve fuera).

Unidad 8
OBJETOS

Cuando se definió JavaScript al inicio de esta obra, se dijo que era un lenguaje de programación orientado a objetos. Tal como indica su nombre, en este tipo de lenguajes, todo puede ser modelado como un objeto, ya sea algo físico (por ejemplo, un coche) o conceptual (la compra o la venta de dicho coche). Esta relación directa entre los objetos o los conceptos del mundo físico y los utilizados a nivel de programación se traslada al diseño de la aplicación que, al ser una representación virtual del mundo real, favorece el desarrollo software y su posterior mantenimiento, ya que se trabaja en términos similares a los manejados de forma cotidiana.

Los objetos se especifican mediante un conjunto de propiedades y métodos. Las propiedades son los rasgos distintivos o cualidades con los que se pueden describir. En el caso de un coche serían su marca, modelo, color, matrícula, etc. Así pues, cada propiedad tiene un nombre y un valor. Siguiendo con el ejemplo del coche, "marca" sería el nombre de una de sus propiedades y "Ferrari" uno de sus posibles valores. En el contexto de una compra/venta, las características serían el precio, el modo de pago, etc. Por lo tanto, las propiedades pueden verse como variables vinculadas a un objeto, es decir, aquellas que solo tienen sentido dentro de su ámbito.

Por otra parte, los métodos determinan el comportamiento del objeto, es decir, las acciones que son capaces de realizar. En el ejemplo del coche serían los que permiten arrancar, frenar, climatizar, etc. Por lo tanto, los métodos son funciones asociadas a un objeto, aunque también podrían verse como propiedades cuyos valores son funciones. Desde este último punto de vista, un objeto solo tendría propiedades, algunas de las cuales contienen datos y, otras, código. Estas últimas serían los métodos.

A la vista de la definición de un objeto, las dos grandes diferencias con los tipos de datos primitivos son:

- Un objeto es un tipo de datos compuesto, ya que está formado por una colección de valores (tantos como propiedades), a diferencia de los datos primitivos, que solo pueden contener uno (un número, una cadena, etc.).

- Los valores primitivos son inmutables, mientras que los objetos pueden modificarse sin cambiar su identidad. Por ejemplo, el número 5 no se puede modificar, de lo contrario sería otro número diferente. Por el contrario, un objeto que representara un coche podría llegar a cambiar de color (el valor del atributo color) y seguir siendo el mismo coche. Esto tiene importantes implicaciones a la hora de asignar objetos a variables, compararlos o pasarlos como argumento a una función, ya que en los datos primitivos se trabaja con su valor, mientras que en los objetos se utiliza su referencia, es decir, con un puntero al lugar donde se encuentran almacenados en memoria.

En las siguientes secciones se profundizará en el conocimiento de los conceptos de propiedad y método, base de la programación orientada a objetos.

8.1 PROPIEDADES

Según la Real Academia Española, una propiedad es un *atributo o cualidad esencial de alguien o algo*. Esta definición encaja perfectamente con el concepto de propiedad de un objeto y es el motivo de que, con frecuencia, se haga referencia a estos como atributos.

La manera más sencilla de crear un objeto es a través de un iniciador formulado con la siguiente notación literal:

```
{
    atributo: valor,
    ...
    atributo: valor,
    ...
}
```

Los nombres de los atributos podrán ser identificadores, números o cadenas. Así, por ejemplo, atributo1, 1 y "atributo 1" serían nombres válidos.

Los valores podrán ser primitivos e incluso otros objetos, lo que favorecería la construcción de estructuras de datos más complejas.

Aunque cualquier objeto pueda caracterizarse mediante infinidad de atributos, únicamente se aprovecharán aquellos que sean relevantes en la aplicación donde se empleen. En el ejemplo del coche, imagine que por simplicidad solo se está interesado en tres de ellas: la marca, el modelo y su potencia. Bajo esta premisa, la forma de crear el objeto que representaría mi coche sería:

```
const miCoche = {
    marca: "Ferrari",
    modelo: "Testarossa",
    potencia: 400
};
```

 Es una buena práctica definir los objetos como constantes. Eso evita que puedan reasignarse, lo que no impide modificar el valor de sus propiedades.

 No añada una coma después de la última propiedad y finalice siempre la definición de un objeto con un punto y coma.

La expresión que permite conocer el valor del atributo de un atributo es:

objeto.atributo

Por ejemplo, la que devolvería la marca de mi coche sería:

miCoche.marca

Esta forma de obtener el valor de un atributo tiene una limitación: su nombre es un literal que debe ser conocido en tiempo de desarrollo. Sin embargo, suele ser habitual que la lógica del programa determine el atributo al que se tenga que acceder. De ser así, tendrá que utilizarse esta otra expresión:

objeto[atributo]

En este caso, el atributo suele ser una variable que contiene su nombre, aunque, en general, puede ser cualquier expresión.

En el siguiente código de ejemplo se usa para averiguar el valor de una de las características de mi coche:

```
const miCoche = {
 marca: "Ferrari",
 modelo: "Testarossa",
 potencia: 400
};
let nombreAtributo, valorAtributo;

nombreAtributo = prompt("Atributo:");
if (nombreAtributo){
   valorAtributo = miCoche[nombreAtributo];
   if(valorAtributo == undefined)
      alert("Mi coche no tiene el atributo " + nombreAtributo);
   else
      alert("El valor del atributo " + nombreAtributo +
          " de mi coche es " + miCoche[nombreAtributo]);
}
else alert("Introduzca el nombre de un atributo");
```

Como puede observar, después de crear el objeto que representa mi coche (miCoche), se declaran dos variables que contendrán el nombre de un atributo y su valor (nombreAtributo, valorAtributo).

Luego, se solicita al usuario que introduzca el nombre del atributo. Las sentencias if…else que hay a continuación muestran en pantalla el valor de dicho atributo (si existiera) o el mensaje de error correspondiente. Advierta que el valor de un atributo que no existe es undefined.

La ejecución de este programa muestra en pantalla el valor que tiene el atributo almacenado en la variable atributo de miCoche.

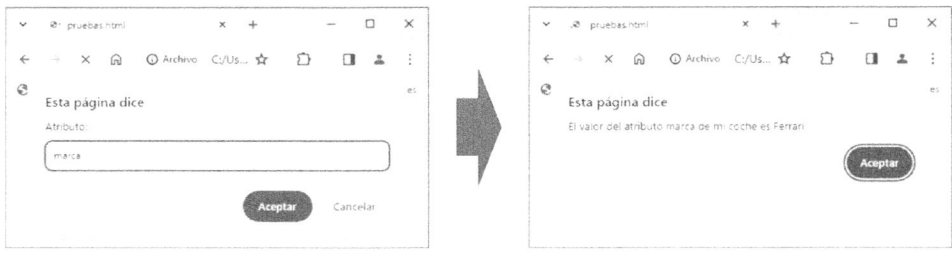

Ahora, cambie el valor de la variable atributo por "marca":

```
let atributo = "modelo";
```

En esta ocasión, al recargar el programa aparecerá es el modelo del coche.

Si en vez de una variable, utilizara directamente el nombre de un atributo, este deberá ir entre comillas, tal como se ha hecho en la siguiente expresión:

```
miCoche["modelo"]
```

Es lógico, ya que en el código anterior el valor de la variable `atributo` era una cadena.

Las expresiones empleadas para modificar el valor de un atributo son las mismas que permiten consultarlo. Curiosamente, si el atributo no existiera JavaScript lo crearía (en vez de generar un error).

> Solo se puede modificar el valor de un atributo, no su nombre.

El siguiente código de ejemplo muestra el resultado de asignar un valor a los atributos `modelo` y `color` del objeto `miCoche`. El primero (`modelo`) cambia de valor, mientras que el segundo (`color`) se crea e inicia con el valor indicado, ya que este no existía previamente.

```
const miCoche = {
    marca: "Ferrari",
    modelo: "Testarossa",
    potencia: 400
};

miCoche.modelo = "Roma Spider";
miCoche.color = "rojo";

alert("Mi " + miCoche.marca + " " + miCoche.modelo +
    " es de color " + miCoche.color);
```

El texto que se compone en el comando `alert()` muestra claramente que mi Ferrari ya no es un Testarrosa sino un Roma Spider y que es de color rojo (característica que antes no tenía).

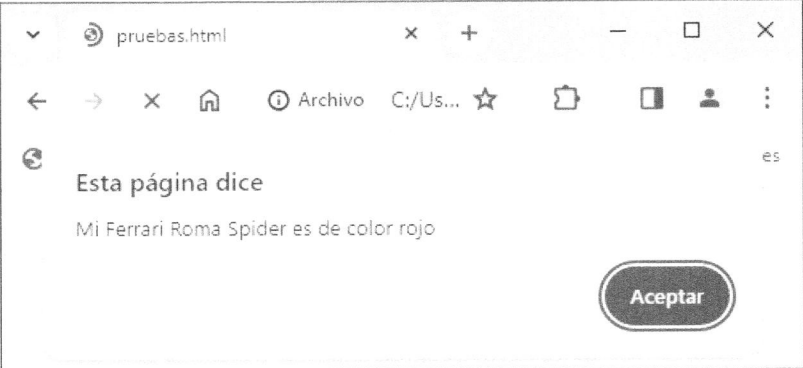

Aunque no sea algo que se haga con frecuencia, JavaScript también permite borrar las propiedades de un objeto. Para ello, proporciona el operador `delete`. Así, por ejemplo, la siguiente sentencia eliminaría el atributo `color` de `miCoche`, cuya estructura quedaría tal como se había creado inicialmente:

```
delete miCoche.color;
```

Si ha trabajado con otro tipo de lenguajes orientados a objetos como C++ o Java, sabrá que no se pueden añadir o borrar atributos (ni métodos) a los objetos en tiempo de ejecución.

La capacidad de añadir atributos a un objeto haría posible crear el objeto `miCoche` de esta otra forma:

```
const miCoche = {};
miCoche.marca = "Ferrari";
miCoche.modelo = "Testarossa";
miCoche.potencia = 400;
```

Ya conoce la forma de acceder a un atributo para leer o modificar su valor. Sin embargo, hay ocasiones en las que no se sabe cuáles son o cambian con el tiempo. Para resolver este problema, JavaScript ofrece un bucle `for` que permite recorrer todas las propiedades de un objeto:

```
for (let atributo in objeto) {
  ...
}
```

En cada iteración, la variable `atributo` irá tomando el nombre de todas las propiedades del *objeto*.

El código de ejemplo que se describe a continuación muestra la forma de utilizarlo:

```
const miCoche = {
  marca: "Ferrari",
  modelo: "Testarossa",
  potencia: 400
};
let mensaje = "";

for (let atributo in miCoche){
  mensaje += atributo + ": " + miCoche[atributo] + "\n";
}
alert("LOS DATOS DE MI VEHÍCULO SON:\n" + mensaje);
```

Una vez creado el objeto `miCoche`, el bucle `for...in` recorre sus atributos y compone una línea de texto con el nombre (variable `atributo` del bucle) y el valor (expresión `miCoche[atributo]`) de cada uno de ellos.

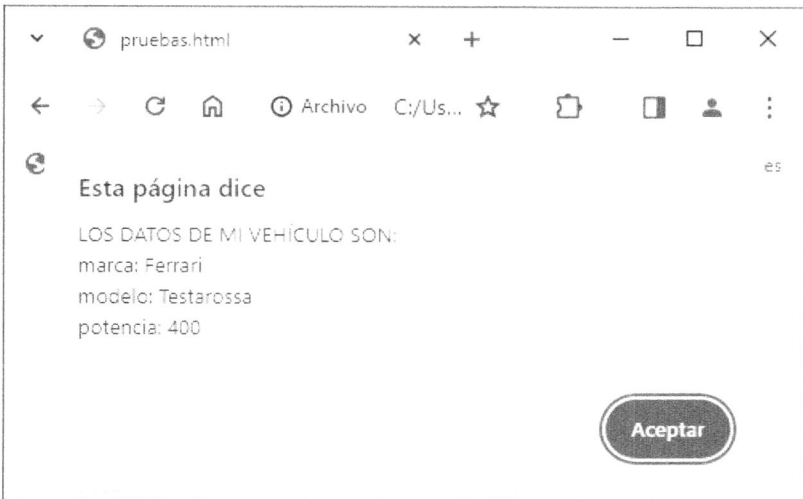

> Recuerde que en este caso no se podría utilizar la expresión `miCoche.atributo`, ya que `atributo` no es un valor literal sino una variable.

Un atributo no solo puede almacenar valores primitivos sino también otros objetos. Para demostrarlo, en este nuevo código de ejemplo se crea un objeto que me representa y se modifica el de mi coche para que ahora yo sea el propietario.

```
const yo = {
  nombre: "Tomás Domínguez",
  edad: 18,
  DNI: 12345678,
};
const miCoche = {
  marca: "Ferrari",
  modelo: "Testarossa",
  potencia: 400,
  propietario: yo
};

let propietario = miCoche.propietario.nombre;
alert("El propietario de miCoche es " + propietario);
```

En primer lugar, se crea el objeto `yo` que me representa con los atributos `nombre`, `edad` y `DNI`. Luego se crea el conocido objeto `miCoche`, al que esta vez se le añade el atributo `propietario`, cuyo valor es el objeto `yo`.

Después, se obtiene el nombre del propietario de mi coche con la siguiente expresión:

```
miCoche.propietario.nombre
```

Como puede apreciar, se compone del nombre de un objeto y dos atributos. Eso significa que el atributo `propietario` de `miCoche` tiene como valor otro objeto, uno de cuyos atributos es `nombre`. Este tipo de expresiones, formadas por un objeto y varios atributos, se evalúan siempre de izquierda a derecha. Por lo tanto, en este caso concreto primero se accedería al propietario de mi coche:

```
miCoche.propietario
```

Como su resultado es el objeto `yo`, la expresión original sería equivalente a esta otra, que daría como resultado mi nombre (su sintaxis ya es la habitual):

```
yo.nombre
```

Finalmente en el comando `alert()` se compone el texto mostrado en pantalla, tal como puede ver a continuación:

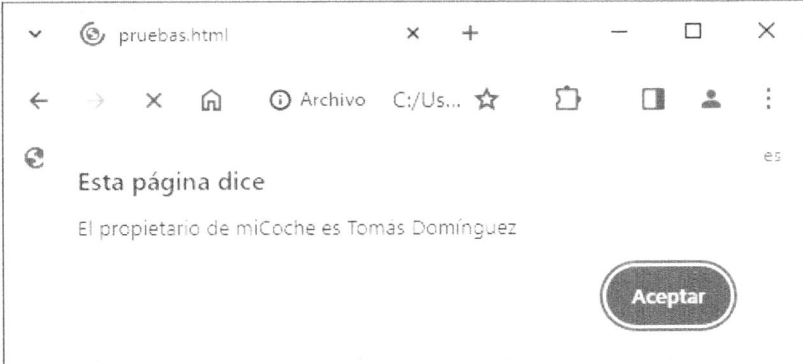

Si dentro del objeto yo hubiera un atributo que, a su vez, fuera un objeto, el acceso al valor de cualquiera de sus atributos seguiría la misma sintaxis.

 Este mismo razonamiento es igualmente válido para invocar los métodos de objetos anidados.

8.2 MÉTODOS

Si los atributos definían las características de un objeto, los métodos determinan las acciones que pueden llegar a realizar. Al igual que los atributos, los métodos se representan como pares clave:valor, donde ahora la clave es el nombre del método y el valor es la declaración de una función anónima que contiene las sentencias que establecen su comportamiento. Por ese motivo, en el iniciador del objeto se incluyen así:

```
{
    …
    método: function(argumento, …argumento){
        …
    },
    …
    método: function(argumento, …argumento){
        …
    }
}
```

> ℹ️ Esta notación pone en evidencia que un método puede ser visto como un atributo cuyo valor es una función en vez de un dato.

De forma simplificada, los métodos también se podrían expresar así:

```
{
  ...
  método(argumento, ...argumento){
    ...
  },
  ...
  método(argumento, ...argumento){
    ...
  }
}
```

> ℹ️ En ambos casos, se ha obviado la existencia de atributos. De haberlos, por convención se situarían antes de los métodos.

Continuando con el ejemplo del coche, se añadirá al objeto `miCoche` un método que permita componer un texto con los principales datos del vehículo. Aplicando una notación literal, el iniciador de este objeto tendría ahora el siguiente aspecto:

```
const miCoche = {
  marca: "Ferrari",
  modelo: "Testarossa",
  potencia: 400,
  datosVehiculo: function(){
    return "Marca: " + this.marca + "\n" +
           "Modelo: " + this.modelo + "\n" +
           "Potencia: " + this.potencia + "CV ";
  }
};
```

Como puede observar, el método `datosVehiculo()` devuelve un texto con la marca, el modelo y la potencia del vehículo en líneas separadas. En su composición se ha utilizado la palabra clave `this`, que representa el propio objeto. Por eso, en este contexto la expresión:

```
this.marca
```

podría sustituirse por el nombre de la constante (o variable) a la que se asigna, en este caso:

```
miCoche.marca
```

Una vez definidos los métodos de un objeto podrán invocarse con la expresión:

```
objeto.método(argumento, ..., argumento)
```

Por ejemplo, esta sentencia mostraría en pantalla todos los datos de mi coche:

```
alert("LOS DATOS DE MI VEHÍCULO SON:\n"+miCoche.datosVehiculo());
```

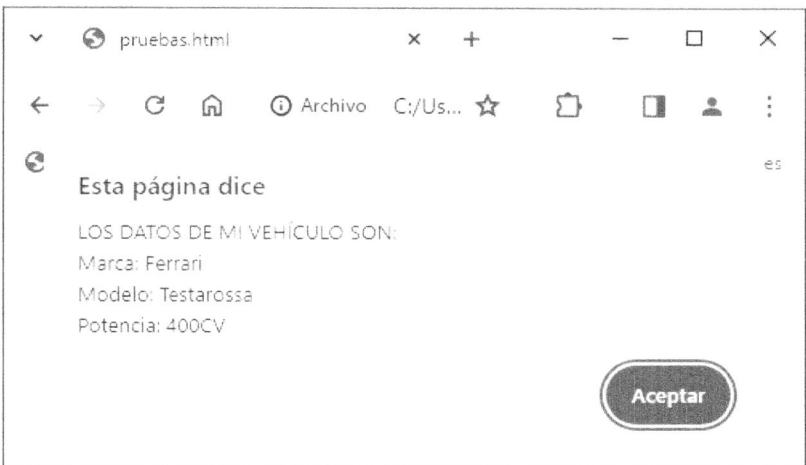

Al igual que sucedía con los atributos, también es posible añadir o borrar los métodos de un objeto. Así, por ejemplo, el siguiente código agregaría el método `arrancar()` al objeto `miCoche`, que luego eliminaría, dejándolo como estaba.

```
miCoche.arrancar = function(){alert("¡Arranco!")};
miCoche.arrancar();
delete miCoche.arrancar;
```

La invocación de este nuevo método antes de eliminarlo (muestra en pantalla el texto "¡Arranco!"), manifiesta su efímera existencia.

8.3 LA FUNCIÓN CONSTRUCTORA

La forma de crear objetos que ha visto hasta ahora solo es adecuada cuando hay pocos objetos y son conocidos de antemano. Pero en la práctica, lo habitual es que tengan que crearse de forma dinámica. Por ejemplo, en un programa de compra-venta de vehículos de segunda mano los objetos que los representan no podrán crearse hasta que estos no lleguen al taller para su revisión y sean aceptados.

En estos casos, en vez de la notación literal (iniciadores de objetos) JavaScript ofrece lo que se conoce como la función constructora o constructor. A diferencia de las funciones normales, los constructores se invocan con el operador:

```
new
```

Cuando se utiliza este operador, primero se crea un objeto vacío y luego se llama a la función constructora. De esta forma, se asegura su existencia antes de empezar a añadirle los atributos y métodos correspondientes.

ℹ️ El nombre de las funciones constructoras suele empezar por mayúsculas.

Con el fin de aprender a definir e invocar una función constructora, se utilizará un código de ejemplo que permite la creación de objetos que representen a coches:

```
function Coche(marca, modelo, potencia) {
 this.marca = marca;
 this.modelo = modelo;
 this.potencia = potencia;
 this.datosVehiculo = function mostrarDatosVehiculo() {
  return "Marca: " + this.marca + "\n" +
         "Modelo: " + this.modelo + "\n" +
         "Potencia: " + this.potencia + "CV ";
 }
}

const miCoche = new Coche("Ferrari", "Testarrosa", 400);
alert("LOS DATOS DE MI VEHÍCULO SON:\n"+miCoche.datosVehiculo());
```

El nombre de la función constructora identifica el tipo de objetos que crea (Coche). En su código se descubre que estarán formados por tres propiedades (marca, modelo, potencia) y un método, datosVehiculo().

Los valores de los atributos son los pasados como argumento. Dentro, lo único que se hace es añadir al objeto vacío creado por el operador new (representado con la palabra clave this) las propiedades y el método que finalmente compondrán su estructura.

 Los nombres de los argumentos de la función no tienen por qué coincidir con el de las propiedades.

Una vez definida la función constructora, se invoca con los datos de mi coche para crear el objeto que lo representa.

Finalmente, se muestran sus datos en pantalla invocando el método datosVehiculo() dentro del comando alert(), tal como se puede ver a continuación:

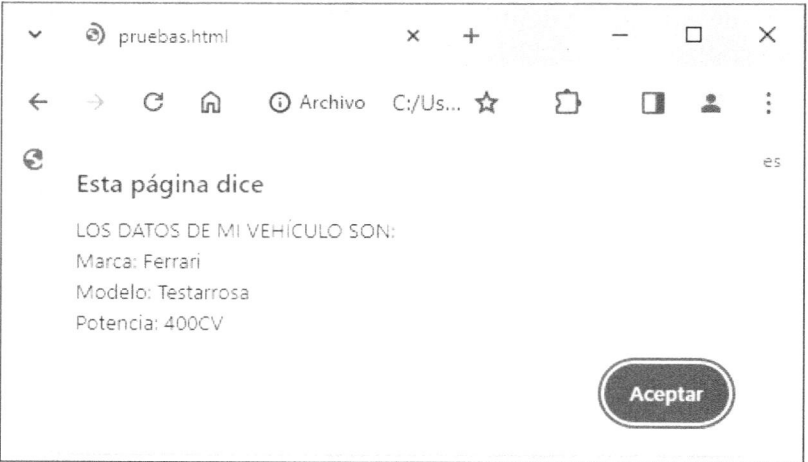

A título informativo, la función constructora también se podría haber definido de esta forma (más compacta), en la que el método se declara como una función independiente, no como una función anónima dentro de la declaración del propio objeto:

```
function Coche(marca, modelo, potencia){
  this.marca = marca;
  this.modelo = modelo;
  this.potencia = potencia;
  this.datosVehiculo = mostrarDatosVehiculo;
};

function mostrarDatosVehiculo(){
  return "Marca: " + this.marca + "\n" +
         "Modelo: " + this.modelo + "\n" +
         "Potencia: " + this.potencia + "CV ";
};
```

Quizá no termine de entender la ventaja que supone crear un objeto mediante una función constructora, ya que a primera vista parece más tediosa y menos intuitiva que la notación literal. Eso es porque en este sencillo código solo se ha creado un objeto. ¿Qué sucedería si fueran más? Por ejemplo, si además de mi coche también tuviera que modelar otro coche y optara por un iniciador, tendría que escribir el siguiente código:

```
const otroCoche = {
  marca: "BMW",
  modelo: "320i",
  potencia: 140,
  datosVehiculo: function(){
    return "Marca: " + this.marca + "\n" +
           "Modelo: " + this.modelo + "\n" +
           "Potencia: " + this.potencia + "CV ";
  }
};
```

En cambio, si dispusiera de la función constructora descrita anteriormente, solo sería necesaria esta sentencia:

```
const otroCoche = new Coche("BMW", "320i", 140);
```

¡Imagínese el número de líneas de código que tendría que añadir si el número de coches con el que trabajara fuera de cientos o miles! La ventaja salta a la vista. Sin embargo, esta no es la principal baza de las funciones constructoras. Por ejemplo, imagine que la marca, el modelo o la potencia del coche se obtengan mediante uno de los formularios de una aplicación de compra-venta. En esas circunstancias, únicamente la función constructora le permitirá crear el objeto que lo represente. El uso de un iniciador solo es válido cuando los datos del objeto se conocen en tiempo de desarrollo. Cuando se crean dinámicamente (en tiempo de ejecución), será imprescindible el empleo de funciones constructoras.

Aunque los constructores crean los objetos con un conjunto de propiedades y métodos determinados, siempre tendrá la posibilidad de añadir otros nuevos. En ese caso, deberá hacerlo objeto a objeto, ya que serán particulares de cada uno de ellos. Solo los que forman parte de la función constructora serán comunes a todos ellos.

Cuando se trabaja con tipos primitivos, el operador typeof da una indicación clara del tipo al que pertenece un valor, que en el caso de los objetos es Object. Sin embargo, seguramente quiera saber más detalles. Por ejemplo, si es un coche o una persona. De ser así, JavaScript ofrece el operador:

```
objeto instanceof clase
```

Sus operandos son el objeto y el nombre de una función constructora. El resultado devuelto solo sería `true` si el objeto se ha creado con la función constructora indicada.

El siguiente código muestra una forma de usarlo:

```
function Coche(marca, modelo, potencia, propietario){
    this.marca = marca;
    this.modelo = modelo;
    this.potencia = potencia;
    this.propietario = propietario;
  };
function Persona(nombre, edad, DNI){
    this.nombre = nombre;
    this.edad = edad;
    this.DNI = DNI;
}

function tipoObjeto(objeto){
    let clase;
    if (objeto instanceof Coche) clase = "Coche";
    else if(objeto instanceof Persona) clase = "Persona";
    return clase
}

const yo = new Persona("Tomás Domínguez", 15, 12345678);
const miCoche = new Coche("Ferrari", "Testarrosa", 400, yo);

alert("El constructor de michoche es " + tipoObjeto(miCoche) + "\n" +
      "El constructor de yo es " + tipoObjeto(yo));
```

Las dos primeras funciones son los constructores de los objetos `Coche` y `Persona`. La tercera función usa el operador `instanceof` para obtener el tipo del objeto pasado como argumento (en realidad, sería el constructor).

Luego, se crean los objetos que me representan tanto a mí como a mi coche (`yo` y `miCoche`).

Por último, en el comando `alert()` se compone un texto que muestra en pantalla el tipo de cada objeto.

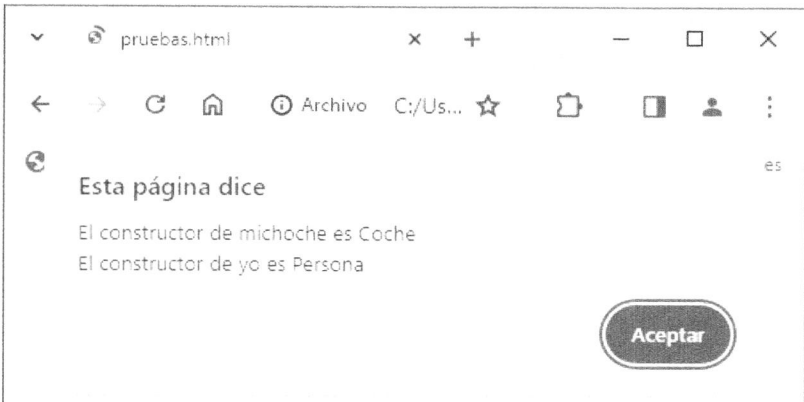

8.4 MUTABILIDAD

La mutabilidad es una característica de los objetos que permite su modificación una vez creados (algo que no es posible con los valores primitivos, motivo por lo que se dice que estos son inmutables). Esta característica tiene implicaciones tanto en la forma de evaluar las expresiones de asignación o comparación donde intervienen, como en la ejecución de las funciones en las que se pasan como argumento.

Veamos en primer lugar cuáles son esas particularidades en ambos tipos de expresiones, empezando por las de asignación.

Cuando se asigna un valor primitivo a una variable (o a una constante), esta almacena el valor indicado. Sin embargo, cuando se asigna un objeto a una variable (o a una constante), lo que contiene es la referencia al objeto (la zona de memoria donde se encuentra), no el propio objeto.

Por ejemplo, la siguiente sentencia almacenaría en la constante otroCoche una copia de la referencia al objeto miCoche (no una copia de dicho objeto), por lo que ambas constantes representarían el mismo objeto.

```
const otroCoche= miCoche
```

La siguiente imagen muestra gráficamente el resultado de esta sentencia:

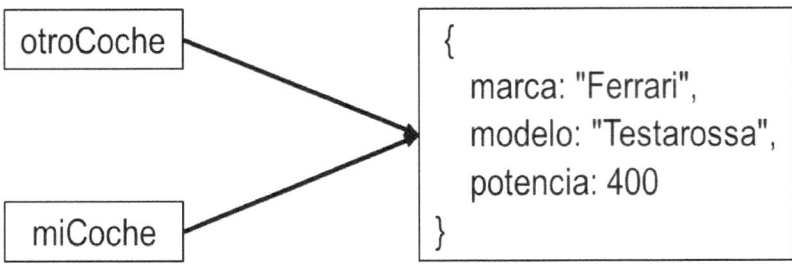

En consecuencia, si modificara el valor del atributo en uno de ellos, lo estaría haciendo también en el otro.

El siguiente código de ejemplo sirve para demostrarlo:

```
const miCoche = {
  marca: "Ferrari",
  modelo: "Testarossa",
  potencia: 400
};
const otroCoche = miCoche

otroCoche.modelo = "Roma Spider";

alert("El modelo de mi coche es " + miCoche.modelo + "\n" +
     "El modelo del otro coche es " + otroCoche.modelo);
```

En primer lugar, se crea la constante miCoche y se inicia con un objeto declarado mediante notación literal. A continuación, se crea la constante otroCoche y se inicia con el objeto miCoche. Por lo tanto, las constantes miCoche y otroCoche contienen el mismo objeto.

En la siguiente sentencia se modifica el atributo modelo de otroCoche. Aunque instintivamente piense que ahora el modelo del objeto almacenado en ambas constantes es diferente, la información mostrada en pantalla pone de manifiesto que se trata del mismo (el modelo de ambos coches coincide).

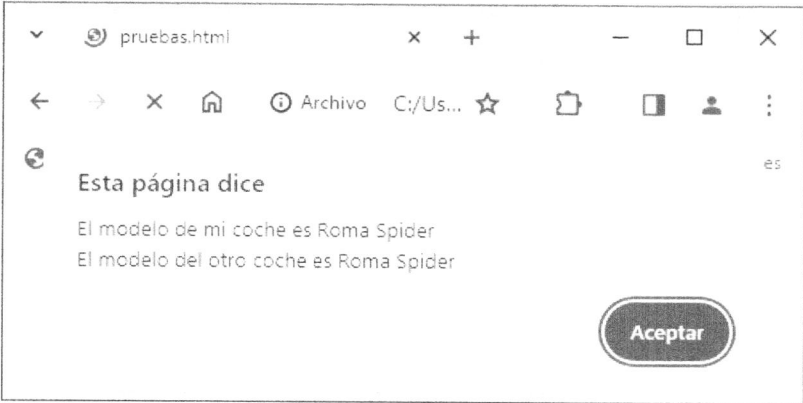

Si lo que quiere realmente es clonar un objeto, Javascript ofrece diversas alternativas, una de las cuales es el operador *spread*, que se representa como tres puntos suspensivos:

...

Este nuevo código de ejemplo muestra cómo usarlo:

```
const miCoche = {
  marca: "Ferrari",
  modelo: "Testarossa",
  potencia: 400
};
const otroCoche = {...miCoche};
otroCoche.modelo = "Roma Spider";

alert("El modelo de mi coche es " + miCoche.modelo + "\n" +
      "El modelo del otro coche es " + otroCoche.modelo);
```

Como puede observar, una vez creado el objeto miCoche con notación literal, se crea el objeto otroCoche como una copia de este:

```
const otroCoche = {...miCoche};
```

Ahora miCoche y otroCoche son objetos diferentes y, por lo tanto, cuando se modifica el modelo de este último en la siguiente sentencia, el del primero permanece inalterado, tal como puede ver a continuación:

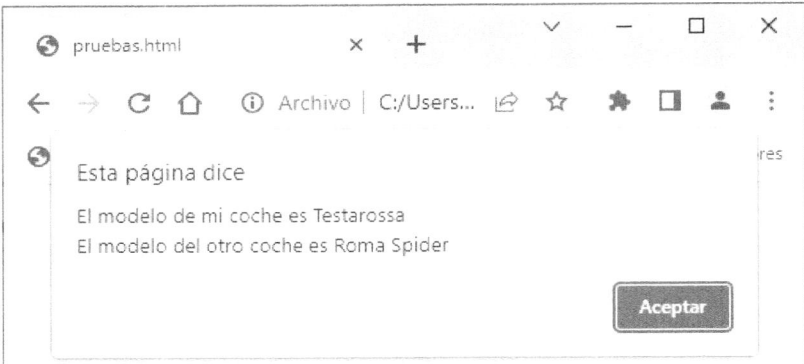

Si el operador de asignación se comportaba de forma diferente según los operandos sean objetos o valores primitivos, el de comparación también tiene sus peculiaridades, ya que dos objetos nunca son iguales, incluso aunque el valor de todas sus propiedades sea el mismo. Lo que sí podría llegar a ser igual son las referencias, siempre que apunten al mismo objeto.

Para entender la forma en la que se comparan los objetos, lo mejor es volver a utilizar un código de ejemplo:

```
const miCoche = {
  marca: "Ferrari",
  modelo: "Testarossa",
  potencia: 400
};
const otroCoche = {
  marca: "Ferrari",
  modelo: "Testarossa",
  potencia: 400
};

if(miCoche == otroCoche) alert("miCoche es igual que otroCoche");
else alert("miCoche es distinto que otroCoche");
```

Al principio del programa se crean dos objetos idénticos (miCoche y otroCoche). En estas circunstancias podría llegar a pensar que son iguales, pero la sentencia if que hay a continuación deja claro que no es así:

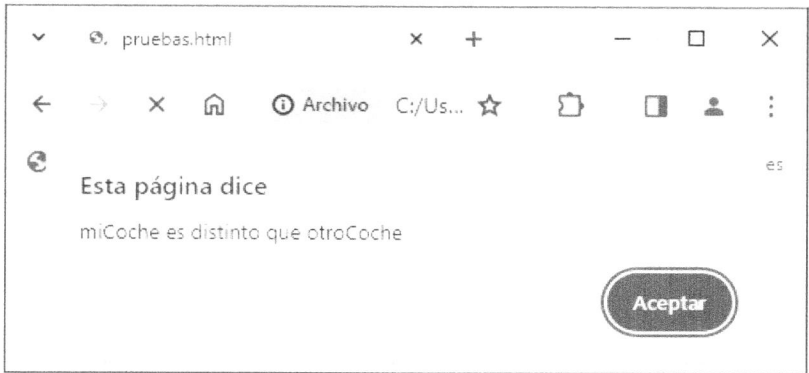

Aunque a primera vista esto podría parecer incongruente, en el mundo real es algo normal. Por ejemplo, en un proceso de fabricación en serie los objetos que se producen pueden llegar a ser indistinguibles unos de otros, pero todos son diferentes.

> La comparación de objetos creados con el operador *spread* (...) daría la misma respuesta.

En este otro código de ejemplo se utiliza un operador de asignación que copia la referencia del objeto miCoche en otroCoche (no el propio objeto):

```
const miCoche = {
  marca: "Ferrari",
  modelo: "Testarossa",
  potencia: 400
};
const otroCoche = miCoche;

if(miCoche == otroCoche) alert("miCoche es igual que otroCoche");
else alert("miCoche es distinto que otroCoche");
```

En este caso, como `miCoche` y `otroCoche` tienen la misma referencia (apuntan al mismo objeto), la comparación realizada en la condición de la sentencia `if` sí es cierta.

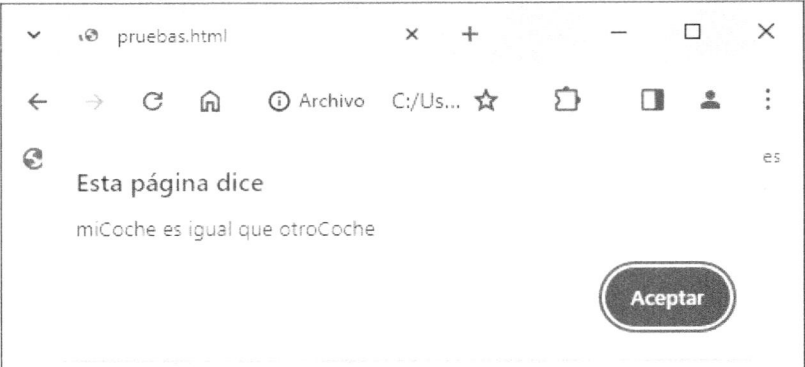

Si la evaluación de las expresiones de asignación y comparación en las que intervienen objetos tiene ciertas particularidades, la ejecución de funciones donde se utilizan como argumentos también tiene las suyas. Veamos de qué se trata.

A diferencia de los valores primitivos, que se pasan por valor a una función, los objetos se pasan por referencia. Eso significa que, cuando se ejecuta la función, esta trabaja con una copia de los valores primitivos, motivo por el que no se modifican. En cambio, en los objetos se hace una copia de su referencia, por lo que se trabaja con el mismo objeto. En consecuencia, cualquier modificación que se haga dentro de la función permanecerá fuera de ella.

Este otro código de ejemplo prueba dicho comportamiento con una función a la que se le pasa como argumentos un valor primitivo y un objeto:

```
const miCoche = {
  marca: "Ferrari",
  modelo: "Testarossa",
  potencia: 400
};
```

```
let potenciaModificada = false;
let mensaje = "";

function modificarPotencia(variablePrimitiva, objeto){
  objeto.potencia++;
  variablePrimitiva = true;
  return "Dentro de la función potenciaModificada=" +
          variablePrimitiva + "\n" +
          "Dentro de la función objeto.potencia=" +
          objeto.potencia + "\n";
}

mensaje = modificarPotencia(potenciaModificada, miCoche);
mensaje += "Fuera de la función potenciaModificada=" +
            potenciaModificada + "\n" +
            "Fuera de la función objeto.potencia=" +
            miCoche.potencia + "\n";
alert(mensaje);
```

Inicialmente se crea el objeto que representa mi coche (miCoche) y la variable primitiva que permitirá saber si se ha modificado su potencia (potenciaModificada).

Luego, se define la función modificarPotencia(), que incrementa el valor del atributo potencia del coche pasado como argumento y asigna el valor true a la variable potenciaModificada para dejar constancia del cambio. Una vez finalizada su ejecución, devuelve como resultado una cadena con los nuevos valores.

Después de declarar la función, se invoca. El texto devuelto se asigna a la variable auxiliar mensaje, a la que seguidamente se agrega el valor actual de la variable primitiva y el de la potencia de mi coche.

Como puede apreciar en la siguiente imagen, mientras potenciaModificada vuelve a recuperar el valor que tenía antes de ejecutar la función, el del atributo potencia de miCoche mantiene el cambio realizado dentro de esta.

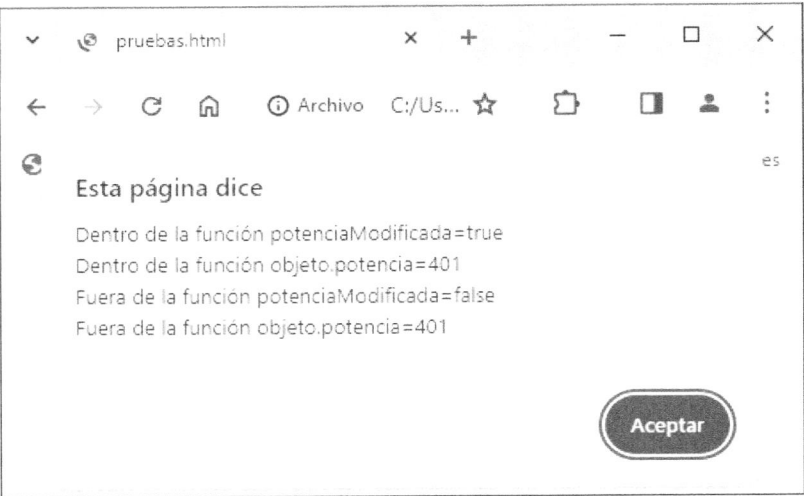

En resumen, cuando se asigna un valor primitivo a una variable o se pasa como argumento a una función, se copia su contenido, mientras que en los objetos se asigna o se pasa su referencia. Por otra parte, cuando se comparan dos valores primitivos, se compara su contenido, mientras que en los objetos se comparan sus referencias.

Aparte de los objetos que usted pueda llegar a crear, JavaScript ofrece otros de uso común que facilitan el manejo de listas, el procesamiento de textos, la gestión de fechas y horas o la realización de operaciones matemáticas de distinta naturaleza. Se trata de objetos globales que se ofrecen ya integrados en el propio lenguaje.

8.5 OBJETOS GLOBALES

El paradigma de programación orientada a objetos permite representar cualquier cosa como un objeto. Tanto es así, que los tipos de datos primitivos, incluso las funciones, también se pueden modelar como objetos. De esta forma, un número podría ser presentado como un objeto de tipo `Number` o `BigInt`, una cadena como un objeto de tipo `String`, un booleano como un objeto de tipo `Boolean` y una función como un objeto de tipo `Function`.

A diferencia de los objetos creados por usted mismo, se trata de objetos globales que forman parte del propio lenguaje, listos para ser usados.

Así, por ejemplo, en el siguiente código se crean dos variables que se inician con el mismo número, en una de ellas como un valor primitivo y en la otra como un objeto:

```
let numero1 = 10;
let numero2 = new Number(10);
alert("El tipo de numero1 es " + typeof numero1 + "\n" +
      "El tipo de numero2 es " + typeof numero2);
```

El operador `typeof` utilizado para componer el texto que se muestra en pantalla acredita que la naturaleza de ambas variables es diferente:

Por eso, si se comparasen con el operador `==`, el resultado sería `true`, pero si se hiciera con `===`, el valor devuelto sería `false`. Pruébelo sustituyendo la sentencia `alert()` del código anterior por esta otra:

```
alert("El resultado de la comparación numero1 == numero2 es " +
      (numero1 == numero2) + "\n" +
      "El resultado de de la comparación numero1 === numero2 es " +
      (numero1 === numero2));
```

Esta nueva imagen así lo atestigua:

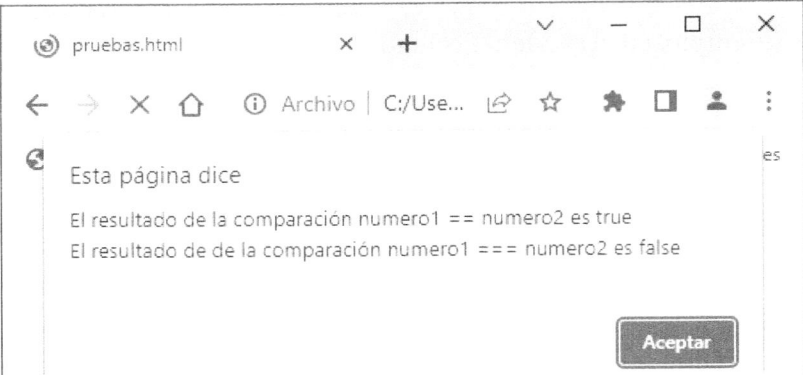

A continuación, modifique la forma en la que se declaraban las variables para que ambas contengan objetos:

```
let numero1 = new Number(10);
let numero2 = new Number(10);
```

Como las variables numero1 y numero2 tienen el mismo valor y son del mismo tipo (se trata del mismo número), seguramente suponga que si se comparasen con los operadores == y ===, el resultado sería true. Sin embargo, la siguiente imagen indica lo contrario:

Al igual que sucedía con los objetos creados por usted mismo, los que representan a los números son objetos diferentes con el mismo valor. Dicho de otra forma, aunque dos números sean iguales, los objetos que los representan nunca lo serán.

Si recuerda, en la sección de conversión de tipos primitivos se describió la función `Number()`, con la que se podía convertir cualquier otro tipo en un número. En realidad, se trata del constructor del objeto `Number`, que al invocarse como una función (sin el operador `new`) devuelve un valor primitivo en vez de un objeto. Lo mismo sucede con las funciones `String()` y `Boolean()` vistas en dicha sección.

El hecho de que un número se modele como un objeto supone que disponga de las propiedades y los métodos definidos por JavaScript para dicho objeto. A modo de ejemplo, estas son algunas de las propiedades del objeto `Number`:

- `MAX_VALUE`. Valor máximo que se puede representar con este objeto.
- `MIN_VALUE`. Valor mínimo que se puede representar con este objeto.
- `MAX_SAFE_INTEGER`. Valor máximo que se puede representar con una precisión del 100%.
- `MIN_SAFE_INTEGER`. Valor mínimo que se puede representar con una precisión del 100%.

 Los nombres de los atributos van en mayúsculas porque lo que contienen son constantes.

La siguiente sentencia muestra dichos valores:

```
alert("MAX_VALUE: " + Number.MAX_VALUE + "\n" +
"MIN_VALUE: " + Number.MIN_VALUE + "\n" +
"MAX_SAFE_INTEGER: " + Number.MAX_SAFE_INTEGER + "\n" +
"MIN_SAFE_INTEGER: " + Number.MIN_SAFE_INTEGER);
```

Téngalos en cuenta si trabaja con números muy grandes.

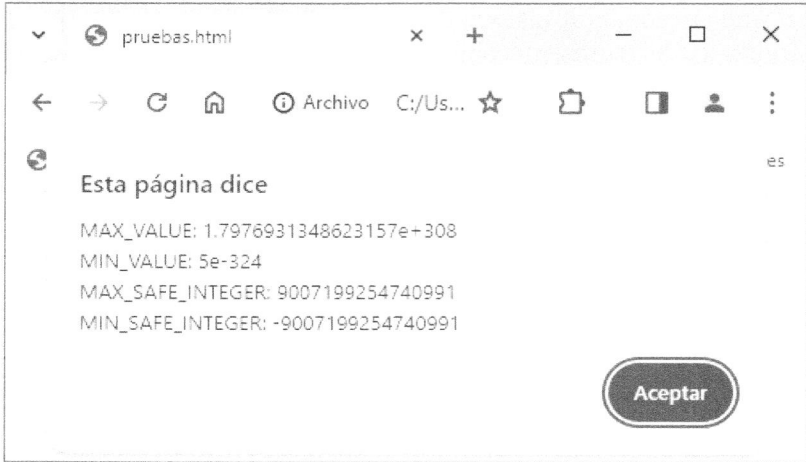

Algunos de estos métodos son los de conversión de tipos:

- `toString()`. Convierte un número en una cadena.
- `parseInt()`. Convierte una cadena en un número entero.
- `parseFloat()`. Convierte una cadena en un número de coma flotante.

Todas las propiedades y los métodos del objeto Number se encuentran en https://developer.mozilla.org/en-US/docs/Web/JavaScript/Reference/Global_Objects/Number.

Los dos últimos métodos también son equivalentes a las funciones del mismo nombre vistas en la sección donde se estudiaron las diversas formas de convertir cualquier valor primitivo en un número. Así, por ejemplo, estas dos expresiones serían equivalentes:

```
Number.parseInt("123")
parseInt("123")
```

En JavaScript, a este tipo de métodos que pueden llamarse como funciones en cualquier parte del programa, es decir, sin necesidad de asociarlos a un objeto concreto, se les conoce como métodos globales. El resto de métodos, como `toString()`, deberán ir precedidos del objeto al que aplican, tal como vio en la sección de conversión de tipos primitivos.

Aunque se pueda trabajar con los valores primitivos como si fueran objetos, en la práctica se recomienda hacerlo tal como ha venido haciendo hasta ahora, ya que, si tuviera que hacer uso de alguno de sus métodos, JavaScript realizaría la conversión a objeto automáticamente. La creación de los objetos equivalentes ralentiza el código, lo complica e, incluso, podría dar lugar a resultados inesperados si no se manejaran con cuidado.

Aparte de los objetos que representan tipos de datos primitivos, JavaScript tiene incorporados otros muy útiles, entre los que destacan:

- `Array`. Almacena un conjunto ordenado de elementos a los que se puede acceder por su posición.

- `Date`. Representa un momento en el tiempo.

- `Math`. Sus propiedades almacenan el valor de constantes de uso común en aplicaciones científicas y sus métodos permiten la ejecución de multitud de funciones matemáticas.

Veamos en detalle las principales propiedades y métodos de cada uno de estos objetos globales, a los que se añaden el objeto `String`, ya que sus propiedades y métodos de procesamiento de textos son seguramente los más utilizados.

Además de los objetos descritos en esta obra, JavaScript viene con más objetos estándar predefinidos que podrían serle de gran utilidad. Si quiere conocerlos, no dude en visitar la página https://developer. mozilla.org/es/docs/Web/JavaScript/Reference/Global_Objects.

8.5.1 El objeto Array

Como sabe, un objeto es una estructura de datos compuesta por una colección de pares atributo:valor. Sin embargo, cuando estos forman parte de una secuencia ordenada de elementos, lo más lógico sería acceder a ellos por su posición (no por el nombre de un atributo). Por ese motivo, JavaScript ofrece un tipo de objeto que facilita el manejo de listas, el `Array`.

Los arrays se declaran de la siguiente forma:

```
const nombre[elemento1, elemento2, …];
```

Aunque no es lo habitual, un array puede contener elementos de cualquier tipo, incluso otros objetos.

Por ejemplo, esta sentencia crea una lista con tres bebidas:

```
const bebidas = ["agua", "cerveza", "vino"];
```

> *i* Se aconseja declarar los arrays como constantes. Eso no impide modificar sus elementos cuando se quiera, sino únicamente su referencia (entendida como la posición de memoria en la que se almacena). De esa forma, se evita que puedan reasignase por error.

Esto mismo podría hacerse con la palabra clave new, ya que en realidad un array es un objeto muy especial en el que sus atributos son las posiciones de cada elemento:

```
const bebidas = new Array("agua", "cerveza", "vino");
```

Como curiosidad, el array anterior también se podría haber creado utilizando un iniciador (notación literal):

```
const bebidas = {
   0:"agua",
   1:"cerveza",
   2:"vino"
}
```

Observe que el nombre de los atributos es la posición del elemento.

Puesto que un array es un objeto, si utilizara uno de ellos como argumento del operador typeof(), el resultado devuelto sería Object. Por ese motivo, para saber si el dato almacenado en una variable/constante es un array, lo mejor es utilizar el operador instanceof:

```
variable/constante instanceof Array
```

8.5.1.1 *Acceso a los elementos de un array*

Una vez creado un array, para acceder a sus elementos se utiliza su índice (posición), que siempre empieza por 0. Por lo tanto, la posición 1 es la del segundo elemento (no la del primero). Téngalo siempre en cuenta porque es motivo de confusión. La manera de hacerlo sería mediante la siguiente expresión:

```
array[posición];
```

Por ejemplo, esta sentencia devolvería el valor "agua":

```
bebidas[0];
```

 Observe que esta notación coincide con una de las formas de acceder al valor de un atributo, lo que evidencia que un array es un objeto cuyos atributos son posiciones.

Para reemplazar o agregar un elemento a un *array* se utiliza la misma expresión que para acceder a él.

Por ejemplo, esta sentencia sustituye el agua por café:

```
bebidas[0] = "café";
```

y esta otra añade Coca-Cola a la lista:

```
bebidas[3] = "Coca-Cola";
```

Cuando el índice utilizado para incluir un elemento en un array es superior a su longitud, se crean "agujeros" en las posiciones previas cuyo valor es undefined.

La siguiente imagen muestra cómo quedaría la lista de bebidas si la Coca-Cola se hubiera añadido en la posición 4 (en vez de en la 3):

"agua"	"cerveza"	"vino"	undefined	"coca-cola"

Como puede apreciar, el valor de la posición 3 sería undefined porque, aunque se ha creado el "hueco" (posición), todavía no se le ha asignado ningún valor.

Si en vez de añadir un elemento, quisiera eliminarlo, utilice el operador:

```
delete elemento
```

Por ejemplo, la siguiente sentencia sacaría la Coca-Cola de la lista de bebidas:

```
delete bebidas[3];
```

Cuando se elimina el elemento de un array su longitud no se ve afectada, por lo que el resto de elementos no se vuelven a indexar (permanecen en la misma posición). Por ese motivo, no se aconseja usar este operador sino los métodos `pop()` y `shift()` descritos en la siguiente sección.

En cualquier caso, la longitud de un array se encuentra en la propiedad:

```
length
```

Por ejemplo, la siguiente expresión devolvería el número de elementos del array `bebidas`:

```
bebidas.length
```

> La propiedad `length` es la única que va a estudiar de la clase `Array`. El resto son métodos.

Una vez conocida la longitud de un array podrá recorrer todos sus elementos con un bucle `for`, tal como se hace en el siguiente programa:

```
let mensaje = "";
const bebidas = [];
bebidas[0] = "agua";
bebidas[1] = "cerveza";
bebidas[2] = "vino";

for(let posicion= 0; posicion < bebidas.length; posicion++){
    mensaje += "-" + bebidas[posicion] + "\n";
}

alert("Elementos de la lista: \n" + mensaje);
```

En primer lugar, se declara la variable auxiliar `mensaje`, que se utiliza para componer el texto que muestre en pantalla los elementos de la lista.

A continuación se crea el array `bebidas`, al que se añaden, uno a uno, los tres elementos que lo componen (las cadenas "agua", "vino" y "cerveza").

El bucle `for` utiliza la variable contador `posicion` para recorrer dichos elementos desde el primero (0) al último (`length - 1`). En cada iteración se añade una línea de texto a la variable auxiliar `mensaje` con el valor de cada uno de ellos (`bebidas[posicion]`) precedido por un guion.

Finalmente, el comando `alert()` lo muestra en pantalla tal como se puede ver a continuación:

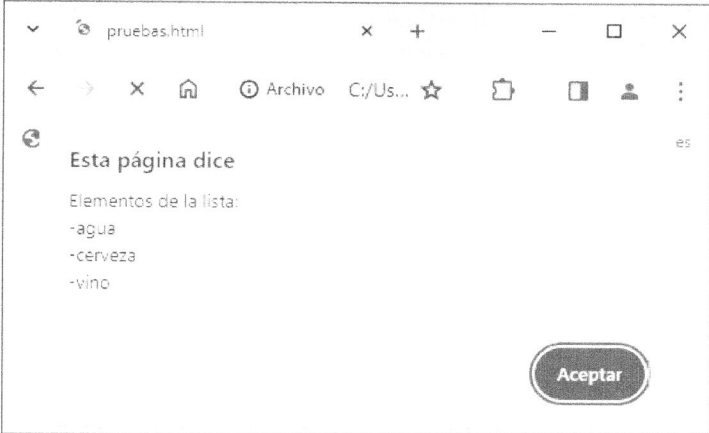

Otra forma de hacer esto mismo sería sustituir el bucle for por otro de tipo for...of, utilizado para recorrer los elementos de un objeto iterable (en este caso, un array):

```
for (let elemento of array){
    ...
}
```

En cada iteración, la variable *elemento* irá tomando el valor de cada uno de los elementos del array.

De este modo, el bucle for del código anterior podría sustituirse por este otro:

```
for(let bebida of bebidas){
    mensaje += "-" + bebida + "\n";
}
```

Los bucles for no son la única forma de recorrer los elementos de un array, ya que este tipo de objetos también dispone de un método que llama de forma recurrente (por cada elemento) la función pasada como argumento:

```
forEach(función)
```

Dicha función deberá declararse necesariamente con los siguientes argumentos (los dos últimos son opcionales):

```
function función(elemento,posición,el propio array){
    ...
}
```

Por lo tanto, cualquier de los dos bucles for anteriores podrían sustituirse por este otro código:

```
bebidas.forEach(manejarBebida);

function manejarBebida(bebida){
    mensaje += "-" + bebida + "\n";
}
```

El método forEach() invoca la función manejarElemento() por cada elemento del array bebidas. Como puede comprobar, su contenido es el mismo que el de los bucles (una sentencia que añade una línea a la cadena mensaje con el nombre de la bebida precedido de un guion).

> Aunque esta última forma de recorrer los elementos de un array parece más engorrosa que las anteriores, resulta especialmente útil cuando el procesamiento de los elementos es más complejo.

Los códigos de ejemplo vistos hasta ahora utilizaban un bucle para componer una cadena con la lista de bebidas. El método toString() hace algo parecido, ya que convierte un array en una cadena con todos sus elementos separados por comas:

De ahí que este nuevo código sea casi equivalente al de los bucles for, for…in y el método forEach() anteriores:

```
mensaje = bebidas.toString();
```

El resultado obtenido es esta ocasión sería el siguiente:

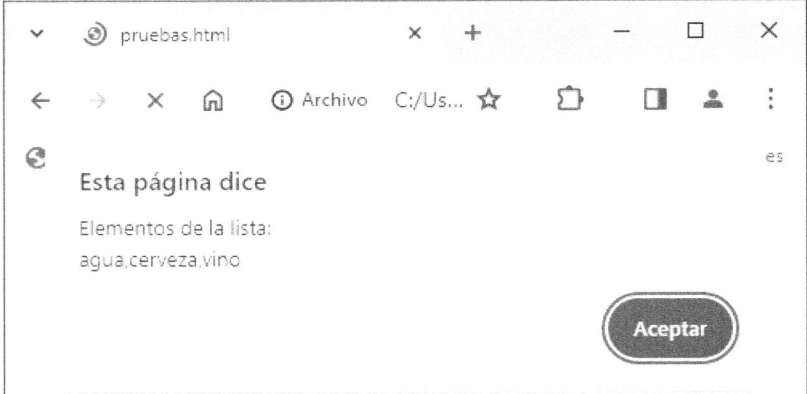

En realidad, no haría falta utilizar este método, ya que cuando se suma un `String` y un `Array`, este último se convierte automáticamente en una cadena que se concatena con la primera. Por lo tanto, el código completo del ejercicio anterior es equivalente a este otro:

```
const bebidas = ["agua", "cerveza","vino"];
alert("Elementos de la lista: \n" + bebidas);
```

Por defecto, la conversión de un array a una cadena separa los elementos mediante comas. Si quisiera utilizar cualquier otro carácter (incluso, una cadena), solo tendría que llamar a este nuevo método:

```
join(separador)
```

Así pues, el siguiente código daría un resultado idéntico al de los ejercicios precedentes (cada elemento lleva un guion y se separa del siguiente con un retorno de carro):

```
const bebidas = ["agua", "cerveza","vino"];
alert("Elementos de la lista: \n" + "-" + bebidas.join("\n-"));
```

8.5.1.2 *Uso de arrays como colas o stacks*

Una cola es una estructura de datos muy utilizada en informática que representa una secuencia de elementos situados en orden de llegada (aquel en el que se añaden). Conceptualmente, las colas funcionan como las que hacemos habitualmente en la vida real cuando vamos a cualquier establecimiento y esperamos que nos atiendan. Mientras hacemos cola somos un elemento de un array que se va moviendo de posición hacia delante hasta que somos atendidos, momento en el que salimos de ella. El funcionamiento es muy sencillo, el primero en llegar es el primero en salir. En términos informáticos, a esta forma de tratar los elementos de una secuencia se la conoce como FIFO (*First In First Out*).

Otro tipo de estructura de datos de uso frecuente son los *stacks* o pilas. A diferencia de las colas, los elementos se ordenan aplicando un modelo LIFO (*Last In First Out*), es decir, el último elemento en entrar sería el primero en salir. Un ejemplo de *stack* es la pila de platos que se forma al colocarlos unos encima de los otros después de lavarlos. Como al ponerlos en la mesa se van cogiendo de la parte superior, el último añadido a la pila sería el primero en ser extraído de ella.

Puesto que un *array* es una secuencia de elementos, este podría comportarse tanto como una cola como un *stack* en el que los elementos se van añadiendo por un extremo y extrayendo del otro. En este sentido, JavaScript proporciona los siguientes métodos:

- push(). Añade un elemento al final del array.
- pop(). Extrae un elemento del final del array.
- unshift(). Añade un elemento al principio del array.
- shift(). Extrae un elemento del principio del array.

La imagen mostrada a continuación representa gráficamente las operaciones con las que se puede introducir o extraer un elemento al principio o al final de un array.

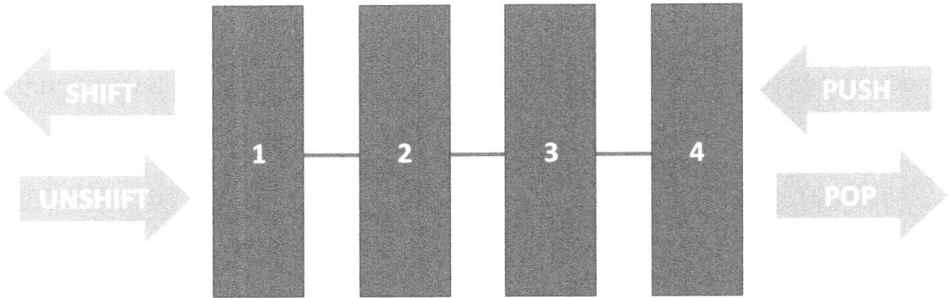

Para entender su funcionamiento, escriba el siguiente programa que simula una cola de personas pendientes de ser atendidas en un centro médico. Observe que hay que una persona que se cuela y otra que es atendida de urgencia:

```
const personas = ["Pedro", "Juan"];
let mensaje = "Cola inicial: " + personas + "\n\n";
personas.pop();
mensaje += "pop()->Juan es atendido. Queda " + personas + "\n";
personas.push("Luis");
mensaje += "push(\"Luis\")->Luis se cuela. En la cola se encuentran "+
          personas + "\n";
personas.unshift("Fernando");
mensaje += "unshift(\"Fernando\")->Llega Fernando. Ahora están " +
          personas + "\n";
personas.shift();
mensaje += "shift()->Fernando es atendido de urgencia. Quedan "+
          personas + "\n";
alert(mensaje);
```

El resultado de la ejecución de este programa lo puede ver a continuación (los mensajes son autoexplicativos).

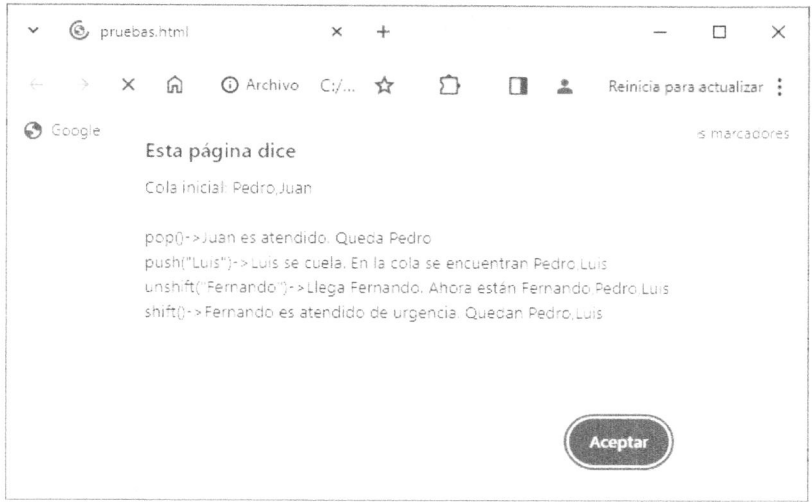

8.5.1.3 *Métodos de unión, división y transformación de arrays*

En esta sección se describirán los métodos que permiten la creación de un array a partir de otro al que se le añaden nuevos elementos, se le extrae una parte o se modifica el valor de cada de ellos mediante una función de transformación. Veamos en detalle cuáles son y cómo se utilizan.

El método concat() crea un nuevo array resultado de añadir los elementos pasados como argumentos a los de aquel cuyo método se ha invocado.

```
concat(valor, ..., valor);
```

Los valores pueden ser de cualquier tipo, incluso arrays.

El método slice() crea un nuevo array con los elementos comprendidos entre una posición inicial y otra final (se excluye este último elemento) de aquel cuyo método se ha invocado.

```
slice(posición inicial, posición final)
```

Si no se indicara la posición final, se tomarían todos los elementos que hay a partir de la inicial.

Con el fin de exponer la forma de usar ambos métodos, el siguiente código permite juntar o separar distintos tipos de bebidas:

```
const bebidasSinAlcohol = ["agua", "refresco"];
const bebidasConAlcohol = ["vino", "cerveza"];

const bebidas = bebidasSinAlcohol.concat(bebidasConAlcohol);

alert("Bebidas: "+ bebidas + "\n" +
    "Bebidas sin alcohol: "+ bebidas.slice(0, 2) + "\n" +
    "Bebidas con alcohol: "+ bebidas.slice(2));
```

Como puede apreciar, al inicio del programa se crean dos arrays, uno de bebidas sin alcohol (bebidasSinAlcohol) y otro de bebidas con alcohol (bebidasConAlcohol).

Hecho esto, se crea un nuevo array formado por todas ellas (bebidas).

Finalmente, se muestran en pantalla los elementos del array que se acaba de crear (todas las bebidas), sus dos primeros elementos (las bebidas no alcohólicas) y los dos últimos (las bebidas alcohólicas).

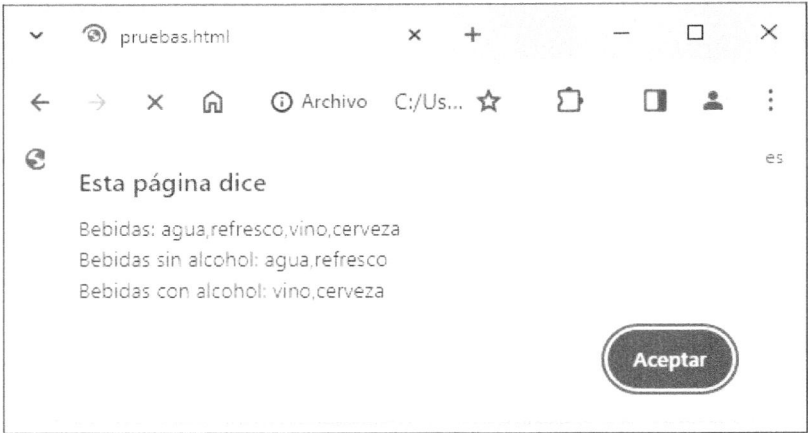

Es importante destacar que los métodos concat() y slice() no modifican el array original, sino que crean otro nuevo, algo que también hace el último método que se va a describir en esta sección:

map(*función*)

En este caso, los elementos del nuevo array son el resultado de aplicar la función pasada como argumento a cada uno de los elementos del array original (aquel cuyo método se invoca).

En la declaración de esta función, además del elemento en cuestión, se puede incluir como argumentos opcionales su posición y/o el propio array:

```
function función(elemento,posición,array){

  ...

}
```

 La función no se ejecuta con elementos vacíos (aquellos cuyo valor es undefined).

Al igual que sucedía con los métodos anteriores, en este también se crea una copia del array original, por lo que no modifica ninguno de sus elementos.

Por ejemplo, el siguiente programa crea un array de temperaturas, expresadas en grados Fahrenheit, a partir de otro donde están en grados centígrados.

```
const tempC = [30, 27, 19, 22];
const tempF = tempC.map(conversionCaF);

function conversionCaF(tempC){
  return (tempC * 9 / 5) + 32;
}

alert("Temperaturas en °C: " + tempC + "\n" +
      "Temperaturas en °F: " + tempF);
```

Para obtener la lista de temperaturas expresadas en grados Fahrenheit (temperaturasFahrenheit), se invoca el método map() del array donde se encuentran en grados centígrados (temperaturasCentigrados). Dicho método tiene como argumento la función CentigradosAFahrenheit(), que contiene la fórmula de conversión de una escala de temperaturas a la otra:

°F = °C × 9/5 + 32

El resultado obtenido de aplicar la fórmula anterior a cada uno de los elementos del array original serán los elementos del nuevo array.

Una vez realizada la conversión, se muestran en pantalla las dos listas de temperaturas.

8.5.1.4 *Métodos de ordenación de los elementos de un array*

Si un array es una secuencia de elementos, seguramente esté echando de menos algún método que permita ordenarlos de acuerdo a un determinado criterio. De hecho, JavaScript ofrece más de uno, el primero de los cuales permite hacerlo de forma alfabética (como se haría en un diccionario):

```
sort()
```

El resultado de este método es la referencia al mismo array, lo que significa que el original queda modificado.

En realidad, la ordenación se hace de acuerdo al código Unicode de cada uno de los caracteres. Como el valor de los códigos asociados a los caracteres del abecedario siguen la misma secuencia creciente, la ordenación de menor a mayor de dichos códigos coincide con la alfabética. Por ejemplo, los códigos decimales de 'a', 'b', 'c' son 97, 98 y 99. Sin embargo, el de las letras 'A', 'B' y 'C' es 65, 66 y 67, lo que supone que las letras mayúsculas van antes que las minúsculas. Por otra parte, los caracteres que representan los números también tienen su correspondiente código Unicode. Así, el del '1', '2' y '3' sería 49, 50 y 51. Eso significa que los números estarían antes que las letras, ya sean mayúsculas o minúsculas.

El siguiente programa refleja esta forma de ordenar los elementos de un array:

```
let arrayOriginal = ['c', 'b', 'a', 'C', 'B', 'A', 3, 2, 1];
alert("Array original: " + arrayOriginal + "\n" +
    "Array ordenado: " + arrayOriginal.sort());
```

Inicialmente se crea uno formado por letras minúsculas, mayúsculas y números (`arrayOriginal`). Luego, se muestra en pantalla tal como era antes y después de ordenar sus elementos.

A diferencia de los métodos estudiados en la sección anterior, el método `sort()` no crea un nuevo array con los elementos ordenados sino ordena los del propio array. Esta afirmación aparentemente inocente puede dar resultados inesperados, tal como pone de manifiesto este otro código:

```
let arrayOriginal = ['c', 'b', 'a', 'C', 'B', 'A', 3, 2, 1];
let arrayOrdenado = arrayOriginal.sort();
alert("Array original: " + arrayOriginal + "\n" +
    "Array ordenado: " + arrayOrdenado);
```

Observe que lo único que cambia respecto del anterior es que se añade una nueva variable (`arrayOrdenado`) que almacena el array con los elementos ordenados. Sin embargo, su ejecución pone en evidencia que los elementos del array original también aparecen ordenados.

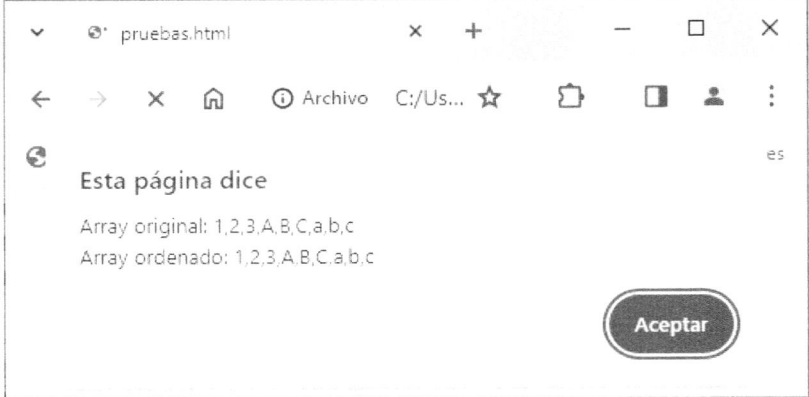

Eso es debido a que el método `sort()` devuelve la referencia al array original, ya que la ordenación se ha realizado en el propio array. Por lo tanto, en la segunda sentencia se asigna a la variable `arrayOrdenado` la referencia del array original (ya ordenado), contenido en la variable `arrayOriginal`, motivo por el que ambas variables apuntan al mismo objeto.

Cuando la cadena se compone de varios caracteres (en vez de uno), estos se ordenan de izquierda a derecha, tal como se haría en un diccionario. Eso es precisamente lo que se hace en este nuevo código de ejemplo, que ordena alfabéticamente el nombre de una serie de bebidas:

```
const array = ["agua", "refresco","vino", "cerveza"];
alert(array.sort());
```

La imagen mostrada a continuación es prueba de ello:

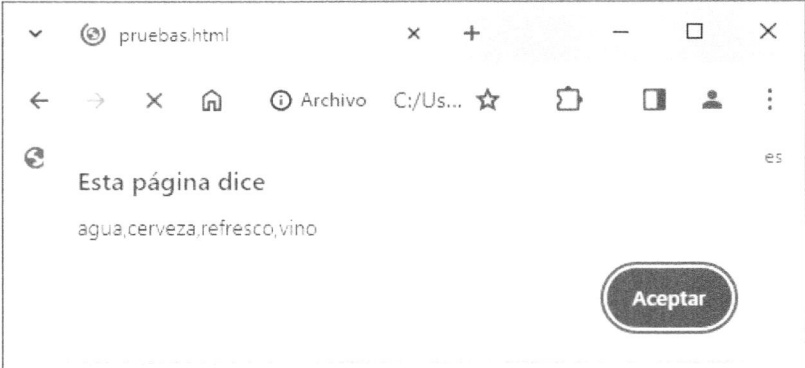

Aunque esta forma de ordenar los elementos de un array es el más común, quizá quiera utilizar sus propios criterios porque los resultados obtenidos no sean los deseados. Por ejemplo, imagine que quiere ordenar una lista de números con el siguiente código de ejemplo:

```
let array = [5, 10, 6, 2];
alert(array.sort());
```

Sorprendentemente, el número 10 aparece en primera posición, cuando debería ser el último:

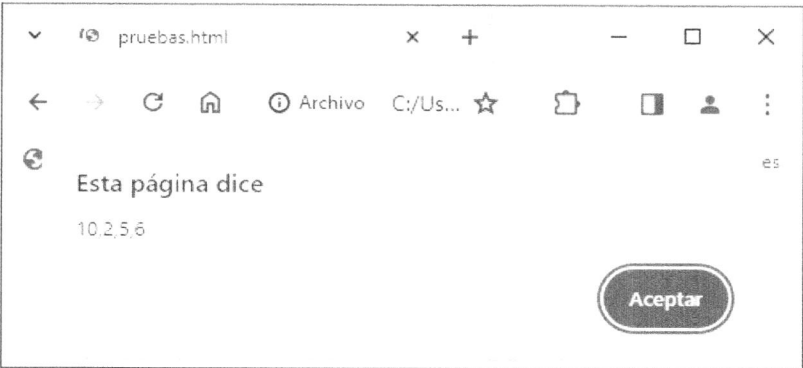

El motivo es poque antes de hacer la ordenación, los números se sustituyen por cadenas. Eso provoca que el "10" vaya antes que el "2", el "5" o el "6", ya que la cadena "10" empieza por "1", que es menor que el primer (y único) carácter del resto de cadenas (números). Por lo tanto, el orden numérico y el alfabético solo coinciden cuando los números tienen los mismos dígitos.

Para resolver este problema habría que cambiar el criterio de ordenación utilizado por defecto. A tal efecto, el método sort() admite como argumento una función de comparación que permite especificar otro diferente:

```
sort(function(x, y){...})
```

La función de comparación deberá tener dos argumentos (x, y) y devolver un número positivo, negativo o 0.

Ahora, al invocar el método sort() los elementos del array se comparan de dos en dos mediante la función pasada como argumento. El orden relativo de ambos elementos vendrá dado por el valor devuelto en cada caso:

- Si es negativo, x se coloca antes que y.
- Si es positivo, x se coloca después que y.
- Si es 0, x e y permanecen en la misma posición.

Volviendo de nuevo al código de ejemplo anterior, la forma correcta de realizar una ordenación numérica sería así:

```
let array = [5, 10, 6, 2];
alert(array.sort(function(x, y){return x - y}));
```

La función que se define como argumento del método `sort()` devuelve un valor positivo si $x > y$, un valor negativo si $x < y$ y 0 si $x = y$. Aplicando este criterio de ordenación, cuando el valor del argumento x sea 10 el resultado de la función de ordenación será siempre un número positivo (10 – 2 > 0, 10 – 5 > 0 y 10 – 6 > 0), motivo por el que dicho número se situará en último lugar. Aplicando este mismo razonamiento al resto de pares de elementos que se pueden formar, el orden obtenido sería el deseado, tal como se aprecia en la siguiente imagen:

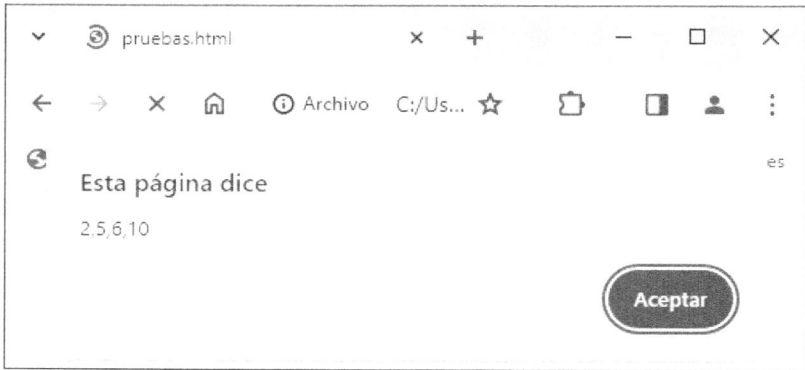

JavaScript dispone de otro método que invierte la posición, ya que sitúa el último elemento en la primera posición, el penúltimo en la segunda y así sucesivamente. Se trata del método:

```
reverse()
```

Este nuevo código de ejemplo pone en evidencia su comportamiento:

```
let array = ['c', 'b', 'a', 'C', 'B', 'A', 3, 2, 1];
alert(array.reverse());
```

Observe que lo que se ha hecho es dar la vuelta al array.

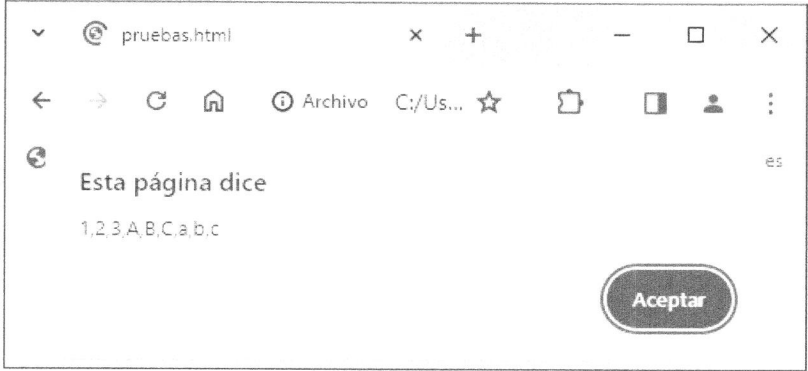

Métodos de búsqueda de elementos dentro de un array

A veces es necesario saber si los elementos de un array cumplen alguna condición. Para realizar esta tarea, JavaScript ofrece los siguientes métodos, cuyo argumento es el nombre de la función responsable de verificar su cumplimiento:

```
every(función)
some(función)
```

La declaración de esta función deberá tener los siguientes argumentos (los dos últimos son opcionales):

```
function función(elemento, posición, array) {
    ...
}
```

Además, el valor devuelto será necesariamente `true` o `false`.

El método `every()` devuelve el valor `true` cuando todos los elementos cumplan las condiciones expresadas en la función pasada como argumento. En cambio, el método `some()` devuelve el valor `true` si alguno de los elementos supera dichas condiciones.

A modo de ejemplo, el siguiente código de ejemplo verifica que todos los elementos de un array sean números impares:

```
let mensaje = "";
const listaNumeros = [3, 5, 7, 9];

function esImpar(numero){
    return (numero % 2);
}

if(listaNumeros.every(esImpar))
    mensaje = "Todos los números son impares"
else mensaje = "Hay algún número par";

alert(mensaje);
```

La condición indicada se especifica en la función `esImpar()`, que devuelve `true` cuando el número pasado como argumento es impar. Para entender su única sentencia, recuerde que el resto de dividir un número par entre 2 es 0 (equivalente al valor `false`). Cualquier otro valor equivaldría a `true`.

Dicha función se utiliza como argumento del método `every()` en la condición de una sentencia `if` que determina el mensaje mostrado en pantalla, tal como puede ver a continuación:

Modifique los números del array y verifique que el comportamiento del programa siga siendo el esperado.

Si en vez de usar el método `every()` prefiere utilizar el método `some()`, solo tiene que cambiar los textos de los mensajes para adaptarlos al comportamiento de este nuevo método:

```
if(listaNumeros.some(esPar)) mensaje = "Hay algún número par"
else mensaje = "Todos los números son impares";
```

Si lo desea, también podría definir la función de forma anónima en el propio argumento del método some(). En ese caso, la sentencia if anterior quedaría así:

```
if(listaNumeros.some(function (numero){return (numero % 2)}))
  mensaje = "Hay algún número impar"
else mensaje = "Todos los números son pares";
```

Quizá, no solo quiera saber si algunos de los elementos de un array cumplen las condiciones establecidas sino, además, ser capaz de identificarlos. En ese caso, el método adecuado es:

filter(*función*)

El resultado devuelto es otro array con los elementos que cumplen los criterios establecidos por dicha función (devuelven el valor true).

La función utilizada como argumento de entrada deberá cumplir los mismos requisitos de los métodos anteriores.

El siguiente programa demuestra su funcionamiento utilizando la conocida función esImpar():

```
const listaNumeros = [2, 3, 4, 5];

function esImpar(numero){
  return numero % 2;
}

alert("Lista de números: " + listaNumeros + "\n" +
    "Lista de números impares: " + listaNumeros.filter(esImpar));
```

Como puede comprobar en la imagen mostrada a continuación, al invocar el método `filter()` con la función `esImpar()` se obtiene una lista con los elementos impares de la original:

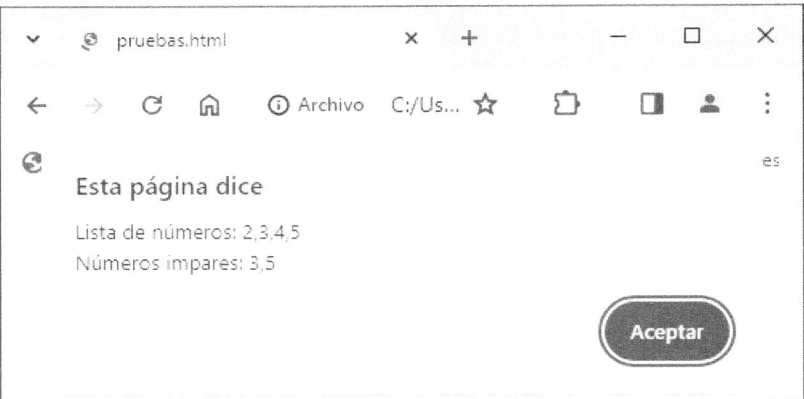

No siempre es necesario obtener todos los elementos de un array que cumplan las condiciones exigidas, sino simplemente el primero. En ese caso, el método apropiado sería:

`find(función)`

> ℹ️ También podría emplear el método `filter()` y luego extraer el primer elemento del array devuelto como resultado.

Si lo que busca no es el valor del elemento sino la posición que ocupa en el array, utilice este otro método:

`findIndex (función)`

> ℹ️ Una vez más, la función pasada como argumento a estos dos últimos métodos debe cumplir los mismos requisitos de los métodos anteriores.

Para probar el funcionamiento de estos dos últimos métodos, el siguiente código hace uso de la misma lista de números (`listaNumeros`) y la función de filtrado `esImpar()` del ejercicio anterior:

```
const listaNumeros = [2, 3, 4, 5];

function esImpar(numero){
    return numero % 2;
}

alert("Lista de números: " + listaNumeros + "\n" +
    "Primer número impar: " + listaNumeros.find(esImpar) + "\n" +
    "Posición del primer número impar: " +
    listaNumeros.findIndex(esImpar));
```

Como puede apreciar en esta nueva imagen, lo que se muestra ahora en pantalla es el primer número impar y su posición:

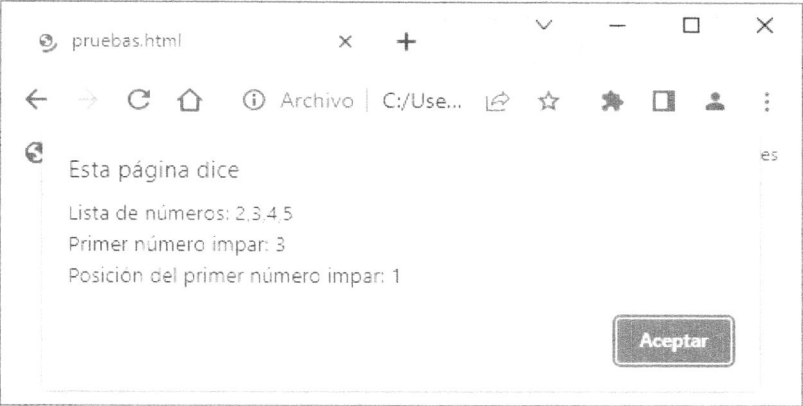

Tal vez solo necesite conocer la posición de un elemento concreto en un array (no el de aquel que cumpla una determinada condición). En ese caso deberá utilizar el método:

```
indexOf(elemento)
```

Si el elemento no se encontrara en el array, devolvería el valor -1. Si hubiera varios elementos repetidos, devolvería la posición del primero. Por el contrario, este otro método devolvería la última posición en la que se encontrara:

```
lastIndexOf(elemento)
```

Ambos métodos admiten un segundo argumento opcional que indicaría la posición a partir de la que habría que comenzar la búsqueda. Los valores negativos implicarían una búsqueda en sentido inverso (desde el último elemento hasta el primero), por lo que la posición devuelta como resultado se daría empezando a contar desde el final.

A modo de ejemplo, en este programa se hace uso de estos dos nuevos métodos para mostrar en pantalla la primera y la última posición en la que se encuentra un número dentro de una lista:

```
const listaNumeros = [2, 3, 4, 5, 3];
let numero = 3;

alert("Lista de números: " + listaNumeros + "\n" +
    "Primera posición del número " + numero + ": " +
    listaNumeros.indexOf(numero) + "\n" +
    "Última posición del número " + numero + ": " +
    listaNumeros.lastIndexOf(numero));
```

El resultado obtenido muestra en pantalla ambas posiciones.

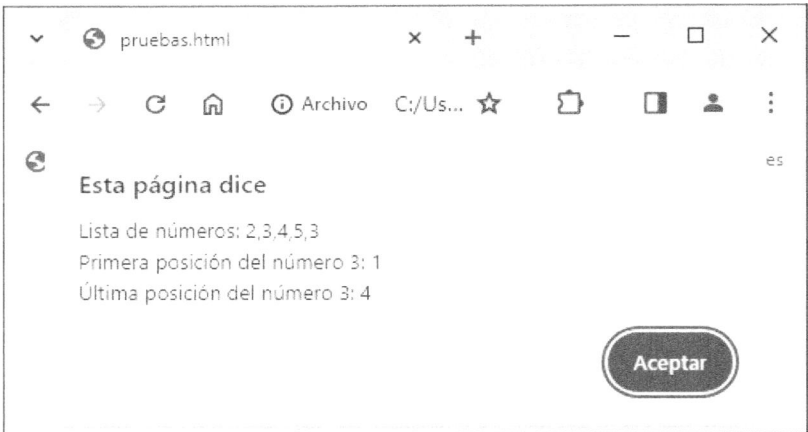

Cuando no necesite saber la posición de un elemento dentro de una lista sino únicamente si forma parte de ella, existe un método más apropiado que devuelve el valor `true` en caso afirmativo:

```
includes(elemento)
```

Quizá piense que esto mismo también podría hacerse con el método `indexOf()`, ya que devuelve el valor -1 si el elemento pasado como argumento no se encuentra en la lista. Estaría en lo cierto si no estuviera interesado en el valor `NaN`, ya que si quisiera tenerlo en cuenta, el único método válido sería `includes()`.

8.5.2 El objeto String

Como sabe, un `String` es un tipo de datos primitivo que permite el almacenamiento y la manipulación de textos (cadenas de caracteres). Sin embargo, también es un objeto que se puede crear utilizando el operador `new`, tal como se hace en la siguiente sentencia:

```
const miString = new String("mi cadena de caracteres");
```

La sentencia anterior sería equivalente a esta otra:

```
const miString = "mi cadena de caracteres";
```

El motivo es porque las cadenas creadas como un tipo de datos primitivo se convierten automáticamente en objeto de tipo `String` cuando se invoca alguno de sus métodos.

No se aconseja crear cadenas como objetos porque ralentiza la ejecución del código, lo complica y, en ocasiones, puede dar lugar a resultados inesperados.

Una vez creada la cadena, en la siguiente sección conocerá la forma de acceder a cada uno de los caracteres que la componen, tanto de forma individual como a través de bucles que los recorren desde el primero hasta el último.

8.5.2.1 *Acceso a los caracteres de una cadena*

Al igual que sucedía con los elementos de un array, en una cadena también es posible obtener el carácter situado en una posición determinada:

```
charAt(posición)
```

Una cadena no deja de ser una secuencia de elementos cuyos valores son caracteres.

Por ejemplo, el siguiente código obtendría el carácter situado en la posición 1 de la cadena "Ferrari".

```
let miCadena = "Ferrari";
alert("El carácter situado en la posición 1 de la cadena \"" +
     miCadena + "\" es \'" + miCadena.charAt(1) + "\'");
```

Como puede observar en esta imagen, se trata del carácter 'e', ya que el primero ('F') ocupa la posición 0. Téngalo siempre presente.

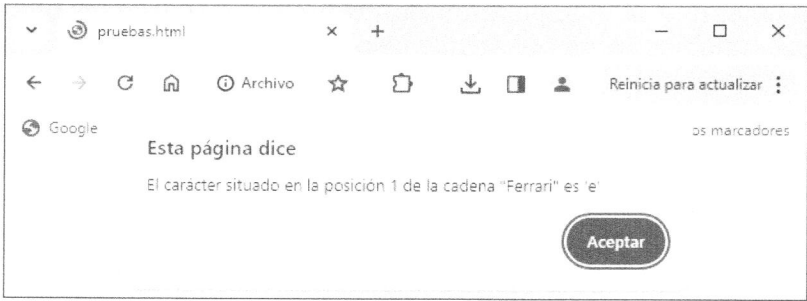

El método `charAt()` solo se puede usar para leer caracteres, no para escribirlos. Por ese motivo, la siguiente sentencia daría error:

```
miCadena.charAt(1) = 'e';
```

La segunda forma de obtener el carácter situado en una posición es similar a la utilizada en los arrays:

cadena de caracteres[*posición*]

Sustituya la sentencia `alert()` del código anterior por esta otra:

```
alert("El carácter situado en la posición 1 es: " + miCadena[1]);
```

Si ejecutara de nuevo el programa, comprobaría que produce el mismo resultado.

De nuevo, esta forma de acceder a un carácter por su posición no permite modificar su valor. Si tuviera necesidad de hacerlo, JavaScript ofrece el método `replace()` que estudiará en la siguiente sección.

Al igual que sucedía con los arrays, las cadenas disponen de un atributo cuyo valor es el número de caracteres que la componen:

```
length
```

Y lo mismo que en los arrays, dicho atributo podrá utilizarse en un bucle `for` para recorrer todos sus caracteres. Eso es lo que se hace en el siguiente código de ejemplo, que muestra en pantalla una cadena escrita verticalmente.

```
const cadena = "Ferrari";
let cadenaVertical = ""

for(let posicion= 0; posicion < cadena.length; posicion++){
    cadenaVertical += cadena[posicion] + "\n";
}


alert(cadenaVertical);
```

El bucle `for` va recorriendo los caracteres de la cadena original (`cadena`) desde el primero (situado en la posición 0) hasta el último (posición `length - 1`) para componer otra diferente (`cadenaVertical`) con los mismos caracteres (obtenidos con la expresión `cadena[posicion]`) seguidos de un retorno de carro ('\n').

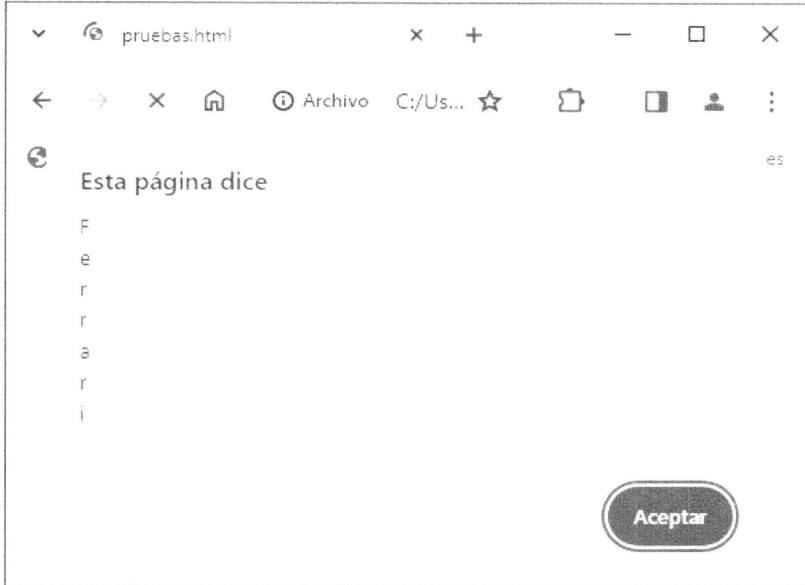

Las similitudes con los arrays no acaban aquí ya que, al igual que estos, las cadenas son objetos iterables cuyos caracteres se pueden recorrer mediante bucles del tipo `for...of`. Para comprobarlo, solo tiene que sustituir el bucle del programa anterior por este otro:

```
for (let caracter of cadena) {
    cadenaVertical += caracter + "\n";
}
```

En esta sección, ha aprendido a crear cadenas como objetos de tipo `String`, a acceder a sus caracteres de forma individual por su posición o, incluso, a recorrerlo mediante bucles `for`. También ha tenido la posibilidad de conocer su atributo más relevante (`length`). Sin embargo, donde realmente se encuentra el potencial de este tipo de objetos es en sus métodos. Siga leyendo para conocer cuáles son.

8.5.2.2 *Métodos de manejo de cadenas*

El objeto `String` dispone de innumerables métodos que permiten la manipulación de textos, realizar búsquedas según diversos criterios e, incluso, convertirlos en arrays (cuya relación ha quedado ya en evidencia). Con miras a facilitar la explicación de todos ellos, se ha optado por agruparlos en las siguientes categorías:

- Unión de cadenas: `concat()`
- Extracción de partes de una cadena: `slice()` y `substring()`
- Sustitución de partes de una cadena: `replace()`
- Conversión entre mayúsculas y minúsculas: `toUpperCase()`, `toLowerCase()`
- Manejo de espacios: `trim()`, `trimStart()`, `trimEnd()`
- Transformación de cadenas en arrays: `split()`
- Búsquedas: `indexOf`, `lastIndexOf`, `search()`, `includes()`, `startsWith()` y `endsWith`

Todos estos métodos crean una nueva cadena. En ningún caso modifican la(s) utilizada(s) originalmente.

Veamos en detalle cada uno de estos métodos.

Por su extensión, solo se describirán los principales métodos de manejo de cadenas de caracteres. Si quiere conocerlos todos, consulte la pagina https://developer.mozilla.org/es/docs/Web/JavaScript/Reference/Global_Objects/String.

8.5.2.2.1 *Unión, división y sustitución de partes de una cadena*

La concatenación de cadenas es la unión de unas con otras, algo que ha venido realizando en innumerables ocasiones con el operador '+'. Eso mismo también se puede conseguir con el método:

```
concat(cadena1, cadena2, ...)
```

Observe que este método admite un número variable de argumentos.

Por ejemplo, el resultado de la siguiente expresión sería la cadena "Mi Ferrari es un Testarrosa y tiene 400 CV"):

```
"Mi Ferrari".concat (" es un Testarrosa ", "y tiene 400 CV")
```

Dicha expresión sería equivalente a esta otra, que le resultará mucho más familiar:

```
"Mi Ferrari" + " es un Testarrosa " + "y tiene 400 CV"
```

Naturalmente, en vez de cadenas literales podrían usarse variables, funciones o cualquier expresión cuya evaluación dé como resultado una cadena.

Si el método concat() creaba una cadena concatenando varias, el siguiente lo hace extrayendo los caracteres comprendidos entre una posición inicial y otra final (no incluido):

```
slice(posición inicial, posición final)
```

El segundo argumento es opcional. Si se omitiera, la cadena resultante estaría formada por los caracteres comprendidos desde la posición inicial hasta el último. Su valor puede ser negativo, en cuyo caso las posiciones se expresarían en sentido inverso (empezando a contar desde el final de la cadena). En cualquier caso, asegúrese de que la posición inicial sea siempre menor que la final, ya que de lo contrario el resultado sería una cadena vacía.

El siguiente código de ejemplo crea una cadena (nuevaCadena) formada por los caracteres que hay entre una posición inicial y otra final (posicionInicial y posicionFinal) de otra cadena (cadenaOriginal):

```
let posicionInicial = 1, posicionFinal = 5;
let cadenaOriginal = "Ferrari";
let nuevaCadena = cadenaOriginal.slice(1, 5);

alert("Cadena original: " + cadenaOriginal + "\n" +
      "Nueva cadena: " + nuevaCadena);
```

La imagen muestra que la nueva cadena comienza con el carácter situado en la posición 1 ('e'), pero finaliza con el que hay en la posición 4 ('a'), ya que el existente en la posición final no se tiene en cuenta.

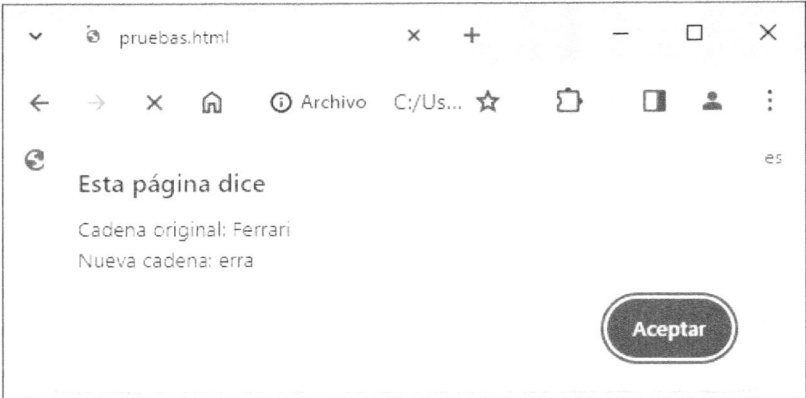

Ahora, sustituya la sentencia donde se invocaba el método slice() por esta otra:

```
let nuevaCadena = cadenaOriginal.slice(posicionInicial);
```

Al no existir más que un argumento, la nueva cadena se compone de todos los caracteres de la cadena original a partir del situado en la posición 1.

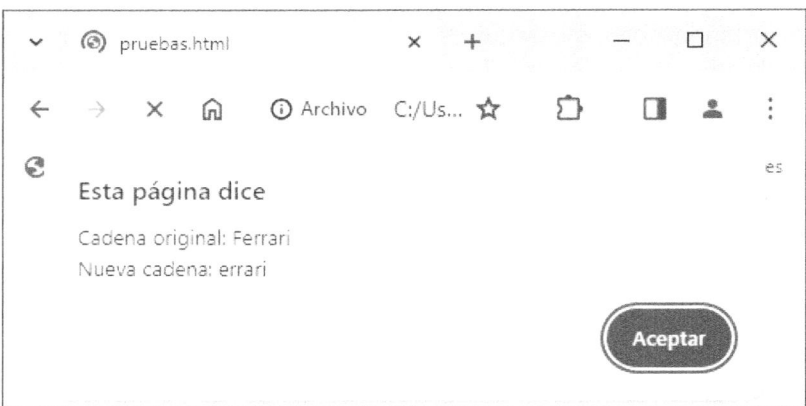

Por último, cambie el signo de la posición:

```
let nuevaCadena = cadenaOriginal.slice(-posicionInicial);
```

Seguramente el resultado obtenido le llame la atención.

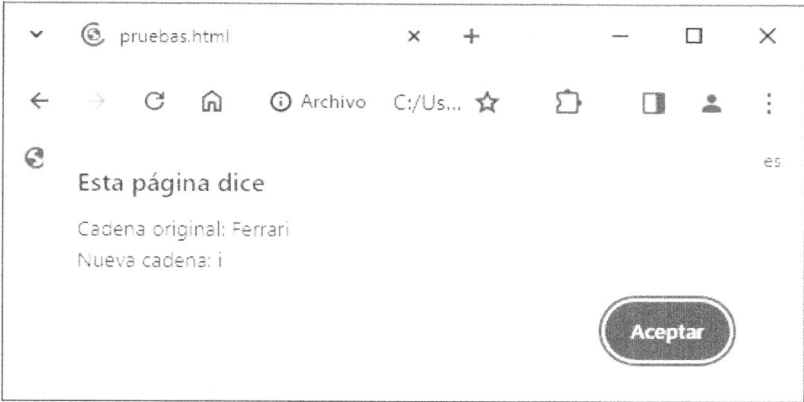

Curiosamente, cuando se cuentan las posiciones en sentido inverso, el último carácter de la cadena ocupa la posición -1 (y no la 0, como cabría esperar). Esa es la razón de que la ejecución de esta sentencia devuelva únicamente dicho carácter. Si el valor del argumento del método `slice()` fuera -2, el resultado hubiera sido la cadena "ri", con -3 "ari" y así sucesivamente.

El siguiente método también crea una nueva cadena a partir de los caracteres situados entre una posición inicial y otra final:

`substring(`*posición inicial, posición final*`)`

La diferencia con `slice()` es que, si el valor de las posiciones fuera negativo, se trataría como si fueran 0. Además, si la posición final fuera menor que la inicial, se intercambiarían ambos valores (el método anterior devolvería la cadena vacía).

Si la capacidad de unir cadenas o de extraer parte de su contenido es importante, con frecuencia se encontrará también con la necesidad de modificar fragmentos de su contenido. En ese caso, el método adecuado es:

`replace (`*texto original, nuevo texto*`)`

El resultado de la ejecución de este método será una nueva cadena, copia de la original, en el que se ha sustituido la primera ocurrencia del texto original por el nuevo texto.

Las letras mayúsculas son diferentes de las minúsculas.

El siguiente código muestra un ejemplo de uso de este método:

```
let cadenaOriginal = "Tengo una cosa muy hermosa";
let nuevaCadena = cadenaOriginal.replace("osa", "asa");


alert("Cadena original: " + cadenaOriginal + "\n" +
    "Nueva cadena: " + nuevaCadena);
```

Advierta que la cadena "osa" está presente en la palabra "cosa" y "hermosa." Sin embargo, tal como puede ver a continuación, solo se modifica la primera coincidencia.

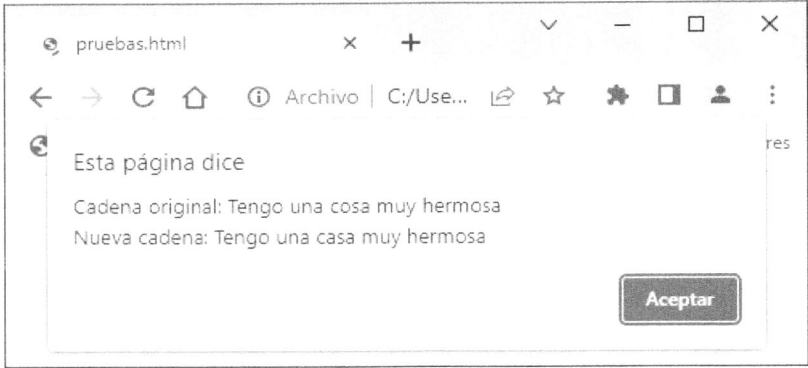

8.5.2.2.2 *Manejo de mayúsculas, minúsculas y espacios*

Puesto que las cadenas se utilizan para almacenar textos, JavaScript no podía ser ajeno al uso de mayúsculas y minúsculas. Aunque en la vida real el empleo de uno u otro tipo de letras sigue una serie de normas ortográficas, en el contexto informático puede resultar un inconveniente, de ahí que se utilicen con frecuencia métodos de conversión como paso previo a la comparación de términos. El motivo es porque palabras o expresiones conceptualmente similares serían consideradas como diferentes por los operadores de comparación habituales (recuerde que estos distinguen entre mayúsculas y minúsculas). Este grupo de métodos también se usan para homogeneizar la presentación de un texto, mostrándolo, por ejemplo, solo en mayúsculas, independientemente de cómo lo haya introducido un usuario o cómo esté almacenado.

Los métodos responsables del manejo de mayúsculas y minúsculas son:

```
toUpperCase()
toLowerCase()
```

Ambos devuelven una nueva cadena con todos sus caracteres en mayúsculas o en minúsculas.

El siguiente código así lo demuestra:

```
let cadenaOriginal = "Ferrari";
let cadenaMayusculas = cadenaOriginal.toUpperCase();
let cadenaMinusculas = cadenaOriginal.toLowerCase();


alert("Cadena original: " + cadenaOriginal + "\n" +
    "Cadena en mayúsculas: " + cadenaMayusculas + "\n" +
    "Cadena en minúsculas: " + cadenaMinusculas);
```

Como puede observar, la palabra "Ferrari" (empieza por mayúsculas) se convierte en "FERRARI" y "ferrari" (empieza por minúsculas) según el método invocado.

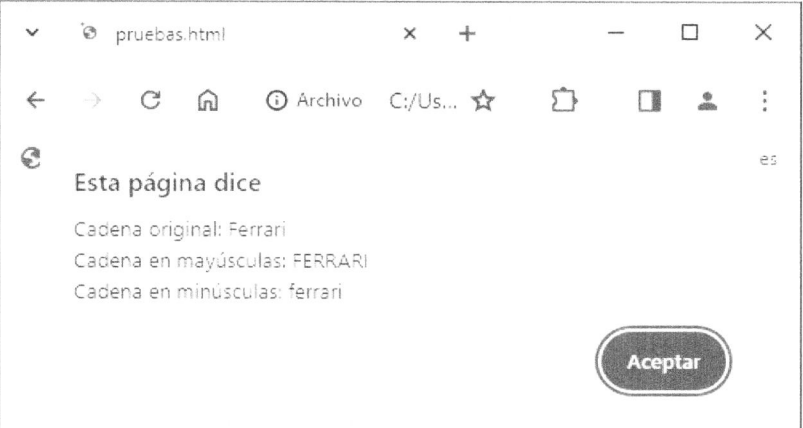

Si en la vida real los caracteres en blanco que hay al principio o al final de un texto no aportan ninguna información y los ignoramos, desde el punto de vista computacional lo único que pueden provocar son problemas de ejecución. Por ese motivo, los siguientes métodos también se utilizan como paso previo a la realización de operaciones de comparación, ya que eliminan los caracteres innecesarios que hay al principio y/o al final de un texto:

```
trimStart()
trimEnd()
trim()
```

Tal como habrá deducido por su nombre, el primero elimina los espacios en blanco que hay al principio de la cadena, el segundo los del final y el tercero lo hace en ambos extremos.

Este código de ejemplo muestra el resultado obtenido con dichos métodos cuando se aplican a una cadena que tiene varios espacios tanto al principio como al final.

```
let cadenaOriginal = " Mi coche es un Ferrari   ";
let cadenaSinEspacios = cadenaOriginal.trim();
let cadenaSinEspIzda = cadenaOriginal.trimStart();
let cadenaSinEspDcha = cadenaOriginal.trimEnd();


alert("Cadena original: --" + cadenaOriginal + "--\n" +
    "Cadena sin espacios: --" + cadenaSinEspacios + "--\n" +
    "Cadena sin espacios a la izquierda: --" + cadenaSinEspIzda + "--\n" +
    "Cadena sin espacios a la derecha: --" + cadenaSinEspDcha + "--");
```

Los textos mostrados en la ventana de alerta se escriben entre guiones para evidenciar los espacios que pudiera haber en ambos extremos. Observe que, en ningún caso, la aplicación de estos métodos afecta a los espacios interiores que separan las palabras.

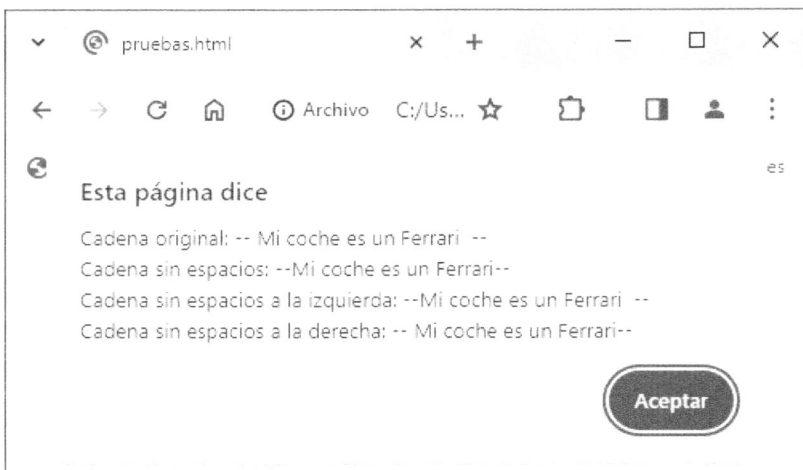

8.5.2.2.3 *Conversión de cadenas en arrays*

Cuando una cadena representa una enumeración de elementos, la forma más sencilla de facilitar el procesamiento individual de cada uno de ellos es hacer que formen parte de un array. Así, por ejemplo, el texto "agua, cerveza, vino" podría convertirse en el array ["agua", "cerveza", "vino"]. De esta forma, sería posible ordenar las bebidas de acuerdo al criterio deseado, realizar búsquedas o ejecutar cualquier otra operación de manejo de arrays. En este ejemplo concreto, los elementos del texto se han separado por comas, carácter que sería el utilizado como argumento en el siguiente método:

```
split(separador)
```

Aunque lo habitual es que el separador sea un carácter, también se podría utilizar una cadena o, incluso, una expresión regular. Si su valor fuera la cadena vacía (""), los elementos del array devuelto serían cada uno de los caracteres de la cadena. Si se omitiera, el array tendría un solo elemento con dicha cadena.

El siguiente código extrae las palabras de una frase. Para ello, utiliza el espacio como separador:

```
let cadenaOriginal = "Mi coche es un Ferrari";
let listaPalabras = cadenaOriginal.split(" ");

alert("Cadena original: " + cadenaOriginal + "\n" +
      "Lista de palabras: " + listaPalabras);
```

El resultado muestra la cadena original y las palabras que la componen separadas por comas.

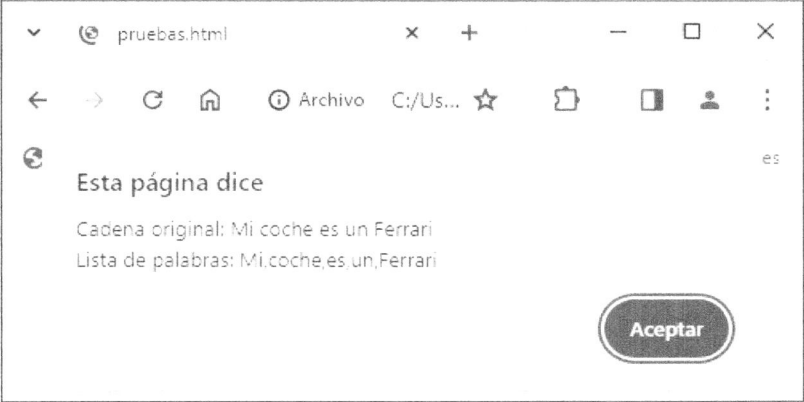

Aunque las expresiones regulares no se van a estudiar en esta obra, conviene que sepa que son patrones que permiten localizar combinaciones de caracteres en una cadena. Dicho así, seguramente siga sin tener claro qué son o para qué sirven, por lo que el siguiente código de ejemplo (inspirado en el anterior) tratará de sacarle de dudas:

```
let cadenaOriginal = "agua, vino y cerveza";
let listaBebidas = cadenaOriginal.split(/,|y/);

alert("Cadena original: " + cadenaOriginal + "\n" +
    "Lista de bebidas: " + listaBebidas);
```

En este caso, los elementos (bebidas) contenidos en la cadena original se separan por dos caracteres diferentes: los dos primeros mediante una coma (',') y el último con la conjunción copulativa 'y'. Sin embargo, el comando `split()` solo admite un argumento, por lo que únicamente podría identificar los elementos separados por el carácter ',' o el carácter 'y'. Para resolver esta limitación JavaScript permite el uso de expresiones regulares (patrones). En el contexto de este ejercicio sería:

```
/,|y/
```

Como puede observar, un patrón empieza y termina por el carácter '/'. Dentro, se encuentran los dos caracteres separadores a ambos lados del operador '|' (OR), lo que viene a decir que esta expresión regular señalará una coincidencia cuando encuentre una coma (',') o la conjunción 'y' en la cadena original. A efectos prácticos, eso significa que ambos caracteres hacen el papel de separador.

El resultado obtenido no deja lugar a dudas.

Si después de entender para qué sirven las expresiones regulares quisiera conocer más acerca de ellas, dispone de toda la información necesaria en https://developer.mozilla.org/es/docs/Web/JavaScript/Guide/Regular_expressions.

8.5.2.2.4 *Búsqueda de una cadena dentro de otra*

Este último bloque de métodos permite saber si una cadena se encuentra dentro de otra. En concreto, los dos primeros se emplean para obtener la posición en la que se produce la primera coincidencia:

```
indexOf(cadena, posición inicial)
lastIndexOf(cadena, posición inicial)
```

La diferencia entre ellos es que el primero realiza la búsqueda de izquierda a derecha y el segundo lo hace en sentido contrario. Si no existiera ninguna coincidencia, devolverían el valor -1. El segundo argumento es opcional en ambos. Si se incluyera, indicaría la posición a partir de la que debería comenzar la búsqueda.

Este código de ejemplo ilustra el distinto comportamiento de estos dos métodos:

```
let cadenaOriginal = "Tengo una cosa muy hermosa";
let indiceOcurrenciaIzda = cadenaOriginal.indexOf("osa");
let indiceOcurrenciaDcha = cadenaOriginal.lastIndexOf("osa");

alert("Cadena original: " + cadenaOriginal + "\n" +
      "Posición ocurrencia izquierda: " + indiceOcurrenciaIzda + "\n" +
      "Posición ocurrencia derecha: " + indiceOcurrenciaDcha);
```

El resultado del método `indexOf()` devuelve la posición en la que comienza la cadena "osa" dentro de la palabra "cosa", es decir, la 11. Sin embargo, el método `lastIndexOf()` devuelve la posición de la cadena buscada dentro de la palabra "hermosa", ya que empieza a buscar desde el final de la frase hacia atrás. Observe que la posición devuelta por este último método cuenta las posiciones de la forma habitual (de izquierda a derecha), motivo por el que su resultado es 23.

Aparentemente, el siguiente método hace lo mismo que `indexOf()`, ya que también devuelve la primera posición en la que se encuentra una cadena dentro de otra:

```
search(cadena/expresión regular)
```

La diferencia entre ambos es que el método `indexOf()` puede llevar un segundo argumento en el que se especifique la posición a partir de la que se quiera iniciar la búsqueda. A cambio de esta carencia, el método `search()` permite que su argumento sea una expresión regular (además de una cadena).

Si solo interesa saber la existencia de alguna ocurrencia (no la posición donde se produce), este otro método devuelve el valor `true` cuando la encuentra:

```
includes(cadena)
```

Con frecuencia se maneja información que comienza o acaba por alguna cadena específica. Por ejemplo, los protocolos de comunicación reservan una secuencia de bytes específica para indicar el inicio o el fin de la comunicación (algo así como el "cambio y corto" de las transmisiones con *walkie-talkie*), en el ámbito telefónico, el prefijo permite saber el país al que pertenece un número, etc. Para estos casos, JavaScript dispone de los siguientes métodos, que devuelven el valor `true` si la cadena original empieza o termina con la pasada como argumento:

```
startsWith(cadena)
endsWith(cadena)
```

8.5.2.3 *Plantillas literales*

Las plantillas literales son cadenas dentro de las que se pueden incrustar expresiones cuya evaluación permite la creación dinámica de texto. Para distinguirlas de las cadenas habituales, van entre comillas simples invertidas (`` ` ``), en vez de simples (') o dobles (").

Las expresiones literales, a diferencia de las cadenas, se pueden escribir en múltiples líneas, por lo que este código de ejemplo:

```
alert("Primera línea.\n\
        Segunda línea.")
```

sería equivalente a este otro:

```
alert(`Primera línea.
Segunda línea.`)
```

Advierta que la primera línea no tiene el carácter de escape '\' que permite dividir una cadena en varias líneas. Tampoco tiene la secuencia de escape '\n' que inserta un retorno de carro, ya que sirve el añadido en el propio editor de código. Además, observe que el texto de la segunda línea no se endenta tal como se hace habitualmente para alinear el contenido de ambas líneas. El motivo es porque esos espacios formarían parte del texto que se mostraría en la ventana de alerta. Es decir, todo lo que haya entre las comillas invertidas formará parte de la cadena, ya sean espacios, retornos de carro, tabuladores, comillas simples, dobles, etc., sin necesidad de hacer uso de ninguna secuencia de escape.

Por lo tanto, el resultado de la ejecución de las dos sentencias anteriores sería el mismo:

Hay programadores que usan las plantillas literales a modo de comentarios multilínea.

```
`Esto es un comentario
 formado por dos líneas`
```

Lo más interesante de las plantillas literales es que pueden incluir expresiones que, al ser evaluadas, permiten componer textos dinámicamente. Dichas expresiones deberán ir entre llaves y precedidas por el signo de dólar:

```
${expresión}
```

Así, por ejemplo, el siguiente programa calcula y muestra en pantalla el coste anual del seguro de un coche en función del número de caballos que tiene:

```
const miCoche = {
    marca: "Ferrari",
    modelo: "Testarossa",
    potencia: 400
};
const cocheVecino = {
    marca: "Seat",
    modelo: "Panda",
    potencia: 80
};
const precioCV = 2;

let cocheAsegurado = miCoche;
alert(`La cuota anual de un ${cocheAsegurado.marca}
    ${cocheAsegurado.modelo} son
    ${cocheAsegurado.potencia * precioCV}€`);
```

Tras declarar el objeto que representa mi coche (miCoche), el del vecino (cocheVecino) y el precio por CV (precioCV) se compone un texto con una plantilla literal en la que se calcula la cuota anual del coche almacenado en la variable cocheAsegurado.

Solo tiene que cambiar el valor de dicha variable para obtener un texto diferente, en el que, además de los datos del nuevo vehículo, se muestra la cuota correspondiente. En la siguiente imagen se puede ver la de mi coche y la de mi vecino:

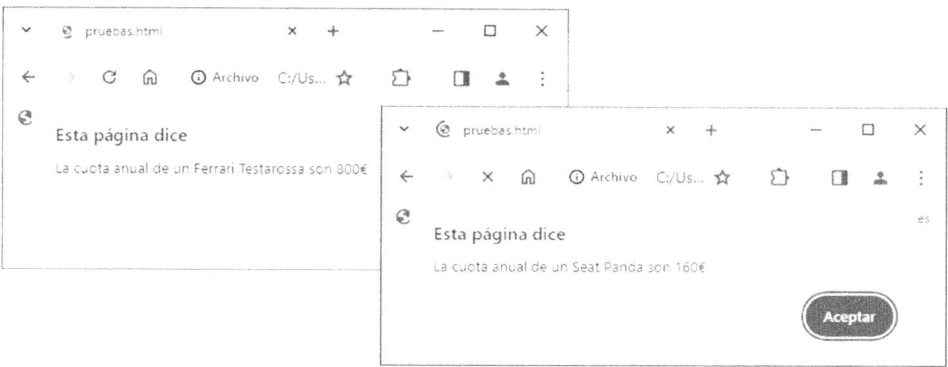

Aunque por motivos de maquetación la sentencia `alert()` aparece partida en varias líneas, en el archivo de código ocupa solo una.

8.5.3 El objeto Date

Uno de los conceptos más utilizados en aplicaciones informáticas es el de fecha y hora. Bien sea para conocer cuándo se da o se recibe cierta información, para determinar el momento en el que se realiza una petición, como medio de saber si un plazo ha vencido o, simplemente, para mostrar en pantalla el día de hoy, tarde o temprano tendrá necesidad de saber manejar fechas y horas. Por ese motivo, JavaScript proporciona el objeto `Date`, que ofrece multitud de métodos que facilitan su gestión.

La flexibilidad de este objeto ya se aprecia en las múltiples formas de llamar a su constructor, la primera de las cuales (la más sencilla) es crear un objeto `Date` con la fecha y hora actual:

```
new Date()
```

La siguiente imagen muestra el resultado devuelto:

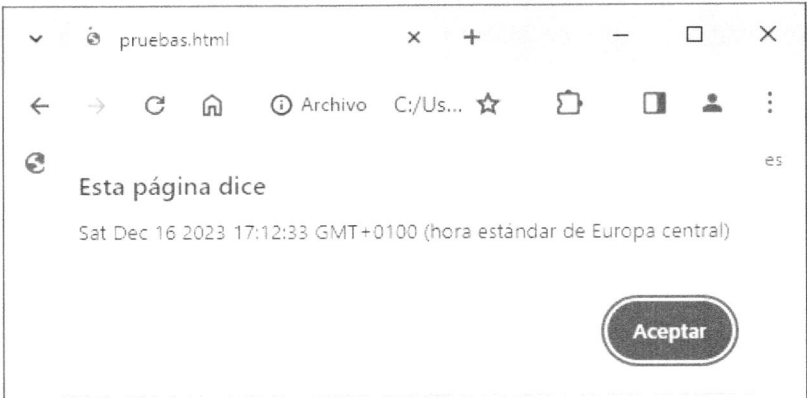

> *i* La sentencia utilizada para obtener la imagen anterior ha sido:
>
> ```
> alert(new Date());
> ```

Observe que primero aparece el día de la semana (Sat, contracción de Saturday - sábado), luego el mes (Dec, contracción de December - diciembre) y, por último, la hora. Dicha hora hace referencia a la zona horaria local, en este caso en concreto GMT+1, ya que resido en España y es invierno (en verano el reloj se adelanta una hora, por lo que sería GMT+2). GMT (*Greenwich Mean Time*) hace referencia a la hora del meridiano de Greenwich (el que pasa por Londres).

Si quiere que el objeto Date contenga la fecha/hora expresada en una cadena de texto, invoque el constructor de esta otra forma:

```
new Date(String)
```

La cadena utilizada como argumento se puede escribir en diversos formatos:

• ISO 8601. Por ejemplo, "2023-08-11".

• Corto. Por ejemplo "08/11/2023" (preste atención a que el mes va antes que el día).

• Largo. Por ejemplo, "11 Aug 2023" o "Aug 11 2023".

La ISO (*Internacional Organization for Standardization*) es una organización de estandarización encargada de la elaboración de normas técnicas a nivel

internacional. Una de ellas es la ISO 8601, que especifica la notación estándar utilizada para representar instantes e intervalos de tiempo sin ambi-
güedades. Dicha notación puede ser:

- Completa. YYYY-MM-DD.
- Reducida. YYYY-MM (el día sería el primero del mes) o YYYY (el día
  sería el primero del año).

El carácter 'Y' procede del inglés *Year* (Año), 'M' de *Month* (mes) y 'D'
de *Day* (día).

Como puede comprobar, los años se representan con cuatro caracteres,
mientras que los meses y los días requieren solo dos. Si el número de dígitos
de cualquiera de ellos fuera menor, se rellenaría con ceros por la izquierda.

Además de las fechas, este estándar define también la forma de representar
las horas, minutos y segundos:

HH:MM:SSZ

La hora se compone de dos caracteres porque su valor se mueve en el rango
0-24 (no se distingue entre mañana y tarde). El carácter 'Z' final alude a la
zona horaria UTC (*Universal Time Coordinated*, tiempo universal coordina-
do), tomada como referencia para calcular el resto de zonas horarias del
mundo.

Aunque, de forma resumida, el tiempo UTC se obtiene a partir de una
media ponderada de las señales de los relojes atómicos localizados en
cerca de 70 laboratorios nacionales de todo el mundo, en la práctica la
hora UTC y GMT es la misma.

Estos son algunos ejemplos de uso del constructor de la clase Date:

```
new Date("2023-08-11");
new Date("2023-08");
new Date("2023");
```

La siguiente imagen muestra en ventanas de alerta las fechas creadas mediante dichas expresiones:

Advierta que al no haber especificado una hora al llamar al constructor `Date()` en la primera sentencia, esta se crea a las 00:00:00 UTC. No obstante, como mi zona horaria local en verano es GMT+2, el navegador la muestra como las dos de la madrugada (02:00:00). Lo mismo sucede cuando en la fecha no se especifica el día (corresponde al primero del mes). Si tampoco se indicara el mes se haría referencia al 1 de enero. Sin embargo, en ese último caso la hora mostrada sería la 01:00:00 (no las 02:00:00), ya que mi zona horaria local en invierno es GMT+1.

También es posible especificar una fecha y una hora conjuntamente. Solo tiene que separarlas por el carácter 'T' de la siguiente forma:

YYYY-MM-DDTHH:MM:SSZ

Observe el resultado obtenido con esta expresión:

```
new Date("2023-08-11T12:56:00Z")
```

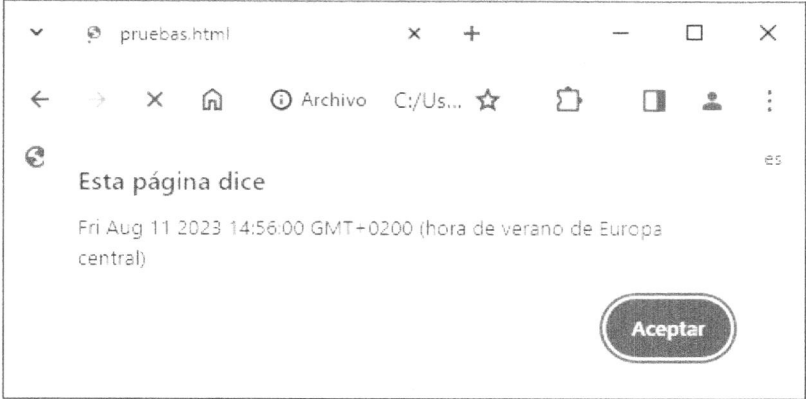

Preste especial atención a que no corresponde a las 12 de la mañana, sino las 14. El motivo es porque la hora creada es UTC (GMT), mientras que el navegador muestra la hora local correspondiente a un mes de verano (GMT+2).

El resto de formas de invocar el constructor de la clase Date son:

```
new Date(año, mes)
new Date(año, mes, día)
new Date(año, mes, día, hora)
new Date(año, mes, día, hora, minutos)
new Date(año, mes, día, hora, minutos, segundos)
new Date(año, mes, día, hora, minutos, segundos, milisegundos)
```

Todos los argumentos son numéricos, incluido el mes, cuyo valor empieza a contar desde 0. Es decir, enero es el mes 0 y diciembre el 11.

Existe una última forma de invocar el constructor de la clase Date, en el que su único argumento es el número de milisegundos transcurridos desde el 1 de enero del 1970 a las 00:00:00 UTC.

```
new Date(milisegundos)
```

Para encontrar sentido a este aparentemente extraño métcdo, debe saber que JavaScript almacena las fechas como el número de milisegundos transcurridos desde el 1 de enero del 1970 a las 00:00:00 UTC.

Así, por ejemplo, la fecha correspondiente al 1 de enero de 1970 es:

```
new Date(0)
```

Por lo tanto, la correspondiente al 2 de enero sería:

```
new Date(24 * 60 * 60 * 1000)
```

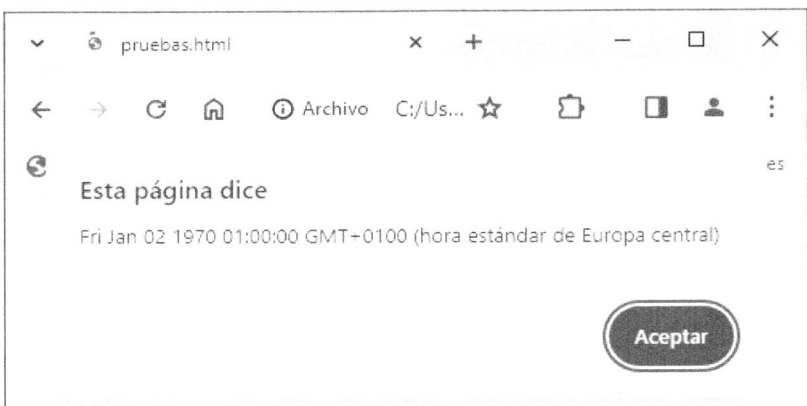

Seguramente piense que trabajar con el número de milisegundos transcurridos desde el 1 de enero de 1970 no suponga ninguna ventaja. Sin embargo, resulta de gran utilidad cuando se tienen que comparar fechas entre sí. Para demostrárselo, solo necesita conocer el siguiente método del objeto `Date`, que devuelve el número de milisegundos transcurridos desde el 1 de enero de 1970 hasta la fecha pasada como argumento en una cadena:

```
Date.parse(fecha)
```

El siguiente programa enseña cómo utilizarlo para calcular de una forma sencilla el número de años transcurridos entre dos fechas.

```
const msAnio = 1000 * 60 *60 *24 * 365;
let fecha1 = "1980-01-01";
let fecha2 = "1985-01-01";
let msFecha1 = Date.parse(fecha1);
let msFecha2 = Date.parse(fecha2);
let aniosTranscurridos = Math.floor((msFecha2 - msFecha1)/msAnio);

alert("Entre " + fecha1 + " y " + fecha2 +
    " han transcurrido " + aniosTranscurridos + " años");
```

La primera sentencia calcula el número de milisegundos que tiene un año. A continuación, se especifican dos fechas (fecha1 y fecha2) que se convierten a milisegundos (msFecha1 y msFecha2) con el método parse(). Los años transcurridos (aniosTranscurridos) serán la diferencia de milisegundos entre ellos, dividido por el número de milisegundos que tiene un año. Este valor se redondea por abajo mediante el método floor() del objeto Math (lo estudiará en la siguiente sección) con el fin de presentar en pantalla un número entero.

Para mostrar una fecha al usuario es necesario convertir el contenido del objeto Date en una cadena. Dicha conversión se realiza de forma automática cuando se concatena un texto con una fecha, como demuestra este código:

```
alert ("Hoy es " + new Date());
```

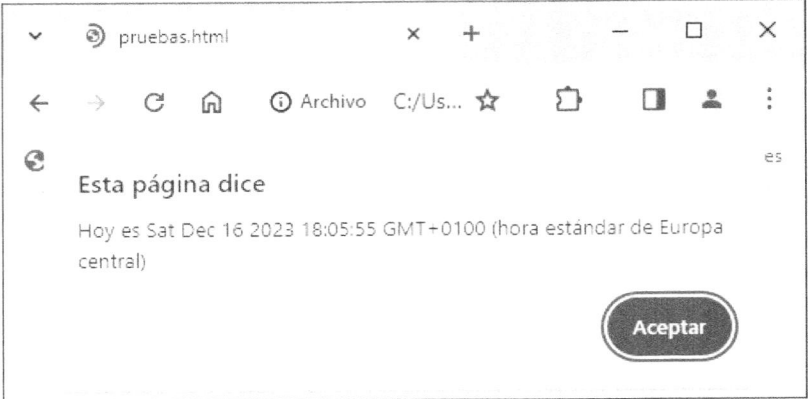

Sin embargo, cuando no se use este operador o se realicen procesamientos de cadenas con fechas más elaborados, deberá emplear los métodos:

```
toString()
toUTCString()
```

El primero devuelve una cadena con la hora local y el segundo con la hora UTC.

El siguiente código de ejemplo pone en evidencia la diferencia entre ambos métodos:

```
const fecha = new Date("2023-08-11")
alert("Hora local: " + fecha.toString() + "\n" +
      "Hora UTC: " + fecha.toUTCString());
```

Así lo atestigua la imagen mostrada a continuación:

En este código en concreto no sería necesario invocar el método `toString()`, ya que al utilizar el operador '+' la fecha se convertiría automáticamente en una cadena.

A pesar de esta aparente diferencia, recuerde que se trata de la misma hora en diferentes zonas horarias. La primera sería la hora local (en este caso concreto, GTM+2) y la segunda UTC (equivalente a GMT).

8.5.3.1 *Métodos de manejo de fechas*

Una vez creado un objeto `Date`, dispone de innumerables métodos que permiten obtener y establecer el año, el mes, el día, la hora, el minuto, el segundo y el milisegundo de una fecha determinada, tanto de la hora local como de la hora UTC (GMT).

Entre los métodos que permiten extraer del objeto `Date` la información que habitualmente se maneja cuando se trabaja con fechas, destacan:

- `getFullYear()`. Devuelve el año como un número de cuatro dígitos. No use el método `getYear()` ya que está en desuso.

- `getMonth()`. Devuelve el mes como un número en el rango 0-11. Recuerde que el mes de enero corresponde al número 0.

- `getDate()`. Devuelve el día del mes como un número en el rango 1-31.

- `getDay()`. Devuelve la posición del día en la semana como un número en el rango 0-6. El domingo corresponde al número 0.

- `getHours()`. Devuelve la hora como un número en el rango 0-23.

- `getMinutes()`. Devuelve los minutos como un número en el rango 0-59.

- `getSeconds()`. Devuelve los segundos como un número en el rango 0-59.

- `getTime()`. Devuelve el número de milisegundos transcurridos desde el 1 de enero de 1970.

Todos estos métodos trabajan con la hora local. Si prefiere hacerlo con una hora UTC, los método equivalentes son `getUTCFullYear()`, `getUTCMonth()`, `getUTCDate()`, `getUTCDay()`, `getUTCHours()`, `getUTCMinutes()` y `getUTCSeconds()`.

Los métodos que permiten establecer una fecha/hora concreta son:

- `setFullYear(`*año*`)`. Determina el año de una fecha. Opcionalmente, se puede añadir el mes y el día como argumentos.

- `setMonth(`*mes*`)`. Cambia el mes de una fecha (opcionalmente se puede añadir el día como argumento). Si el valor introducido superase el rango de valores esperado (0-11), se recalcularía automáticamente el año. Por ejemplo, si a una fecha cuyo año fuera 2023 se le asignara el mes 12, daría como resultado enero de 2024.

- `setDate(`*día del mes*`)`. Modifica el día del mes de una fecha. Si el valor introducido superase el rango de valores esperado (1-31), se recalcularía automáticamente el mes y el año. Por ejemplo, si una fecha que correspondiera al mes de septiembre se le asignara el día 40, daría como resultado el 10 de octubre. También se utiliza para calcular plazos de tiempo. Por ejemplo, con las siguientes sentencias se obtendría la fecha resultante de añadir una semana a la actual:

```
const fechaActual = new Date();
fechaActual.setDate(fechaActual.getDate() + 7);
```

- `setHours(`*hora*`)`. Establece una hora y, opcionalmente, los minutos, los segundos y los milisegundos. Si su valor estuviera por encima del rango esperado (0-23), la fecha se recalcularía automáticamente. Por ejemplo, si a una fecha se le asignara la hora 24, daría como resultado las 00 del día siguiente.

- `setMinutes(`*minuto*`)`. Asigna los minutos y, opcionalmente, los segundos y los milisegundos de una hora. Si su valor estuviera por encima del rango esperado (0-59), la hora e, incluso, la fecha, se recalcularía de forma automática.

- `setSeconds(`*segundo*`)`. Fija los segundos y, opcionalmente, los milisegundos de una hora. Si su valor estuviera por encima del rango esperado (0-59), los minutos, la hora e, incluso, la fecha, se recalcularía automáticamente.

- `setTime(`*`milisegundos`*`)`. Genera una fecha a partir del número de milisegundos transcurridos desde el 1 de enero de 1970.

Por último, el siguiente método devuelve los minutos de diferencia que hay entre la hora local y la UTC.

```
getTimezoneOffset()
```

El uso de estos métodos resulta sencillo, por lo que, a modo de ejemplo, solo se analizará un código representativo que devuelve la fecha actual tal como se escribe en español:

```
const nombreMeses = ["enero", "febrero","marzo", "abril", "mayo",
                     "junio", "julio", "agosto", "septiembre",
                     "octubre", "noviembre", "diciembre"];
const nombreDias = ["domingo", "lunes", "martes", "miércoles",
                    "jueves", "viernes", "sábado"];

let hoy = new Date();

let diaSemana = nombreDias[hoy.getDay()];
let diaMes = hoy.getDate()
let mes = nombreMeses[hoy.getMonth()];
let anio = hoy.getFullYear();

alert("Hoy es " + diaSemana + ", " + diaMes + " de " + mes +
      " de " + anio);
```

Al inicio del programa se definen dos arrays cuyos elementos son los nombres de los meses y los días de la semana (`nombreMeses` y `nombreDias`). Observe que el de los días empieza en domingo.

Luego se crea un objeto de la clase `Date` con la fecha actual (`hoy`), de la que se extraen el día de la semana, el día del mes, el mes y el año. El número del día de la semana y el del mes se utilizan como índices para extraer su nombre del array `nombreDias` y `nombreMeses`, respectivamente.

Finalmente, se compone una cadena con la fecha actual, tal como puede ver a continuación:

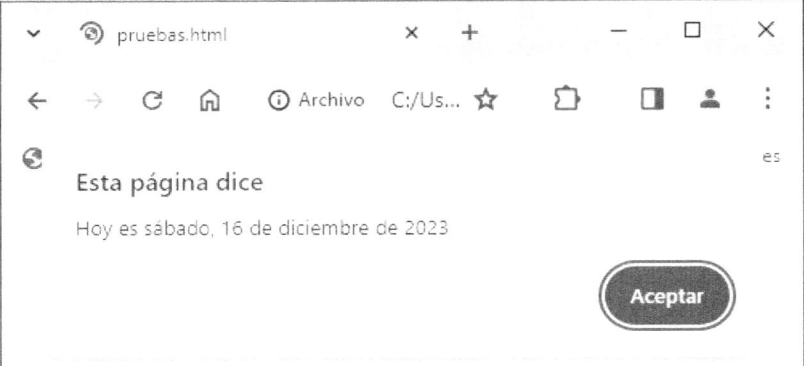

En diversas ocasiones se ha venido repitiendo que el objeto `Date` almacena la fecha como un número de milisegundos. Aunque dicho número se obtiene con el método `getTime()`, seguro que le resultará curioso conocer que esto mismo también se puede hacer con `Number()`. Como sabe, este método global no solo se utiliza para crear un objeto de tipo `Number`, sino para convertir cualquier otro tipo de datos a un número. Puesto que una fecha es un número (el de los milisegundos transcurridos desde 1970), la conversión sería inmediata.

Para comprobarlo solo tiene que escribir estas líneas de código:

```
let fechaActual = new Date();
alert (fechaActual.getTime() + "\n" + Number(fechaActual));
```

Una vez creada la fecha, se muestra en pantalla el resultado devuelto por ambos métodos. Como puede comprobar, el valor devuelto en ambos casos es el mismo.

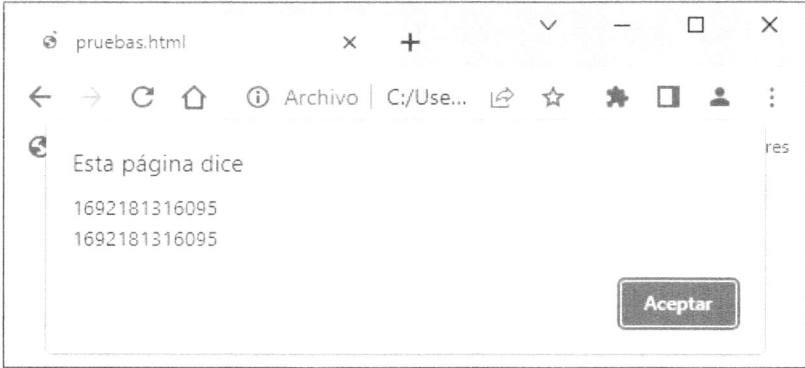

8.5.4 El objeto Math

Como sabe, JavaScript ofrece diversos operadores que permiten la ejecución de las principales operaciones matemáticas (suma, resta, multiplicación, división, etc.). Sin embargo, aunque los programas que desarrolle sean sencillos, tarde o temprano tendrá que realizar operaciones matemáticas más complejas (por ejemplo, una raíz cuadrada). Por ese motivo, JavaScript proporciona el objeto Math, cuyos atributos contienen constantes de uso común en áreas técnicas y científicas (por ejemplo, el número) y cuyos métodos llevan a cabo innumerables funciones matemáticas.

Las constantes son:

- Math.E. Número de Euler (simbolizado como 'e'). Tiene un valor aproximado de 2,71828 y es la base de los logaritmos naturales (neperianos).

- Math.PI. Es el número . Su valor aproximado es 3.1416.

- Math.SQRT2. Es la raíz cuadrada de 2. Su valor aproximado es 1.414.

- Math.SQRT1_2. Es la raíz cuadrada de ½. Su valor aproximado es 0.707

- Math.LN2. Logaritmo neperiano de 2. Su valor aproximado es 0.693.

- Math.LN10. Logaritmo neperiano de 10. Su valor aproximado es 2.303.

- Math.LOG10E. Logaritmo en base 10 del número 'e' (el número de Euler). Su valor aproximado es 0.434.

- Math.LOG2E. Logaritmo en base 2 del número 'e' (el número de Euler). Su valor aproximado es 1.442.

A diferencia de los atributos, los métodos del objeto Math son muy numerosos, por lo que solo se mencionarán los más comunes, entre los que destacan aquellos que realizan cálculos numéricos:

- Math.sqrt(número). Raíz cuadrada.

- Math.sin(ángulo), Math.cos(ángulo), Math.tan(ángulo), Math.asin(ángulo), Math.acos(ángulo), Math.atan(ángulo). Funciones trigonométricas que devuelven el seno, el coseno, la tangente y sus inversas (arcocoseno, arcoseno y arcotangente) de un ángulo expresado en radianes.

- Math.log(número), Math.log10(número), Math.log2(número). Funciones logarítmicas que utilizan como base el número e (neperiano o natural), el número 10 (decimal) o el número 2 (binario), respectivamente.

Aparte de los métodos anteriores, los siguientes devuelven el valor máximo o mínimo de un conjunto de valores pasados como argumentos.

```
Math.max(número, …, número)
Math.min(número, …, número)
```

Este otro grupo de métodos redondean un número:

```
Math.round(número)
Math.floor(número)
Math.ceil(número)
Math.trunc(número)
```

El primero devuelve el número más cercano al pasado como argumento. El segundo lo redondea por abajo, el tercero lo hace por arriba y el último devuelve el número sin decimales.

El siguiente ejemplo pone de manifiesto los diferentes resultados obtenidos con cada uno de los métodos anteriores a partir de un número introducido por el usuario:

```
let numero = prompt("Número:");

if(isNaN(numero) || numero == null)
  alert("No ha introducido un número");
else
  alert("Número original: " + numero + "\n" +
        "Número redondeado: " + Math.round(numero) + "\n" +
        "Número redondeado por abajo: " + Math.floor(numero) + "\n" +
        "Número redondeado por arriba: " + Math.ceil(numero) + "\n" +
        "Número sin decimales: " + Math.trunc(numero));
```

Lo único reseñable de este código es que en la condición de la sentencia if se llama a una función global que hasta ahora no se había utilizado, iNaN(). En realidad, se trata de un método del objeto Number, que permite saber si un valor es un número.

El nombre iNaN es el acrónimo de *is Not a Number* (no es un número).

A continuación, se muestra un ejemplo de ejecución de este programa:

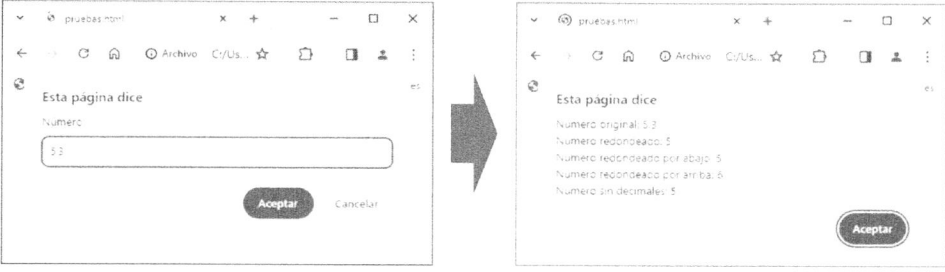

Estos dos nuevos métodos trabajan con el signo del número:

```
Math.sign(número)
Math.abs(número)
```

El primero devuelve 1 si el signo es positivo y -1 si es negativo. El segundo devuelve el número sin signo, es decir, su valor absoluto.

El objeto Math ofrece muchos más métodos, pero el último que se describirá es uno muy especial, que devuelve un valor aleatorio entre 0 y 1 (exclusive).

```
Math.random()
```

Si, por ejemplo, se quisiera obtener un número aleatorio entre 0 y 10, se debería emplear la expresión:

```
Math.floor(Math.random() * 10);
```

Si fuera entre 1 y 10, sería esta otra:

```
Math.floor(Math.random() * 10) + 1;
```

En general, la expresión que genera un valor aleatorio en el rango (*max*, *min*) es:

```
Math.floor(Math.random() * (max - min + 1) ) + min
```

A modo de ejemplo, el siguiente programa genera tres números aleatorios en el rango establecido mediante dos constantes (min y max):

```
const min = 25, max = 50;
let numeroAleatorio = Math.floor(Math.random() * (max - min + 1) ) + min;

alert("Número aleatorio: " + numeroAleatorio);
```

Ejecute el programa varias veces. Comprobará que, aunque los números generados son diferentes, siempre están en el rango indicado.

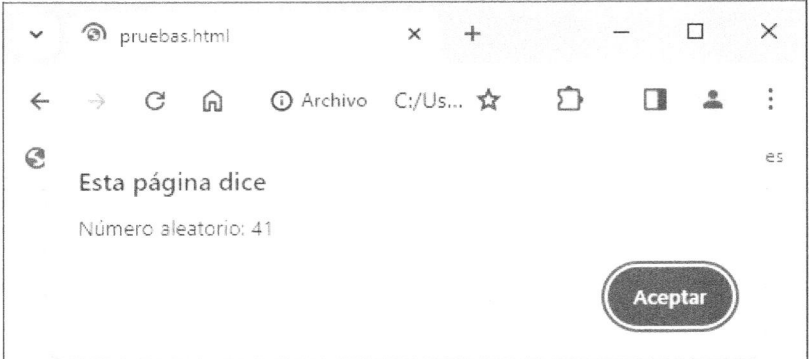

Todos los métodos del objeto `Math` se encuentran en https://developer. mozilla.org/es/docs/Web/JavaScript/Reference/Global_Objects/Math.

Unidad 9
EL DOM

Tal como se ha venido repitiendo en diferentes ocasiones, JavaScript fue creado con el objetivo de dotar de interactividad a las páginas web, es decir, de hacer que respondan de forma adecuada a las acciones del usuario. Sin embargo, las páginas HTML no son más que una sucesión de etiquetas (texto, en definitiva) difícil de manejar por cualquier lenguaje de programación si no se estructurase de alguna manera. Ese fue el origen y la razón que impulsó al W3C (*World Wide Web Consortium*) a crear el estándar DOM (*Document Object Model*, modelo de objetos de un documento), que no solo especifica la forma de representar cualquier documento HTML, sino también una interfaz de programación que permite manejar su estructura, su estilo y su contenido.

> *i* Aunque esta obra se centre en documentos HTML y el lenguaje JavaScript, debe saber que el DOM es un estándar genérico, ya que es válido para otro tipo de documentos y lenguajes.

> *i* El W3C es un consorcio internacional encargado de generar recomendaciones y estándares en el ámbito de la WWW. Creado en octubre de 1994, está dirigido por Tim Berners-Lee (el creador del protocolo HTTP y el lenguaje HTML).

Empecemos analizando la estructura de datos en la que se convierte una página HTML.

9.1 ESTRUCTURA DE DATOS DEL DOM

Cuando un navegador abre una página web, automáticamente crea una estructura de datos jerárquica que facilita la manipulación de su código HTML mediante JavaScript. Para tratar de entender dicha estructura, se utilizará la siguiente página HTML de ejemplo:

Su código permite mostrar una imagen de la Fontana de Trevi con una cabecera que la identifica:

```
<html>
<head>
  <meta charset="utf-8">
</head>
<body>
  <h1 id="cabecera" style="text-align:center;">La Fontana de Trevi</h1>
  <img src="../Imagenes/fontanaDeTrevi.jpg" width="400px"
       style="border-radius: 20px; display:block;margin: auto;">
</body>
</html>
```

La estructura del DOM de esta página está formada por un conjunto de nodos que representan tanto el propio documento, como las etiquetas y los textos. Su aspecto es el mostrado a continuación:

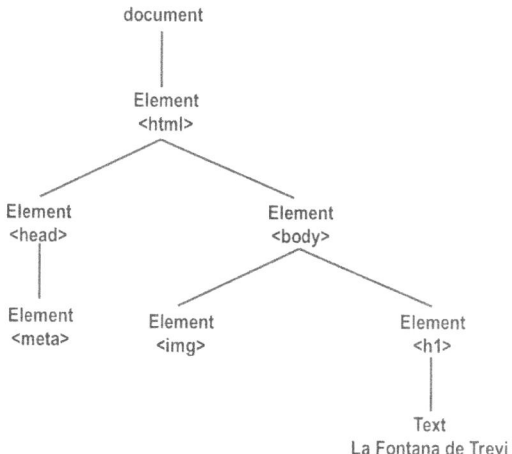

Como puede observar, responde a una estructura jerárquica en la que se establece una serie de relaciones de parentesco. En concreto, los nodos que hay justo debajo de otro son sus hijos. Por el mismo motivo, el nodo que hay por encima de ellos es el padre, mientras que los situados al mismo nivel son hermanos. Por ejemplo, el nodo `<html>` tiene como hijos `<head>` y `<body>`. Ambos son hermanos porque comparten el mismo padre. El único nodo que no tiene padre es el raíz. Es el que se encuentra en la parte superior de la jerarquía (se trata del objeto `document` que estudiará más adelante).

Curiosamente, en informática un árbol crece hacia abajo, ya que tiene la raíz en la parte superior y las ramas en la inferior.

Aunque este tipo de relaciones entre nodos le pueda resultar anecdótico, son muy útiles, ya que, como pronto descubrirá, se utilizan para navegar de unos a otros, saber dónde están situados y, en consecuencia, modificar la estructura y estilo de la página justo en el lugar adecuado. En cierto sentido, las relaciones de parentesco son el mecanismo empleado para ubicar un nodo en la jerarquía. Este aspecto es crucial, ya que los cambios que se realizan suelen afectar solo a una zona determinada de la página (por ejemplo, la barra de navegación o el pie), formada por un grupo de etiquetas que guardan algún tipo de parentesco. Ese es el motivo de que el DOM ofrezca una amplia variedad de métodos que hacen uso de este tipo de relaciones para acceder a los elementos HTML del DOM.

9.2 INTERFAZ DE PROGRAMACIÓN DEL DOM

Tal como se acaba de indicar, el DOM de una página web es una estructura de datos jerárquica formada por nodos que representan tanto a la propia página, como a los elementos HTML que la componen y a su contenido. Se trata de objetos cuyos atributos y métodos conforman una interfaz de programación que permite:

- Conocer la estructura del documento HTML, así como el contenido o el estilo de cualquiera de sus elementos.

- Modificar el contenido o el estilo de los elementos HTML añadiendo, eliminando o modificando el valor de sus atributos.

- Modificar la estructura del documento HTML, borrando elementos o creando otros nuevos.

- Asociar controladores de eventos a los elementos HTML y especificar la respuesta que deba darse cuando se produzca cualquiera de ellos.

> *i*
>
> A las interfaces de programación se las conoce con el acrónimo API (*Application Programming Interface*, interfaz de programación de aplicaciones). Constituyen la especificación formal de un software que ofrece una serie de funcionalidades o servicios, en este caso mediante un conjunto de objetos con sus respectivos atributos y métodos.

En el DOM, cada uno de los nodos de la jerarquía se representan como objetos de tipo node. Se trata de un objeto genérico que únicamente modela las características comunes a todos ellos, por lo que generalmente será necesario el uso de otros más específicos, como:

- document. Es el nodo raíz del árbol (el nodo superior) y representa a la propia página web.

- element. Cualquiera de los elementos HTML (etiquetas) del documento.

- text. Contenido textual de una etiqueta.

- comment. Comentarios del código HTML (no se muestra en el navegador). Es el texto incluido entre las etiquetas `<!--` y `-->`.

Si el nodo raíz es un objeto de tipo document que constituye el propio documento HTML, los nodos que hay por debajo son objetos de tipo element que representan las etiquetas que lo componen. La primera es, obviamente, `<html>`, debajo de la que se encuentran `<head>` y `<body>`. En la página de ejemplo utilizada, en la cabecera solo se encuentra la etiqueta `<meta>` que establece el juego de caracteres, mientras que el cuerpo está formado por una cabecera principal (`<h1>`) y una imagen (`<img>`).

El nodo que hay por debajo del que representa la etiqueta `<h1>` es especial, ya que no hace referencia a otra etiqueta sino a su contenido (el texto "La Fontana de Trevi"). Por ese motivo, este nodo es un objeto de tipo Text.

A diferencia del contenido, los atributos de las etiquetas no son nodos, sino atributos del objeto element. No confunda los atributos de un objeto con los atributos de una etiqueta. Aunque tengan el mismo nombre, conceptualmente son diferentes.

9.2.1 Nodos

El objeto más genérico, y quizá, el principal de todos los que integran la estructura jerárquica del DOM, es el que representa un nodo. Este puede ser tanto el propio documento HTML como cualquiera de sus etiquetas e, incluso, el texto que contengan (o un comentario). Es decir, un objeto de tipo document, element, text o comment es, a su vez, un objeto de tipo node.

Para tratar de aclarar en qué consiste la relación que se establece entre objetos genéricos y otros más específicos, lo mejor es poner un símil. Por ejemplo, aunque un hombre y una mujer se puedan representar mediante objetos específicos de tipo hombre y mujer, ambos serán también objetos de tipo persona (de carácter más genérico), ya que todos los hombres y las mujeres son, asimismo, personas.

Los objetos node ofrecen una serie de atributos muy interesantes, entre los que destacan:

- nodeName. Nombre de la etiqueta (por ejemplo, "H1"). Si el nodo fuera de texto, devolvería el valor '#text', si fuera un comentario '#comment' y si fuera el raíz, '#document'.

- nodeValue. Contenido de un nodo de texto o de un comentario. Si el nodo fuera de tipo documento o un elemento HTML, devolvería el valor null.

- nodeType. Devuelve el tipo de nodo como un valor numérico:

  ✓ 1. Elemento HTML.

  ✓ 3.Texto contenido en un elemento.

  ✓ 8. Comentario

  ✓ 10. Nodo raíz.

Todas estas propiedades son de solo lectura. No se pueden modificar.

Con el fin de poner en práctica estos nuevos conocimientos, añada al final del cuerpo del documento HTML anterior una etiqueta <script> que permita importar un archivo con el siguiente código JavaScript:

```
const encabezadoH1 = document.getElementById("cabecera");
alert("Tipo del nodo: " + encabezadoH1.nodeType + "\n" +
      "Nombre del nodo: " + encabezadoH1.nodeName + "\n" +
      "Valor del nodo: " + encabezadoH1.nodeValue);
```

En la primera sentencia se inicia la constante encabezadoH1 con el nodo que representa la cabecera de la página web. Para ello, utiliza el método getElementById() del objeto document, que devuelve la etiqueta (nodo del DOM) cuyo atributo id toma el valor indicado como argumento.

El método getElementById() es uno de los métodos que proporciona el objeto document para acceder a los elementos HTML de una página web. Dada su importancia, se estudiará junto con otros métodos similares en una sección posterior.

La segunda sentencia muestra en pantalla que se trata de un elemento HTML (su valor es 1), en concreto, una etiqueta <h1> sin ningún valor.

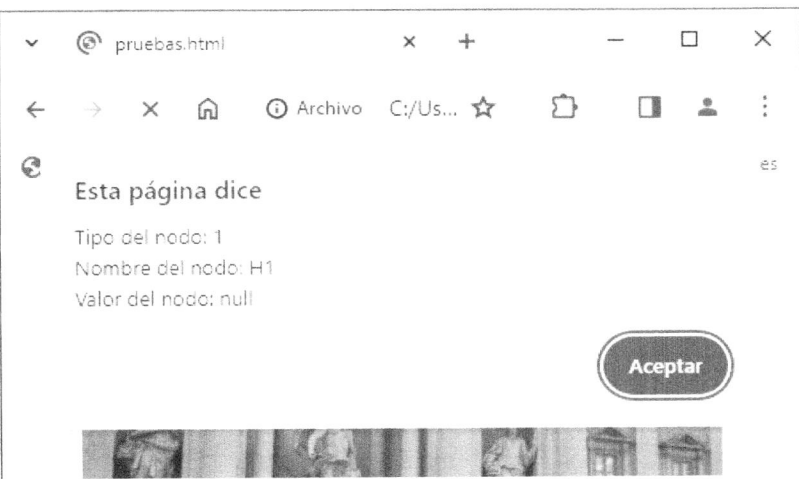

Quizá le resulte extraño que el valor de esta etiqueta sea null. Es un error habitual suponer que los nodos que representan etiquetas con textos (por ejemplo, las cabeceras <h1>, <h2> ..., los párrafos <p>, etc.) formen parte del propio nodo. Sin embargo, los textos se representan con su propio nodo (un objeto de tipo Text) situado debajo de la etiqueta a la que pertenecen. Por lo tanto, si quisiera obtener el texto de la etiqueta <h1> tendría que utilizar la propiedad nodeValue de su nodo hijo, tal como se hace en este otro código:

```
const encabezadoH1 = document.getElementById("cabecera");
const textoEncabezadoH1 = encabezadoH1.firstChild;
alert("El texto del encabezado <h1> es: " + textoEncabezadoH1.nodeValue);
```

Observe que en esta ocasión, además de la variable que almacena el nodo asociado a la etiqueta <h1> (encabezadoH1), se declara otra que se inicia con su nodo hijo (textoEncabezadoH1). Se trata del nodo de tipo texto que representa su contenido.

El atributo firstChild contiene el primer objeto de tipo node (en este caso, el único) que está por debajo en la jerarquía. Dada su importancia, se estudiará junto con otros atributos similares en una sección posterior.

El texto del encabezado se encuentra en el atributo nodeValue, tal como demuestra el resultado de la ejecución de este código.

Existe una forma más sencilla de recuperar o modificar el texto de una etiqueta sin necesidad de llegar a su nodo hijo (el de tipo texto). Se trata del atributo innerHTML del nodo que representa a la propia etiqueta. Aunque se describirá en la siguiente sección, de momento sepa que el código anterior sería similar a este otro:

```
const encabezadoH1 = document.getElementById("cabecera");
alert("El texto del encabezado <h1> es: " + encabezadoH1.innerHTML);
```

9.2.2 Elementos HTML

De todos los nodos que componen la estructura jerárquica del DOM, los que determinan el contenido visible de la página son los que representan los elementos HTML. Serán, por lo tanto, el foco de cualquier programa JavaScript, motivo por el que se le va a prestar una atención especial. Estos objetos, de tipo element, disponen de multitud de atributos y métodos, entre los que se van a citar solo algunos de los más destacados.

El primer grupo de atributos que se va a mencionar está relacionado con los atributos de las etiquetas que representan:

- className. Nombre de la clase a la que está vinculado el elemento (valor del atributo class de la etiqueta HTML). Si fueran varias, estarían separadas por espacios.

- tagName. Nombre de la etiqueta (en mayúsculas). Se trata del único atributo de solo lectura de este grupo.

- id. Identificador del elemento (valor del atributo id).

- innerHTML. Contenido textual del elemento.

No confunda el concepto de atributo de una etiqueta HTML con el de atributo de un objeto JavaScript.

Este otro grupo de atributos (todos de solo lectura) permiten obtener las dimensiones y la posición de un elemento HTML en la pantalla:

- `clientWidth` y `clientHeight`. Dimensiones interiores del elemento. Solo tiene en cuenta el margen interior (excluye el exterior, el borde y la barra de scroll).

- `offsetWidth` y `offsetHeight`. Dimensiones del elemento incluyendo el margen interior (`padding`), el borde (`border`) y la barra de scroll.

- `offsetLeft` y `offsetTop`. Posición relativa de la esquina superior izquierda del elemento respecto del contenedor padre. Al igual que el atributo anterior, incluye el margen interno, el borde y la barra de scroll.

La siguiente imagen muestra gráficamente estas magnitudes aplicadas a un contenedor `<div>` con un borde negro y un margen interior dentro del que hay un texto lo suficientemente extenso como para tener que mostrarse las barras de scroll.

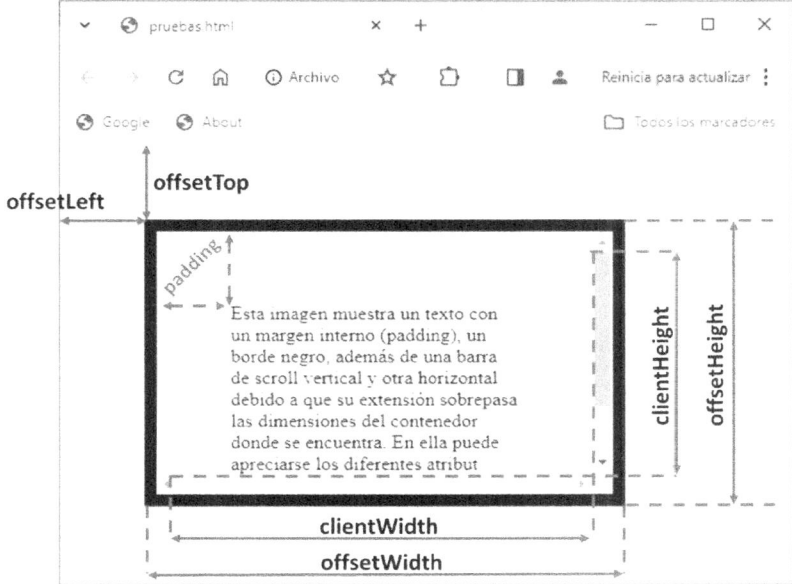

En esta imagen el contenedor padre es la propia página web.

Aunque los métodos del objeto `element` se estudien más adelante, hay uno muy relacionado con el grupo de atributos anteriores con el que también es posible conocer el tamaño y la posición de un elemento, en este caso respecto del área visible del navegador (no del contenedor en el que se encuentre):

```
getBoundingClientRect()
```

El área visible del navegador se denomina *viewport*.

El resultado de este método es un objeto `DOMRect` que representa el rectángulo más pequeño dentro del que cabe el elemento. Sus principales atributos son:

- `x`, `left`. Coordenada X de la esquina superior izquierda del rectángulo.
- `y`, `top`. Coordenada Y de la esquina superior izquierda del rectángulo.
- `width`. Ancho del rectángulo.
- `height`. Alto del rectángulo.

La siguiente imagen muestra de forma gráfica estos atributos sobre la imagen de la página HTML vista anteriormente:

Especialmente interesante es el hecho de que, si la posición del elemento cambiara, por ejemplo, porque se hiciera scroll en la página, los valores de las propiedades `top` y `left` también lo harían para reflejar la posición actual del elemento en todo momento.

Volviendo de nuevo a los atributos del objeto `element`, hay uno especialmente importante, ya que sirve tanto para conocer como para modificar el estilo de un elemento:

```
style
```

Su valor es un objeto de tipo `CSSStyleDeclaration` cuyas propiedades coinciden con las de estilo del elemento que representa, con la salvedad de que las que llevan un guion en HTML, lo pierden en JavaScript. Por ejemplo, la propiedad de estilo `background-color` se sustituye por `backgroundColor`. De esta forma, la siguiente expresión devolvería el color de fondo de un elemento:

```
elemento.style.backgroundColor
```

Con el fin de comprobar lo sencillo que resulta modificar el estilo de una página, el siguiente código JavaScript le permitirá elegir el tamaño de la fuente del encabezado:

```
const tamanioFuente = prompt("Tamaño de la fuente (en píxeles):");
const encabezadoH1 = document.getElementById("cabecera");
encabezadoH1.style.fontSize = tamanioFuente;
```

Para probarlo, impórtelo en la página HTML que mostraba la Fontana de Trevi mediante una etiqueta `<script>` situada al final de cuerpo del documento.

El objeto DOM que representa el encabezado `<h1>` se obtiene con el método `getElementById()`, tal como ha venido haciendo anteriormente.

El tamaño de la fuente de este encabezado se establece asignando el valor introducido por el usuario (`tamanioFuente`) al atributo `fontSize` del objeto almacenado en su atributo `style`.

A continuación, puede ver el resultado obtenido con un tamaño de fuente de 16 y 54 píxeles.

El objeto `element` dispone de más atributos que los descritos en esta sección. Si quiere conocerlos todos, visite la página https://developer. mozilla.org/es/docs/Web/API/Element.

9.3 ACCESO A LOS ELEMENTOS HTML DE UN DOCUMENTO HTML

En los ejercicios que ha venido realizando hasta ahora, siempre que ha querido modificar el contenido o el estilo de una etiqueta, previamente ha tenido que obtener el objeto `element` que la representaba en la estructura DOM de la página con el método `getElementById()`. Sin embargo, el identificador de una etiqueta (atributo `id`) es solo una de las múltiples formas de llegar a un elemento HTML, ya que se puede usar otro tipo de características que le sean propias e intrínsecas, como, por ejemplo, el nombre de la etiqueta, la clase a la que está asociada (atributo `class`), etc.

Además de esta forma directa de hacer referencia a los elementos de una página, también es posible acceder a ellos de manera indirecta mediante las relaciones de parentesco establecidas en el DOM (quién no ha mencionado alguna vez a alguien como el hijo, el hermano, el padre o, en general, el pariente de otra persona conocida). Su empleo resulta especialmente interesante cuando lo que se desea es modificar la propia estructura del documento HTML o el estilo de aquellos elementos situados en una parte concreta del árbol (por ejemplo, los que componen la barra de navegación de la página).

Veamos en detalle estas dos formas de acceso.

9.3.1 Acceso directo

Como sabe, el nodo raíz del DOM de una página HTML es el objeto `document`, motivo por el que sus métodos son los utilizados para acceder a cualquiera de las etiquetas que lo componen según diferentes criterios:

- `getElementById()`. El identificador de la etiqueta (valor del atributo `id`).

- `getElementsByClassName()`. La clase a la que pertenece (valor del atributo `class`).

- `getElementsByTagName()`. El nombre de la etiqueta.

- `querySelector()` o `querySelectorAll()`. Un selector CSS.

Con el fin de analizar el comportamiento de cada uno de estos métodos, se utilizará la página web mostrada a continuación:

Su código HTML es el siguiente:

```
<html>
<head>
  <meta charset="utf-8">
</head>
<body>
  <h1 class="cabecera" style="text-align: center;">
      La Fontana de Trevi
  </h1>
  <div id="contenidoPrincipal" style="display: flex;align-items: center;">
      <img src="../Imagenes/fontanaDeTrevi.JPG"
          style="border-radius: 20px;float: left;margin-right: 10px; width:49%">
      <div id="descripcion" style="float:left; width:49%" >
          <h4 class="cabecera">Historia</h4>
          <p>Obra del arquitecto Nicola Salvi, su construcción comenzó
              en 1732. Este no pudo verla terminada, ya que murió once
              años antes de su finalización (1762).
          </p>
          <p>Su nombre hace referencia a la confluencia de las tres
              calles que desembocan en la plaza o a la triple salida
              del agua de la fuente situada originalmente en este
              mismo enclave.
          </p>
      </div>
  </div>
  <script src="accesoElementosHTML.js"></script>
</body>
</html>
```

Como puede observar, en la cabecera solo se encuentra la etiqueta `<meta>` que establece el juego de caracteres UTF-8. La etiqueta `<script>` se añade al final del cuerpo del documento para asegurar que se hayan cargado todos los elementos HTML de la página antes de empezar a ejecutar el código JavaScript.

En los ejercicios de esta sección se supone que el código HTML se encuentra en el archivo "accesoElementosHTML.html" y el código JavaScript en el archivo "accesoElementosHTML.js" (ambos en la misma carpeta).

El cuerpo del documento está formado por una cabecera `<h1>` centrada horizontalmente (la propiedad de estilo `text-align` tiene el valor `center`) y un contenedor `<div>` que agrupa la imagen y los textos que hay a su lado. La función de este contenedor es alinear verticalmente la imagen y el texto, para lo cual establece un modo de presentación de caja flexible (la propiedad de estilo `display` es `flex`) y una estrategia de distribución de elementos vertical basada en la propiedad de estilo `align-items`, a la que se asigna el valor `center`.

Los textos están formados por dos párrafos `<p>` situados debajo de una cabecera `<h4>` en otro contenedor `<div>` en el que la imagen se coloca a su izquierda (la propiedad de estilo `float` toma el valor `left`) y ocupan el mismo espacio (el valor de la propiedad de estilo `width` es el mismo).

En cualquier caso, ninguna de las propiedades de estilo afecta el código JavaScript que se va a desarrollar en las diversas prácticas de esta sección, a diferencia de los atributos `id` y `class`. A este respecto, advierta que la clase "cabecera" es compartida por las etiquetas `<h1>` y `<h4>` con el fin de darles un estilo homogéneo.

Una vez descrito el código HTML de la página web, llegó el momento de utilizarlo en las prácticas que se realicen a continuación con los diferentes métodos de acceso ofrecidos por el objeto `document`. El primero de ellos ya lo conoce, pues quizá sea el empleado con mayor frecuencia:

```
document.getElementById(identificador)
```

El valor devuelto por este método es un objeto de tipo `element` que representa la etiqueta cuyo identificador coincide con el pasado como argumento.

Sin embargo, a menudo es necesario efectuar cambios de forma conjunta sobre un grupo de elementos. Si así fuera, lo habitual es asociarles una clase que podría ser usada como argumento de este otro método, cuyo resultado es una lista de objetos de tipo `element` que representan las etiquetas asociadas a dicha clase:

```
document.getElementsByClassName(clase)
```

El argumento de este método también puede ser una cadena formada por varias clases separadas por espacios:

"clase clase ... clase"

En ese caso, la lista devuelta incluiría solo aquellos elementos HTML que pertenecieran a todas ellas (no solo a alguna).

Aunque a primera vista pueda pensar que esta lista es un array, en realidad se trata de un objeto de tipo `HTMLColection` (muy similar a un array). Tanto es así, que también dispone del atributo `length` y permite el acceso a sus elementos mediante la misma notación de corchetes ([]) utilizada en los arrays. Sin embargo, y a pesar de todas estas coincidencias, no dispone de los métodos propios de los arrays, como `pop()`, `push()`, `join()`, etc.

Si está interesado en saber más de este objeto, visite la página https://developer.mozilla.org/es/docs/Web/API/HTMLCollection.

Para poner en práctica este nuevo método, el siguiente código hace uso de la clase asociada a las etiquetas `<h1>` y `<h4>` ("cabecera") para que ambas muestren aleatoriamente un color cada vez que se cargue la página en el navegador:

```
const listaCabeceras = document.getElementsByClassName("cabecera");
let color="hsl(" + Math.floor(Math.random() * 361) + ",100%," + "50%)";
for (let i = 0; i < listaCabeceras.length; i++) {
  listaCabeceras[i].style.color = color;
}
```

En primer lugar, se obtiene la lista de etiquetas asociadas a la clase "cabecera" con el método `getElementsByClassName()`. Luego, se crea un color HSL a partir de un valor de matiz aleatorio (este se mueve en el rango 0-360). Por último, se utiliza un bucle `for` para asignar dicho color a todos los elementos que comparten dicha clase.

HSL es un espacio de color (como el RGB) en el que cada color se especifica mediante los tres componentes de los que toma el nombre: el matiz (*hue*), que representa el tono del color, su saturación o grado de pureza (*saturation*) y el nivel de luz (*lightness*).

Ahora, cada vez que refresque la página el color de ambas cabeceras será diferente, tal como puede ver en esta imagen, donde aparecen con un tono azul claro.

EL DOM también permite acceder a un elemento del documento por el nombre de la etiqueta. Para ello, ofrece el siguiente método:

```
document.getElementsByTagName(nombre)
```

Al igual que el método anterior, este también devuelve una lista de elementos representada como un objeto de tipo HTMLColection. Además, el argumento es un texto que podría incluir los nombres de varias etiquetas, incluso, tomar el valor "*", en cuyo caso, devolvería todas las que componen el documento.

Con el fin de ver los resultados de este nuevo método, sustituya el código JavaScript anterior por este otro:

```
const listaParrafos = document.getElementsByTagName("p");
for (let i = 0; i < listaParrafos.length; i++) {
  listaParrafos[i].style.color = "white";
  listaParrafos[i].style.backgroundColor = "black";
}
```

La primera sentencia invoca el método getElementsByTagName() con el fin de obtener todos los párrafos (etiquetas <p>) del documento. Luego, se utiliza un bucle for para asignarles un color de tinta blanco sobre un fondo negro (propiedades de estilo color y backgroundColor).

El resultado de la ejecución de este script se muestra a continuación:

Si los métodos descritos hasta el momento le permitían acceder a un elemento HTML por su identificador, la clase a la que pertenece o el nombre de su etiqueta, con estos otros podrá hacerlo de forma más precisa y elaborada mediante un selector CSS:

```
document.querySelectorAll(selector)
document.querySelector(selector)
```

El primer método devuelve la lista de nodos (objetos de tipo node) que cumplen con el selector indicado como argumento, mientras que el segundo devuelve solo el primero de ellos como como un objeto de tipo element.

> ℹ️ Los elementos se ordenan según la posición que ocupan en el documento HTML (de arriba hacia abajo).

> ℹ️ Recuerde que la diferencia entre un objeto de tipo node y otro de tipo element es que el primero puede ser cualquier nodo de la estructura jerárquica del DOM y el segundo solo aquellos que representan elementos HTML.

Tal como se acaba de indicar, el valor devuelto por el método querySelectorAll() es una lista de nodos que, en este caso, es un objeto de tipo NodeList. Este objeto es similar a HTMLColection, por lo que dispone del atributo `length` y se accede a sus elementos de la misma forma. Sin embargo, existen dos grandes diferencias entre ellos:

- A los elementos contenidos en un objeto `HTMLCollection` se puede acceder por el nombre de la etiqueta, su identificador o su posición (índice), mientras que a los de un `NodeList` solo se puede usar su posición (índice).

- Si se agregara de forma dinámica un nuevo elemento al DOM (una nueva etiqueta), este formaría parte automáticamente del objeto `HTMLCollection`. Esto no sucede con las listas de nodos almacenadas en un objeto `NodeList`, que permanecería inalterable una vez cargada la página.

Esta última diferencia es muy importante, ya que es el motivo de que los métodos `getElementsByClassName()` y `getElementsByTagName()` devuelven las etiquetas mostradas por el navegador en todo momento, mientras que `querySelectorAll()` y `querySelector()` solo las que había en el momento de cargar la página (no las creadas o borradas dinámicamente). Téngalo muy en cuenta, ya que es motivo de errores difíciles de resolver.

Para conocer en detalle el objeto `NodeList`, visite la página https://developer.mozilla.org/es/docs/Web/API/NodeList.

Como ejemplo de uso del primero de estos métodos, este código hace exactamente lo mismo que el anterior (cambia el color de las cabeceras aleatoriamente), solo que ahora la lista de elementos que comparten la misma clase ("cabecera") se obtienen con el método `querySelectorAll()`, en vez de `getElementsByClassName()`:

```
const listaCabeceras = document.querySelectorAll(".cabecera");
let color="hsl(" + Math.floor(Math.random() * 361)+",100%,"+"50%)";
for (let i = 0; i < listaCabeceras.length; i++) {
  listaCabeceras[i].style.color = color;
}
```

Advierta que en CSS el nombre de una clase va precedido de un punto ('.').

Naturalmente, el argumento de estos nuevos métodos también pueden ser selectores compuestos. Por ejemplo, remplace la primera sentencia del código anterior por esta otra para que solo se obtengan las cabeceras (etiquetas vinculadas a la clase "cabecera") que haya dentro de un contenedor <div>, no todas las del documento:

```
const listaCabeceras = document.querySelectorAll("div .cabecera");
```

Al volver a cargar la página observará que esta vez la cabecera <h1> mantiene su color original (negro). Solo cambia aleatoriamente el de la cabecera <h4> que precede a los párrafos que cuentan la historia de la Fontana de Trevi.

9.3.2 Acceso a través de la estructura del DOM

Los métodos descritos en la sección anterior permitían acceder a los elementos HTML de un documento por el nombre de las etiquetas, su identificador (atributo id), la clase a la que estuvieran asociadas (atributo class) o, incluso, haciendo uso de un selector CSS. En ningún caso se ha empleado la estructura en árbol que caracteriza el modelo de objetos del documento (DOM).

En esta sección, los elementos serán accedidos a través de las relaciones de parentesco entre los nodos que los representan. Para ello, y a diferencia de los métodos estudiados en la sección anterior, pertenecientes al objeto document, en este caso se utilizarán los siguientes atributos del objeto element:

- `parentNode` o `parentElement`. Nodo padre o elemento padre. En este último caso, si el nodo padre no fuera de tipo elemento, su valor sería `null`.

- `firstChild`, `firstElementChild`, `lastChild`, `lastElementChild`, `childNodes`, `children`. El primer nodo o elemento hijo, el último nodo o elemento hijo, todos los nodos hijos o solo los que son de tipo elemento. El orden de los elementos es el de las etiquetas a las que representan en el documento HTML (de arriba hacia abajo).

- `PreviousSibling`, `PreviousElementSibling`, `nextSibling`, `nextElementSibling`. El nodo o el elemento hermano que hay antes o después, según el orden en el que aparecen las etiquetas que representan en el documento HTML.

> Recuerde que cada nodo de la jerarquía es un objeto genérico de tipo `node`, que a su vez puede ser otro de un tipo más específico, como `text`, `comment` o `element`, según se trate del texto de una etiqueta, un comentario o de un elemento HTML (foco de estudio de esta sección).

Con el fin de poner en práctica todos estos atributos, se utilizará el mismo documento HTML con el que ha estado trabajando en la sección anterior, cuya estructura jerárquica se muestra a continuación:

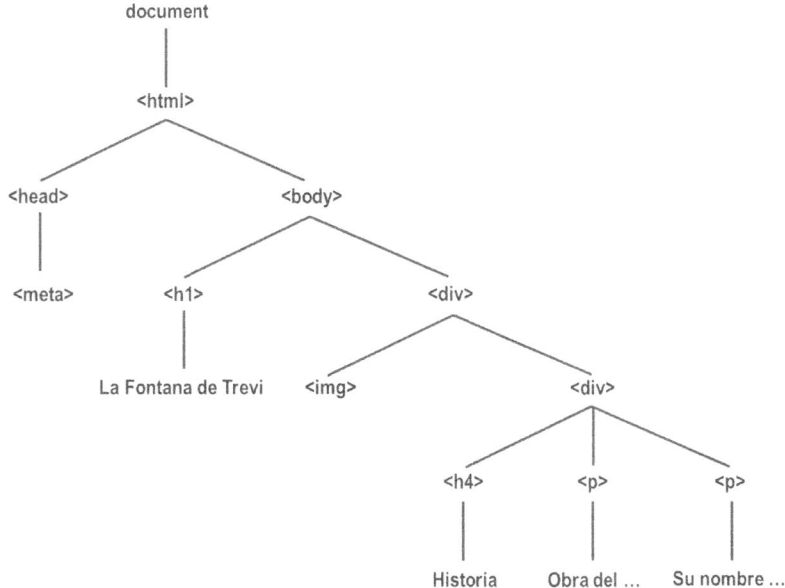

Ahora sí, veamos en detalle cada uno de estos importantes atributos del objeto element.

En primer lugar, el padre de un elemento HTML es el valor del atributo:

elemento.parentElement

Si se tratara del nodo raíz (documento) su valor sería null. Por ese motivo, si no conociera el tipo del nodo padre use este otro método:

elemento.parentNode

Por ejemplo, este código permite establecer un color de tinta blanco sobre un fondo negro en todos los elementos incluidos dentro del contenedor <div> donde se encuentran los párrafos que describen la Fontana de Trevi:

```
const listaParrafos = document.getElementsByTagName("p");
const contenedor = listaParrafos[0].parentElement;
contenedor.style.color = "white";
contenedor.style.backgroundColor = "black";
```

Inicialmente, se obtiene la lista de dichos párrafos mediante el método getElementsByTagName(). Luego, se obtiene el nodo padre del primero de ellos (podría se cualquier otro, ya que todos ellos están en el mismo contenedor), almacenado en su atributo parentElement. Por último, se modifica el color de tinta y el de fondo del contenedor, que es heredado por sus elementos hijos, un grupo de hermanos que no solo está formado por los párrafos, sino también por la cabecera <h4>.

Si los atributos anteriores permitían acceder al elemento o el nodo padre de otro, con los siguientes obtendrá la lista completa de hijos, el primogénito (el primero) o el benjamín (el último):

```
elemento.children
elemento.firstElementChild
elemento.lastElementChild
```

El valor almacenado en el atributo `children` es un objeto de tipo `HTMLCollection`. En los otros dos se trata de objetos de tipo `element`.

Si los nodos con los que se va a trabajar son de cualquier tipo (no solo elementos HTML) deberá utilizar estos otros atributos, que almacenan objetos de tipo `node` (en vez de `element`), lo suficientemente genérico para representar a cualquiera de ellos:

```
elemento.childNodes
elemento.firstChild
elemento.lastChild
```

El primero de ellos contiene un objeto de tipo `NodeList` con todos los objetos `node` hijos. En los otros dos se trata de objetos de tipo `node`.

Adicionalmente, este último método devuelve el valor `true` cuando un nodo de la jerarquía tiene hijos y `false` en caso contrario:

```
elemento.hasChildNodes()
```

Así, por ejemplo, el siguiente código cambia el estilo del primer elemento que hay dentro del contenedor que agrupa los textos que describen la Fontana de Trevi (etiqueta `<h4>` empleada de título):

```
const contenedor = document.getElementById("descripcion");
const primogenito = contenedor.firstElementChild;
primogenito.style.color = "white";
primogenito.style.backgroundColor = "black";
```

Si recuerda el código de la página HTML, la etiqueta `<div>` que agrupaba todos estos elementos tenía un identificador (atributo `id`), que es el utilizado en el método `getElementById()` para obtenerlo. A continuación, se accede a su primogénito, almacenado en el atributo `firstElementChild` y, finalmente, se modifican las propiedades que establecen su color de tinta y de fondo.

Si lo que se pretende es cambiar el estilo de los párrafos, no el de la cabecera, el código necesario sería este otro:

```
const contenedor = document.getElementById("descripcion");
const hijos = contenedor.children;
for(let x=1; x < hijos.length; x++){
    hijos[x].style.color = "white";
    hijos[x].style.backgroundColor = "black";
}
```

De nuevo, lo primero que se hace es obtener el elemento contenedor donde se encuentran los párrafos con el método `getElementById()`. A continuación, se extrae la lista de hijos almacenada en el atributo `children` y se recorren empezando por el segundo (el primero es la cabecera), es decir, aquel cuyo índice es 1, con el fin de modificar su color de tinta y de fondo.

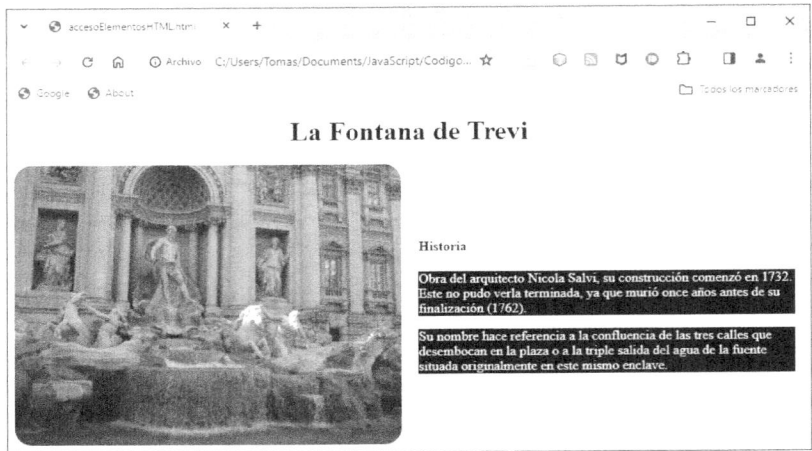

La última relación de parentesco existente entre los elementos del DOM que falta por describir es la de hermanos, es decir, la que hay entre aquellos que comparten el mismo padre. Con el fin de saber quiénes son los hermanos de un elemento HTML, los objetos de tipo `element` disponen de estos dos atributos:

```
elemento.nextElementSibling
elemento.PreviousElementSibling
```

El valor de ambos es un objeto de tipo `element` que representa al hermano mayor o al menor.

Si los nodos con los que se trabaja pueden ser de cualquier tipo (no solo elementos HTML), deberá utilizar estos otros dos atributos:

```
elemento.nextSibling
elemento.PreviousSibling
```

Como ya se habrá imaginado, el valor almacenado en estos nuevos atributos es un objeto de tipo `node`.

Si en la vida real el orden entre hermanos se establece por fecha de nacimiento (el primero sería el de mayor edad y el último el más pequeño), en un documento HTML hace referencia a su posición en el archivo. Así, el atributo `nextSibling` sería la etiqueta que hay a continuación y `PreviousSibling` la inmediatamente anterior (siempre que compartan el mismo padre). En el caso del primogénito, el valor del atributo `PreviousSibling` sería `null` (no tiene hermanos mayores). De forma similar, el atributo `nextSibling` del benjamín también sería `null`.

Para terminar de entender el concepto de nodo hermano, este código obtiene los mismos resultados que el anterior (modifica el estilo de todos los párrafos de un mismo contenedor), pero haciendo uso de uno de estos nuevos métodos:

```
const parrafos = document.querySelectorAll("p");
let parrafo = parrafos[0];
while(parrafo) {
  parrafo.style.color = "white";
  parrafo.style.backgroundColor = "black";
  parrafo = parrafo.nextElementSibling;
}
```

Inicialmente se llama al método `querySelectorAll()` para obtener todos los párrafos del documento. Luego, se accede al primero y, a continuación, se utiliza un bucle `while` para recorrer los que hay por debajo dentro del mismo contenedor mediante el atributo `nextElementSibling`. Recuerde que si un elemento no tiene hermanos pequeños, el valor de dicho atributo es `null`, lo que provocaría la salida del bucle. En consecuencia, si la página constara de más párrafos situados en otros contenedores, estos quedarían excluidos al no pertenecer a la misma familia (serían hijos de otro padre).

> Aunque, por su simplicidad, en este y otros ejercicios hubiera resultado más operativo utilizar algunos de los métodos de la sección anterior, cuando la estructura del documento HTML es muy grande, el uso de relaciones de parentesco facilita la creación del código JavaScript, especialmente si dicha estructura cambia de forma dinámica.

9.4 MODIFICACIÓN DE LA ESTRUCTURA DE UN DOCUMENTO HTML

Hasta ahora, en los diversos ejercicios que ha venido realizando ha modificado el contenido, el valor de los atributos y el de las propiedades de estilo de los elementos HTML. Sin embargo, el DOM también ofrece la posibilidad de cambiar la estructura del documento, ofreciendo métodos con los que se pueden crear nuevos elementos, borrar los existentes o solo sus atributos (no los confunda con las propiedades de estilo). Veamos la forma de hacerlo.

Cuando sea necesario añadir una nueva etiqueta a una página web, lo primero que se hay que hacer es crear el nodo correspondiente en el DOM del documento HTML con el método:

```
document.createElement(etiqueta)
```

El argumento de entrada es una cadena con el nombre de la etiqueta. El valor devuelto es un objeto de tipo element que la representa en la estructura jerárquica.

Si lo que se quiere es añadir un nodo de texto, tendría que usar este otro método:

```
document.createTextNode(texto)
```

En este caso, el valor devuelto es un nodo de tipo text.

Sin embargo, un nodo de tipo texto siempre debe colgar de otro superior (por ejemplo, un párrafo <p> o una cabecera <h1>). Por ese motivo, una vez creado deberá asociarse con el nodo padre del que dependa mediante el siguiente método:

```
nodoPadre.appendChild(nodoHijo)
```

Tanto el nodo padre como el hijo son objetos de tipo node (element o text).

Con el fin de poner en práctica estos nuevos métodos, se utilizará el mismo documento HTML de secciones anteriores. En esta ocasión, se añadirá un nuevo párrafo que aporte más información sobre la Fontana de Trevi.

```
let texto = prompt("Texto del nuevo párrafo:");
const nodoParrafo = document.createElement("p");
const nodoTexto = document.createTextNode(texto);
nodoParrafo.appendChild(nodoTexto);

const contenedor = document.getElementById("descripcion");
contenedor.appendChild(nodoParrafo);
```

La primera sentencia solicita al usuario el texto del párrafo mediante el comando prompt().

Luego, se crea el nodo de tipo elemento que representa la etiqueta <p> (nodoParrafo) y el de tipo texto (nodoTexto). La siguiente sentencia los vincula entre sí mediante la relación padre-hijo con el método appendChild().

Sin embargo, esto no es suficiente para mostrar el nuevo párrafo en pantalla, ya que todavía falta añadirlo al contenedor donde están los otros dos. Para ello, se obtiene su identificador con el método `getElementById()` y se incluye en el DOM como hijo llamando, de nuevo, al método `appendChild()`.

A continuación, se muestra el resultado obtenido con un texto de ejemplo.

Como ha podido comprobar, el nuevo párrafo se añade al final del contenedor. Si quisiera situarlo en otra posición, en vez del método `appendChild()` tendría que usar este otro, que inserta el nuevo nodo antes del indicado como referencia:

nodoPadre.`insertBefore(`*nuevoNodo*, *nodoReferencia*`)`

El resultado conseguido sería el equivalente a escribir la etiqueta que representa el nuevo nodo antes de la correspondiente a la del nodo de referencia en el documento HTML.

El siguiente código muestra cómo usar este método para añadir un subtítulo a la página utilizada de ejemplo:

```
let texto = prompt("Texto del nuevo párrafo:");
const nodoH3 = document.createElement("h3");
const nodoTexto = document.createTextNode(texto);
nodoH3.appendChild(nodoTexto);
nodoH3.style.textAlign = "center";

const nodoPadre = document.body;
const nodoReferencia = document.getElementById("contenidoPrincipal");
nodoPadre.insertBefore(nodoH3, nodoReferencia);
```

El subtítulo será una etiqueta `<h3>` situada debajo del encabezado principal `<h1>`. Por lo tanto, lo primero que se hace tras solicitar el texto al usuario mediante el comando `prompt()`, es crear el nodo de tipo elemento que la representa (`nodoH3`), el de tipo texto con su contenido (`nodoTexto`) y la relación padre-hijo entre ellos. Adicionalmente, para que el texto aparezca centrado, se asigna el valor `"center"` a la propiedad de estilo `textAlign`.

Luego se obtiene el nodo padre (`nodoPadre`), es decir, el contenedor en el que se va a mostrar en pantalla, que en este caso es el cuerpo del documento (la etiqueta `<body>`). El objeto que lo representa está almacenado en el atributo `body` del objeto `document`.

Como el subtítulo `<h3>` se quiere añadir a continuación del título `<h1>`, el nodo de referencia (`nodoReferencia`) es el contenedor `<div>` que agrupa la imagen y los párrafos, ya que es la etiqueta que hay justo después de `<h1>` en el código HTML original. Dicho contenedor será el devuelto por el método `getElementById()` a partir de su identificador (atributo `id`).

Una vez conocido el nodo padre (`nodoPadre`) y el de referencia (`nodoReferencia`), se agrega el subtítulo (`nodoH3`) entre ambos con el método `insertBefore()`.

El resultado salta a la vista:

Si los métodos anteriores añadían elementos HTML al DOM de una página, con el siguiente (perteneciente a un objeto de tipo `element`, no `document`) se eliminan:

```
elemento.remove()
```

Por ejemplo, si quisiera borrar el segundo párrafo de la página web utilizada de ejemplo, solo tendría que escribir el siguiente código:

```
const parrafo2 = document.querySelectorAll("#descripcion p")[1];
parrafo2.remove();
```

En esta ocasión, la forma de llegar al segundo párrafo del contenedor donde se encuentran los que describen la Fuente de Trevi es mediante un selector CSS, por lo que se utiliza el método querySelectorAll(). Mediante dicho selector se obtiene la lista de párrafos <p> que hay dentro del contenedor cuyo identificador (atributo id) es "descripción", de la que se extrae el segundo elemento (párrafo) utilizando su posición (la 1). Una vez obtenido el elemento, la siguiente sentencia lo borra del DOM con el método remove().

Recargue la página para comprobar que ahora solo se muestra el primer párrafo.

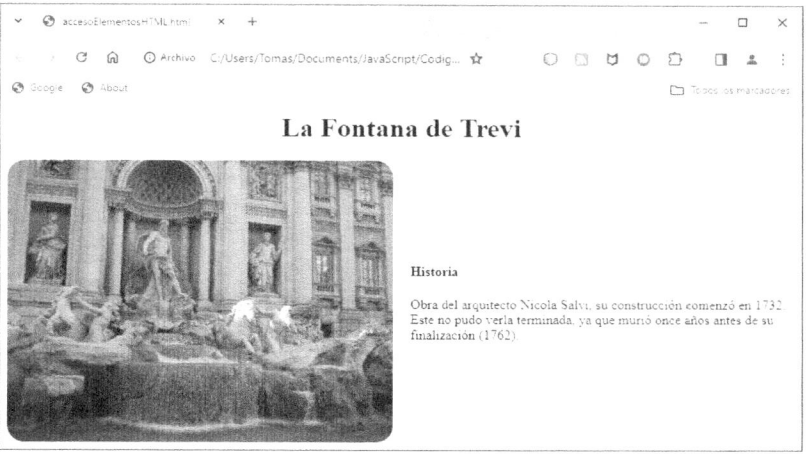

Otra forma de borrar un elemento es utilizando este otro método:

```
nodoPadre.removeChild(nodoHijo);
```

En este caso, el método que se invoca pertenece al nodo padre (objeto de tipo node), cuyo argumento es el nodo hijo que se quiere eliminar.

Si en vez de la etiqueta completa, solo quisiera borrar uno de sus atributos, invoque el siguiente método del elemento HTML (objeto de tipo element):

```
elemento.removeAttribute(atributo)
```

El siguiente código de ejemplo elimina la propiedad style de la cabecera <h1>, por lo que esta dejaría de estar centrada:

```
const nodoH1 = document.querySelector("h1");
nodoH1.removeAttribute("style");
```

La imagen mostrada a continuación lo demuestra:

> Además de crear y borrar elementos del DOM, estos también se pueden remplazar por otros con métodos como `replaceChild()`, ofrecido por los objetos de tipo `node`. Para más información visite la página https://developer.mozilla.org/en-US/docs/Web/API/node/replaceChild.

9.5 GESTIÓN DE EVENTOS

La última faceta que falta por estudiar del DOM es el manejo de eventos. En general, los eventos son sucesos que ocurren durante la ejecución de un programa. Estos pueden ser provocados por el usuario (por ejemplo, cuando escribe algo en un campo de texto o pulsa uno de los botones del ratón), por la propia aplicación (por ejemplo, cuando se termina de cargar la página o ha saltado un temporizador) o por otra aplicación con la que se comunique (por ejemplo, la recepción de una petición o de una respuesta).

Los eventos pueden estar asociados a uno o más elementos HTML (incluso al propio documento), cada uno de los cuales reaccionaría de forma diferente. Por otra parte, un elemento puede estar asociado a varios eventos, a cada uno de los cuales también reaccionaría de forma diferente.

Dicha reacción sucederá en el mismo instante en el que se produzca el evento y consistirá en la ejecución de un controlador (función) que lleve a cabo las acciones pertinentes.

Existen infinidad de eventos, por lo que en esta sección preliminar solo se van a citar los más conocidos. Veamos cuáles son, agrupados en las siguientes categorías:

- Eventos de entrada de datos
- Eventos relacionados con el foco
- Eventos generados por el teclado y el ratón

A medida que avance en la lectura de esta obra irá descubriendo nuevos eventos.

Los principales eventos relacionados con la entrada de datos realizada a través de las etiquetas `<input>`, `<select>` o `<textarea>` son:

```
input
change
```

El evento `input` ocurre cuando cambia el valor de la propiedad `value` de dichas etiquetas como resultado de una acción del usuario (por ejemplo, se escribe algo en un campo de texto o se selecciona una de las opciones de un menú).

Por el contrario, el evento `change` solo sucede una vez confirmada la entrada de datos. En el caso de los menús, *radiobutton* o *checkbox*, su comportamiento es el mismo del evento anterior, ya que la selección de una opción coincide con su confirmación. Sin embargo, cuando se trata de un campo de texto deberá pulsarse un retorno de carro o quitarle el foco una vez realizada la modificación.

Como detalle, el evento `change` se lanza cuando se marca o se desmarca la casilla de un *checkbox*, pero solo cuando se marca un *radiobutton*.

El foco es un aspecto clave de muchos elementos gráficos, especialmente en los de entrada de datos (incluso la propia ventana del navegador), ya que para desempeñar su función deben estar activos, es decir, tener el foco. Por ejemplo, para que se pueda escribir en un campo de texto antes hay que hacer clic sobre él con el ratón. Dada su importancia, existen dos eventos relacionados con el foco, el primero de los cuales se produce cuando se gana y el segundo cuando se pierde:

```
focus
blur
```

La forma habitual de interactuar con una aplicación es a través del teclado y el ratón. Por ese motivo, los eventos relacionados con estos dispositivos de entrada quizá sean los más conocidos y usados.

Entre los vinculados con el teclado, destacan:

```
keydown
keyup
```

El primero indica que se ha presionado una tecla y el segundo que ha dejado de presionarse.

 El evento `keypress` está obsoleto.

Entre los vinculados al ratón, algunos se generan cuando se sitúa sobre un elemento HTML, lo abandona o se mueve dentro de este:

```
mouseover
mouseout
mousemove
```

En cambio, otros se producen cuando se pulsa con el ratón sobre un elemento, se deja de pulsar, se realizan ambas acciones de forma rápida (se hace un clic) o se hace un doble clic:

```
mousedown
mouseup
click
dblclick
```

 La lista completa de los eventos estándar se encuentra en
https://developer.mozilla.org/es/docs/Web/Events.

Los eventos, como cualquier otro concepto, se modelan como objetos. En la siguiente sección conocerá los métodos y, sobre todo, los atributos que los caracterizan, ya que su información será la empleada por las aplicaciones para saber cómo reaccionar ante su aparición.

9.5.1 Eventos

Los eventos se representan mediante objetos de tipo event que, como cualquier otro objeto, se compone de atributos y métodos. Entre los atributos, destacan:

- target. Elemento que disparó el evento. Como un mismo evento puede estar asociado a varios elementos situados en la misma rama del DOM, este atributo solo contendría el que estuviera más abajo en la jerarquía. Por ejemplo, si un botón estuviera dentro de un contenedor y ambos fueran capaces de reaccionar al evento click, en este atributo se almacenaría el objeto que representa el botón (no el contenedor), cuyo controlador se ejecutaría por defecto.

- currentTarget. Elemento al que está asociado el controlador que se acaba de ejecutar. Recuerde que un mismo evento puede estar asociado a varios elementos, cada uno con su propio controlador. Más adelante aprenderá a controlar el orden en el que se ejecuten.

- type. Nombre (tipo) del evento. No lleva el prefijo "on" como sucede en el código HTML.

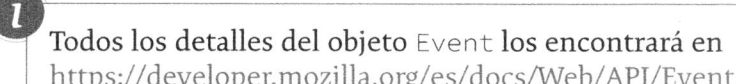

Todos los detalles del objeto Event los encontrará en https://developer.mozilla.org/es/docs/Web/API/Event.

El tipo de objeto event es genérico, motivo por el que la mayoría de los eventos pertenecen a otros más específicos, cuyas particularidades hacen que tengan sus propios atributos. En este sentido, de los eventos enumerados en la sección anterior, los únicos modelados solo como un objeto de tipo Event son input y change, y únicamente si están asociados a etiquetas que permitan la entrada de texto, como <input> y <textarea>. En el resto de casos (por ejemplo, menús desplegables, checkbox, etc.) el evento generado sería de tipo InputEvent.

Los eventos focus y blur son objetos de tipo FocusEvent.

Los eventos relacionados con el teclado (keydown y keyup) son objetos de tipo KeyboardEvent.

Por último, los eventos de ratón mouseover, mouseout, mousedown, mouseup, mousemove, click y dblclick se representan mediante objetos de tipo MouseEvent.

De todas maneras, aunque todos estos eventos se modelen mediante un tipo de objeto específico, son a su vez objetos de tipo Event. Por ese motivo, heredan sus mismos atributos, a los que se añaden aquellos propios de su naturaleza. Veamos cuáles son en cada caso.

> Esta es solo una pequeña muestra de los tipos de objetos que representan eventos. Para conocerlos todos, visite la página https://developer.mozilla.org/es/docs/Web/Events.

El objeto InputEvent hereda los atributos de Event y, además, dispone de otros más específicos como:

- data. Cadena con los caracteres introducidos en el campo de texto. Si no se insertara ningún carácter o se borraran, la cadena estaría vacía.

- inputType. Tipo de cambio realizado. Por ejemplo, cuando se añaden caracteres su valor es insertText, si se borran con las teclas Backspace o Supr sería deleteContentBackward o deleteContentForward, si se pegara un texto existente en el portapaleles, insertFromPaste, etc.

> Todos los detalles del objeto InputEvent los encontrará en https://developer.mozilla.org/en-US/docs/Web/API/InputEvent.

El objeto FocusEvent no tiene métodos propios y sus atributos relevantes son los heredados del objeto Event.

> Todos los detalles del objeto InputEvent los encontrará en https://developer.mozilla.org/en-US/docs/Web/API/element/focus_event.

Además de los atributos del objeto Event, los más destacados del objeto MouseEvent son:

- altKey, ctrlKey y shiftKey. Su valor en todos ellos sería true si, al pulsar cualquier botón del ratón, también se mantuviera presionada la tecla Alt, Ctrl o Shift, respectivamente.

- button. Botón del ratón pulsado. Su valor es 0 si se trata del izquierdo, 1 si es el central (o la rueda) y 2 si fuera el derecho.

- screenX y screenY. Coordenadas x, y donde se pulsó el ratón respecto de la pantalla.

- clientX y clientY. Coordenadas x, y donde se pulsó el ratón respecto del área visible de la ventana del navegador (*viewport*).

- pageX y pageY. Coordenadas x, y donde se pulsó el ratón respecto de todo el documento (no solo del área visible). Es decir, cuando este no cabe en pantalla y queda parcialmente oculto, su posición sería la suma de la que tiene respecto del área visible de la ventana más el ancho y/o el alto de la parte oculta.

- offsetX y offsetY. Coordenadas x, y donde se pulsó el ratón respecto del elemento donde se lanzó el evento (esquina superior izquierda interior).

Todos los detalles del objeto MouseEvent los encontrará en https://developer.mozilla.org/es/docs/Web/API/MouseEvent.

Junto con los atributos del objeto Event, los fundamentales del objeto KeyboardEvent son:

altKey, ctrlKey y shiftKey. Su valor en todos ellos sería true al pulsar la tecla Alt, Ctrl o Shift, respectivamente.

key. Contiene una cadena con la tecla pulsada (por ejemplo, "1", "a", "#", etc.). Si la tecla pulsada es de control o especial, deberá consultar su valor en https://developer.mozilla.org/en-US/docs/Web/API/UI_Events/Keyboard_event_key_values (por ejemplo, "Delete", "BackSpace", "Alt", "Escape", etc.).

Todos los detalles del objeto KeyboardEvent los encontrará en https://developer.mozilla.org/es/docs/Web/API/KeyboardEvent.

Además de atributos, el objeto evento también tiene métodos. Aunque se utilizan con menos frecuencia, hay uno que conviene conocer, ya que evita que se ejecuten las acciones que tienen asociadas por defecto los elementos HTML:

```
preventDefault()
```

Este método impide, por ejemplo, que se transmitan al servidor los datos de un formulario cuando se presiona el botón de envío (etiqueta `<input type="submit">`), que se navegue a otro URL cuando se pulsa sobre un hipervínculo (etiqueta `<a>`), etc. Esto hace posible personalizar el comportamiento de dichas etiquetas, por ejemplo, validando previamente los datos de los campos antes de transmitirlos al servidor, comprobando que el URL sea seguro, etc.

El resto de métodos los irá conociendo según se vayan necesitando.

Una vez conocidos los eventos, solo queda saber cómo hacer que los elementos HTML respondan de forma adecuada a cada uno de ellos. En la siguiente sección descubrirá cómo hacerlo.

Los eventos relacionados con la ventana se estudiarán en el siguiente capítulo, ya que el objeto que la representa (`Window`) no pertenece a la especificación DOM.

9.5.2 Controladores de eventos

Cuando se hace referencia a la interactividad de una aplicación web, a lo que realmente se alude es al comportamiento que exhibe ante los eventos que se producen durante su funcionamiento. Esto implica asociarlos a los elementos donde se generan y a las funciones (controladores) que determinan la reacción que provocan. Dicha asociación se puede realizar de dos formas:

- En el propio código HTML, mediante atributos de evento de las etiquetas.
- En el código JavaScript.

El primer método tiene el inconveniente de mezclar código HTML con JavaScript, que lo hace más confuso y difícil de mantener. Tampoco permite asociar más de un controlador a un mismo evento. No obstante, su principal desventaja es que solo atiende los eventos vinculados a los elementos del DOM, excluyendo otros como, por ejemplo, los relacionados con la ventana del propio navegador (uno de los principales objetos del BOM, que se estudiará en un capítulo posterior).

Ese es el motivo de que la mejor manera de asociar un controlador a un evento sea el siguiente método del elemento donde se genere:

```
elemento.addEventListener("evento", función)
```

El primer argumento es una cadena con el nombre del evento (va entre comillas) y el segundo es el nombre de la función que hace de controlador (sin comillas).

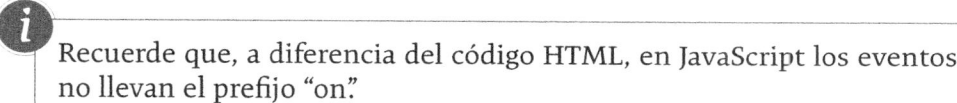

Recuerde que, a diferencia del código HTML, en JavaScript los eventos no llevan el prefijo "on".

El nombre de la función no lleva comillas porque es la referencia al objeto que la representa.

La función que hace de controlador podrá llevar opcionalmente como argumento el objeto que representa el evento producido. También podrá definirse de forma anónima de este modo:

```
elemento.addEventListener("evento", function(evento){
    ...
});
```

El método addEventListener() se puede llamar tantas veces como asociaciones entre eventos y controladores quiera que tenga un elemento. Por ejemplo, si se tratara de un campo de entrada de texto, se le podría asociar un controlador que cambiara su color de fondo cada vez que adquiriese el foco y otro que validara su contenido cuando se pulsara el retorno de carro.

Cuando quiera borrar alguna de estas asociaciones, es decir, que el elemento deje de reaccionar ante un determinado evento, utilice el método:

```
elemento.removeEventListener("evento", función)
```

Este método dispone de otros argumentos opcionales que puede consultar en https://developer.mozilla.org/es/docs/Web/API/EventTarget/removeEventListener.

Seguramente, le hayan surgido dudas sobre alguno de estos nuevos conceptos y/o cómo hacer uso de ellos. Por ese motivo, en la siguiente sección tendrá ocasión de ponerlos en práctica mediante una serie de prácticas que le ayuden a disipar dichos interrogantes.

9.5.3 Prácticas de manejo de eventos

En esta sección desarrollará tres sencillos, pero interesantes ejercicios, que le mostrarán la importancia del manejo de eventos. En el primero será capaz de validar los datos de un formulario. En el segundo podrá mover con el ratón los elementos HTML de una página web, en concreto, una imagen y un texto. En el tercero, asociará un menú desplegable a una imagen con el fin de mostrar todo tipo de información acerca de ella.

9.5.3.1 *Validación de los datos de un formulario*

Este primer ejercicio le mostrará una forma de validar los datos introducidos por el usuario en un formulario. En concreto, que haya indicado un nombre y la edad, y que esta última se encuentre comprendida entre 0 y 100 años.

Adicionalmente, se añaden dos menús desplegables generados dinámicamente. Sus opciones son elementos de arrays que podrán modificarse en el código JavaScript sin afectar el código HTML. Las entradas del primero son las comunicades autónomas contempladas er. el formulario (inicialmente Galicia y Aragón) y las del segundo son las provincias de aquella que esté seleccionada. Por lo tanto, si cambiara la comunidad autónoma en el primero, automáticamente cambiarían las provincias del segundo.

El código HTML es el siguiente:

```
<!DOCTYPE html>
<html style="max-height: 400px;">
<head>
  <meta charset="UTF-8">
  <style>
    label {
        display: inline-block;
        width: 90px;
        text-align: right;
    }
    form{
      width: 400px;
    }
    button{
      float: right;
    }
    p{
      font-weight: bold;color:red;
    }
  </style>
```

```
  </head>
  <body>
    <body>
      <form id="formulario">
        <fieldset>
          <legend>DATOS PERSONALES</legend>
          <label for="nombre">Nombre: </label>
          <input type="text" id="nombre" required>
          <br><br>
          <label for="edad">Edad: </label>
          <input type="number" id="edad" min="0" max="100" required>
          <br><br>
          <label for="c_autonoma">C. Autónoma: </label>
          <select id = "c_autonoma"></select>
          <br><br>
          <label for="provincia">Provincia: </label>
          <select id = "provincia"></select>
          <br><br>
          <button type="submit">Confirmar</button>
        </fieldset>
      </form>
      <p id="error"></p>
    <script src="validacionDatos.js"></script>
  </body>
</html>
```

A pesar de su aparente complejidad, el cuerpo de este documento solo contiene un formulario (`<form>`) cuyos elementos se agrupan dentro de una etiqueta `<fieldset>` que los enmarca dentro de un rectángulo encabezado por el texto "DATOS PERSONALES" (`<legend>`).

```
<form>
  <fieldset>
    <legend>DATOS PERSONALES</legend>
         ...
  </fieldset>
</form>
```

El formulario está formado por dos campos (`<input>`), uno de tipo texto (el atributo `type` toma el valor `"text"`) y otro de tipo numérico (el atributo type toma el valor "number"), en los que el usuario deberá introducir su nombre y su edad. Ambas etiquetas disponen del atributo required, ya que es imprescindible rellenarlos. Además, el valor de la edad tiene que estar comprendido entre 0 y 100 (atributos min y max). Los dos campos van precedidos de una etiqueta que indica la información requerida en cada uno de ellos (<label>), al igual que los menús situados a continuación (<select>), en los que se podrá seleccionar una la comunidad autónoma y una provincia. Observe que no tienen opciones, ya que serán creadas y añadidas en el código JavaScript.

En realidad, las etiquetas <select> también podrían haberse creado dinámicamente en el código JavaScript.

El formulario se completa con el botón "Confirmar" (<button>) que inicia la validación de los datos.

Después del formulario hay un párrafo (<p>) donde se mostrarían los errores de validación.

Por último, se importa el código JavaScript encargado de realizar dicha labor (<script>).

En la cabecera del documento HTML se encuentra la conocida etiqueta <meta> que determina el juego de caracteres UTF-8 y las reglas de estilo. La asociada a los textos que preceden cada elemento de entrada (los dos campos y el menú) se utiliza para alinearlos verticalmente. A este respecto, se establece un modo de presentación inline-block que, por una parte, muestra el texto al lado del elemento de entrada (en línea) pero, a diferencia del modo inline (el que tiene por defecto la etiqueta <label>), permite fijar un ancho determinado mediante la propiedad de estilo width (con el modo inline no es posible). Por último, se asigna el valor right a la propiedad de estilo text-align para dejarlas pegadas al elemento de entrada correspondiente.

La regla de estilo del formulario solo especifica su ancho, la del botón lo sitúa a la derecha y la del párrafo muestra el texto en negrita y de color rojo.

El código JavaScript es el siguiente:

```
const listaAutonomias = ["Galicia", "Aragón"];
const provinciasGalicia = ["La Coruña", "Lugo", "Orense", "Pontevedra"];
const provinciasAragon = ["Huesca", "Teruel", "Zaragoza'];
```

```javascript
const campoNombre = document.getElementById("nombre");
const campoEdad = document.getElementById("edad");
const  boton = document.querySelector("button");
const menuAutonomias = document.getElementById("c_autonoma");
const menuProvincias = document.getElementById("provincia");
const campoError = document.getElementById("error");

crearOpcionesMenu(menuAutonomias, listaAutonomias);
crearOpcionesMenu(menuProvincias, provinciasGalicia);

menuAutonomias.addEventListener("change", function(){
  borrarOpcionesMenu(menuProvincias);
  switch(menuAutonomias.value){
    case "Galicia":
      crearOpcionesMenu(menuProvincias, provinciasGalicia);
      break;
    case "Aragón":
      crearOpcionesMenu(menuProvincias, provinciasAragon);
  }
});

boton.addEventListener("click", function(evento){
  evento.preventDefault();
  let textoError = "";
  if(!campoNombre.checkValidity()){
    campoNombre.style.backgroundColor = "lightcoral";
    textoError = campoNombre.validationMessage;
  }
  else if(!campoEdad.checkValidity()) {
    campoEdad.style.backgroundColor = "lightcoral";
    textoError = campoEdad.validationMessage;
  }
    else  textoError = "Gracias por su información";
  campoError.innerHTML = textoError;
});

campoNombre.addEventListener("click", function(){
  campoNombre.style.backgroundColor = "initial";
});
```

```
campoEdad.addEventListener("click", function(){
  campoEdad.style.backgroundColor = "initial";
});

function crearOpcionesMenu(menu, listaOpciones){
  for(let x = 0; x < listaOpciones.length; x++){
    let entrada = listaOpciones[x];
    const opcion = document.createElement("option");
    opcion.value = entrada;
    const textoOpcion = document.createTextNode(entrada);
    opcion.appendChild(textoOpcion);
    menu.appendChild(opcion);
  }
}
function borrarOpcionesMenu(menu){
  while (menu.hasChildNodes()) {
    menu.removeChild(menu.firstChild);
  }
}
```

Al inicio del programa se declaran las constantes que determinan las opciones de los menús desplegables. La primera (`listaAutonomias`) corresponde al menú de las comunidades autónomas. Las otras dos contienen las provincias de cada una de ellas (`provinciasGalicia` y `provinciasAragon`).

```
const listaAutonomias = ["Galicia", "Aragón"];
const provinciasGalicia = ["La Coruña", "Lugo", "Orense", "Pontevedra"];
const provinciasAragon = ["Huesca", "Teruel", "Zaragoza"];
```

Especificadas de esta forma, podrán borrarse o añadirse nuevas comunidades autónomas y/o provincias sin necesidad de modificar el código HTML. Pero lo más interesante es que la lista de provincias mostradas en el segundo menú cambia dinámicamente según la comunidad autónoma seleccionada en el primero.

Esta misma idea podría extenderse a otros elementos de entrada como *radiobuttons* o *checklists*, incluso a campos o botones, por lo que el formulario se iría creando sobre la marcha a partir de la información proporcionada por el usuario.

Las siguientes constantes son los objetos DOM que representan los campos de entrada, el menú, el botón, los menús y el párrafo donde aparecerían los mensajes de validación.

```
const campoNombre = document.getElementById("nombre");
const campoEdad = document.getElementById("edad");
const menu = document.querySelector("select");
const  boton = document.querySelector("button");
const menuAutonomias = document.getElementById("c_autonoma");
const menuProvincias = document.getElementById("provincia");
const campoError = document.getElementById("error");
```

A continuación, se crean las opciones de los menús invocando la función `crearOpcionesMenu()`.

```
crearOpcionesMenu(menuAutonomias, listaAutonomias);
crearOpcionesMenu(menuProvincias, provinciasGalicia);
```

Esta función tiene dos argumentos, el objeto DOM que representa el menú y el array que contiene la lista de opciones.

```
function crearOpcionesMenu(menu, listaOpciones){
    …
}
```

Dentro solo hay un bucle `for` que recorre los elementos del array y los convierte en las entradas del menú:

```
for(let x = 0; x < listaOpciones.length; x++){
    …
}
```

En primer lugar, recuerde que en HTML las opciones se definen así:

```
<option value=valor>opción</option>
```

El valor del atributo `value` es el que se obtendría cuando el usuario lo seleccionara y el texto que hay entre la etiqueta de apertura y la de cierre, es el que se mostraría al desplegar el menú. Eso significa que en el modelo DOM debe haber dos nodos: uno de tipo elemento que representa la etiqueta `<option>` y otro de tipo texto por debajo con el texto de la opción.

Además, como todas las opciones dependen de un menú, el nodo que representa cada una de ellas deberá estar debajo de este (etiqueta `<select>`). La siguiente imagen muestra gráficamente la parte del DOM correspondiente al menú de comunidades autónomas:

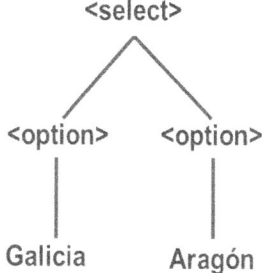

En cada interacción del bucle `for`, el texto de la opción se almacena en la variable `entrada`.

```
let entrada = listaOpciones[x];
```

Una vez conocido el texto, se crea el nodo que representa la opción (`<option>`) con el método `createElement()` y se asigna como valor del atributo `value`.

```
const opcion = document.createElement("option");
opcion.value = entrada;
```

Se ha optado por hacer coincidir el valor del atributo `value` con el texto de la opción.

Después, se crea el nodo de texto con el método `createTextNode()` y se añade como hijo de la opción con el método `appendChild()`.

```
const textoOpcion = document.createTextNode(entrada);
opcion.appendChild(textoOpcion);
```

Tras completar la construcción de la opción, se añade como nodo hijo del menú mediante el método `appendChild()`.

```
menu.appendChild(opcion);
```

Este proceso se repite para todas las opciones (elementos de la lista `listaOpciones`) hasta completar el menú.

Ahora que ya sabe cómo se crean las opciones de un menú, la siguiente sentencia permitirá cambiarlas dinámicamente. En concreto, las provincias mostradas en el segundo menú según la opción seleccionada en el primero.

Para ello, se asocia un controlador al evento change del primer menú (menuAutonomias).

```
menuAutonomias.addEventListener("change", function(){
  ...
}
```

Se trata de una función anónima que borra las entradas del segundo menú (menuProvincias) antes de añadirle las nuevas según el valor seleccionado en el primero (menuAutonomias).

```
borrarOpcionesMenu(menuProvincias);
```

El borrado de las entradas de un menú se ha encapsulado en la función borrarOpcionesMenu(). Únicamente contiene un bucle while que las va eliminando con el método removeChild() mientras todavía queda alguna (el método hasChildNodes() utilizado como condición del bucle devuelve el valor true). Recuerde que en la jerarquía DOM las entradas son los nodos hijos del menú al que pertenecen. La opción que se elimina en cada iteración es la representada como el primer nodo hijo, al que se accede mediante el atributo firstChild del propio menú.

```
function borrarOpcionesMenu(menu){
  while (menu.hasChildNodes()) {
    menu.removeChild(menu.firstChild);
  }
}
```

Una vez borradas las entradas existentes en el segundo menú, se añaden las nuevas con la conocida función crearOpcionesMenu(), cuyo segundo argumento (provinciasGalicia o provinciasAragon) vendrá determinado por el valor seleccionado en el primer menú (menuAutonomias.value) mediante una sentencia switch.

```
switch(menuAutonomias.value){
  case "Galicia":
  crearOpcionesMenu(menuProvincias, provinciasGalicia);
    break;
  case "Aragón":
  crearOpcionesMenu(menuProvincias, provinciasAragon);
}
```

Veamos a continuación cómo se realiza la validación de la información introducida en los campos de entrada. Dado que esta se inicia al pulsar el botón del formulario, el código encargado de hacerla será el controlador del evento `click` de dicho elemento.

```
boton.addEventListener("click", function(evento){

    …

})
```

Dentro, lo primero que se hace es invocar el método `preventDefault()` del evento para que no se ejecute la acción predeterminada del evento para estos casos (tratar de enviar los datos al servidor).

```
evento.preventDefault();
```

A continuación, se comprueba que el contenido de los campos en los que se debe escribir el nombre y la edad cumpla las restricciones establecidas en los atributos de las etiquetas `<input>` correspondientes. Para ello, se utiliza el siguiente método del objeto DOM que las representa (devuelve el valor `true` cuando se cumplen):

```
checkValidity()
```

En este caso en concreto, comprueba que se haya introducido algún valor en los dos campos, ya que sus etiquetas `<input>` tienen el atributo `required`. Adicionalmente, en el campo de la edad se verifica que dicho valor se encuentre entre 0 y 100 (atributos `min` y `max`).

También se hace uso de un atributo donde se almacenaría el texto de error si el método anterior devolviera el valor `false`:

```
validationMessage
```

Así pues, le código que comprueba la validez del campo donde el usuario debe introducir su nombre es:

```
if(!campoNombre.checkValidity()){
    campoNombre.style.backgroundColor = "lightcoral";
    textoError = campoNombre.validationMessage;
}
```

Como puede apreciar, si la verificación es incorrecta, además de obtener el mensaje de error, se cambia el color de fondo del campo.

El código que verifica el contenido del campo edad es similar.

```
else if(!campoEdad.checkValidity()) {
    campoEdad.style.backgroundColor = "lightcoral";
    textoError = campoEdad.validationMessage;
}
```

Finalmente, se muestra el mensaje de error en pantalla.

```
campoError.innerHTML = textoError;
```

Los dos últimos controladores solo tienen una función estética, ya que devuelven el color de fondo original a cada campo cuando se pulsa sobre él.

```
campoNombre.addEventListener("click", function(){
    campoNombre.style.backgroundColor = "initial";
})
campoEdad.addEventListener("click", function(){
    campoEdad.style.backgroundColor = "initial";
})
```

Cargue la página HTML en un navegador, asigne diferentes valores a cualquiera de los dos campos del formulario y compruebe que los mensajes de error generados automáticamente por JavaScript son los adecuados.

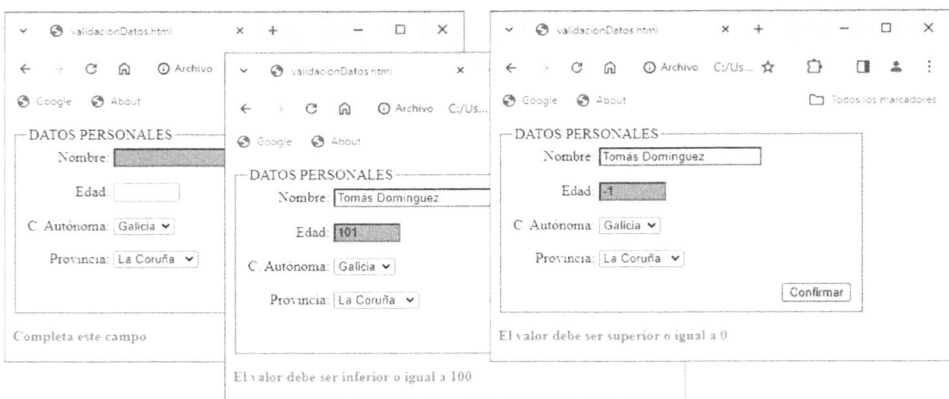

9.5.3.2 *Editor gráfico*

Aunque a primera vista puede pensar que mover los elementos de un documento HTML es algo complejo, el DOM lo convierte en un juego de niños. Solo tiene que pensar que cada uno de estos elementos son objetos capaces de atender los eventos mousedown y mousemove. El primero permitirá seleccionar el elemento y el segundo moverlo a la posición en la que se encuentre el ratón en todo momento.

Por simplicidad, la página web utilizada en este ejercicio solo tiene una imagen y un texto. Sin embargo, el código JavaScript será válido para documentos HTML con cualquier número de elementos (le animo a comprobarlo una vez finalizado el ejercicio).

A continuación, se muestran diferentes composiciones de ejemplo realizadas a partir del citado texto e imagen:

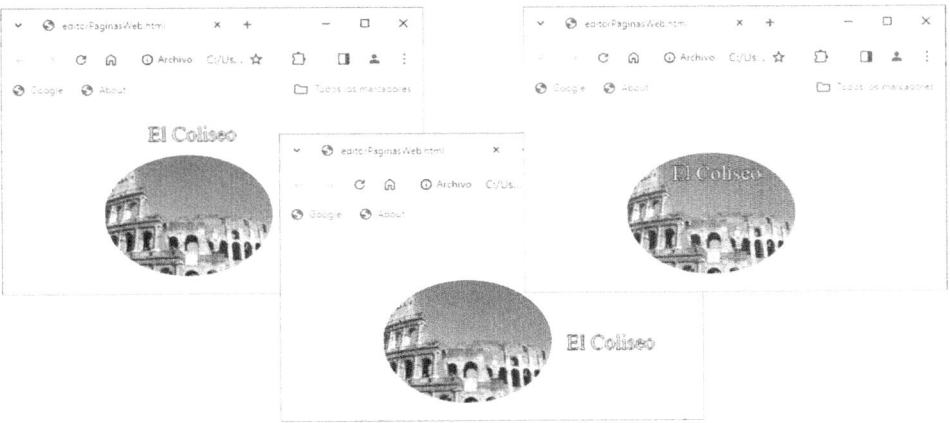

El código HTML es muy simple:

```
<html>
<head>
  <style>
    img, span{position: absolute;}
    img{
      width: 40%;
      border-radius: 50%;
    }
```

```
    span{
      font-size: 5vw;
      color: lightblue;
      text-shadow: -1px 0 black, 0 1px black, 1px 0 black, 0 -1px black;
    }
  </style>
  <script src="editorPaginasWeb.js"></script>
</head>
<body>
  <img src="../Imagenes/coliseo.jpg">
  <span>El Coliseo</span>
</body>
</html>
```

Como puede observar, el cuerpo del documento solo tiene una imagen y un texto. El texto se ha situado después de la imagen en el archivo HTML para que, al superponerse, se vea por encima. Además, y a diferencia de las imágenes, los textos deben ser parte de una etiqueta <span>. Si lo fueran de un párrafo o una cabecera (etiquetas <p>, <h1>, <h2>, etc.), tendría que incluirlos dentro de un contenedor <div>.

En la cabecera se definen las reglas de estilo. La única imprescindible para el movimiento de los elementos HTML es la primera, donde se establece un tipo de posicionamiento absoluto para la imagen y el texto.

```
img, span{position: absolute;}
```

La regla de estilo de la imagen le asigna un tamaño proporcional al ancho de la ventana del navegador (el valor de la propiedad width es un porcentaje de este) y con las esquinas redondeadas (propiedad radius). La correspondiente al texto también determina un tamaño proporcional al ancho de la ventana (la unidad del valor de la propiedad width es vw), de color azul claro (propiedad color) y un borde negro (propiedad text-shadow).

El código JavaScript también es muy sencillo:

```
let offsetX, offsetY;
let ratonPulsado = false;
let elemento;
```

```
document.addEventListener("mousedown", function(evento) {
    elemento = evento.target;
    if(elemento.nodeName != "HTML"){
        ratonPulsado = true;
        offsetX = evento.offsetX;
        offsetY = evento.offsetY;
    }
});

document.addEventListener("mouseup", function() {
    ratonPulsado = false;
});

document.addEventListener("mousemove", function(evento) {
    evento.preventDefault();
    if (ratonPulsado) {
        elemento.style.left = evento.clientX - offsetX;
        elemento.style.top  = evento.clientY - offsetY;
    }
});
```

En primer lugar, se declaran las variables utilizadas a lo largo del programa. Las dos primeras (offsetX y offsetY) son muy importantes, ya que contendrán las coordenadas del punto donde se pulsó sobre el elemento respecto de su esquina superior izquierda.

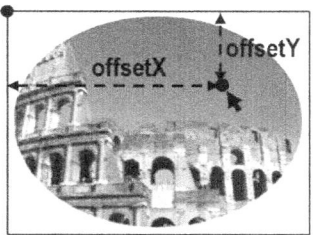

Sirven para mover el elemento a partir de su posición actual, no la del ratón, tal como verá más adelante.

```
let offsetX, offsetY;
```

La variable `ratonPulsado` es de tipo booleano y, como indica su nombre, toma el valor `true` cuando se pulsa sobre un elemento HTML, cuyo objeto se almacena en la variable `elemento`.

```
let ratonPulsado = false;
let elemento;
```

A continuación, se asocian los controladores de los eventos `musedown`, `mouseup` y `mousemove` al documento HTML (toda la página). A diferencia de ejercicios anteriores, estos se definen como funciones anónimas en el segundo argumento del método `addEventListener()`.

Lo primero que hace el controlador del evento `mousedown` es comprobar que se haya pulsado sobre un elemento y no en una zona vacía de la pantalla, es decir, que el nombre de la etiqueta no sea `<html>`. Como el objeto DOM que representa dicho elemento se encuentra en la propiedad `target` del evento, se verifica que su propiedad `nodeName` no sea "HTML." Si se cumpliera esta condición, se asignaría el valor `true` a la variable `ratonPulsado` y se obtendrían las coordenadas del punto donde se pulsó respecto de la esquina superior izquierda del elemento (propiedades `offsetX` y `offsetY` del evento).

```
document.addEventListener("mousedown", function(evento) {
    elemento = evento.target;
    if(elemento.nodeName != "HTML"){
        ratonPulsado = true;
        offsetX = evento.offsetX;
        offsetY = evento.offsetY;
    }
});
```

> ℹ️ Recuerde que en el atributo `nodeName` se guarda el nombre de la etiqueta en mayúsculas.

Cuando varios elementos de una misma rama de la jerarquía pueden generar el mismo evento, por defecto se ejecuta el controlador del que está más abajo. En la siguiente sección aprenderá a modificar este comportamiento.

El controlador del evento `mouseup` es mucho más sencillo, ya que únicamente asigna el valor `false` a la variable `ratonPulsado`.

```
document.addEventListener("mouseup", function() {
  ratonPulsado = false;
});
```

Por último, el controlador del evento `mousemove` comprueba si se mantiene pulsado el ratón (la variable `ratonPulsado` tiene el valor `true`) y, en caso afirmativo, desplaza el elemento a las coordenadas donde se encuentre el ratón en ese instante (valor de las propiedades `clientX` y `clientY` del evento), una vez restado el offset correspondiente.

```
document.addEventListener("mousemove", function(evento) {
  evento.preventDefault();
  if (ratonPulsado) {
      elemento.style.left = evento.clientX - offsetX;
      elemento.style.top  = evento.clientY - offsetY;
  }
});
```

El hecho de utilizar las propiedades de estilo `style.left` y `style.top` para establecer la nueva posición del elemento es porque `offsetLeft` y `offsetTop` son de solo lectura.

El método `preventDefault()` del evento evita que ocurra la acción predeterminada del evento (por ejemplo, cuando se mueve el ratón mientras se mantiene pulsado sobre un texto, este se va marcando/desmarcando carácter a carácter).

9.5.3.3 *Menú contextual*

En este tercer ejercicio utilizará una página HTML que muestra la imagen del Coliseo y un texto con información de interés, tal como ya ha venido haciendo en ejercicios anteriores. Como novedad, en esta ocasión al pulsar sobre la imagen aparecerá un menú desplegable cuyas opciones permitirán elegir el tipo de información en el que está interesado, en concreto, la historia, las tarifas y el horario de visitas.

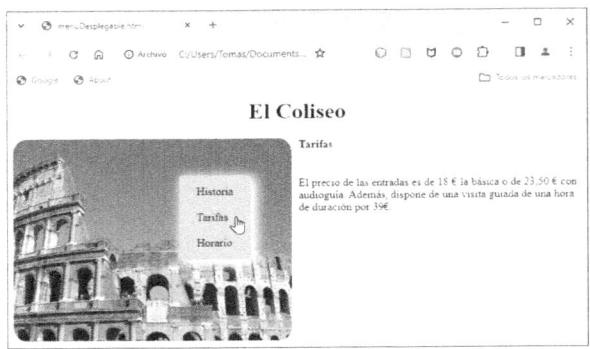

El código HTML de esta página es el siguiente:

```html
<html>
<head>
  <meta charset="utf-8">
  <link rel="stylesheet" href="menuDesplegable.css">
</head>
<body>
  <h1 id="titulo">El Coliseo</h1>
  <img src="../Imagenes/coliseo.jpg" id= "imagen">
  <div>
    <h4 id="subtitulo">Historia</h4>
    <p id="contenido">Es el monumento más significativo ...</p>
  </div>
  <ul id="menu">
    <li id="historia">Historia</li>
    <li id="tarifas">Tarifas</li>
    <li id="horario">Horario</li>
  </ul>
  <script src="menuDesplegable.js"></script>
</body>
</html>
```

Como puede observar, la cabecera solo contiene la etiqueta <meta> que determina el juego de caracteres empleado y aquella que importa el archivo donde se encuentra la hoja de estilo CSS de la página (etiqueta <link>).

El cuerpo del documento se compone de un título (etiqueta <h1>), una imagen (etiqueta <img>) y un contendor (etiqueta <div>) que agrupa el subtítulo <h4> y un párrafo <p> con la información de interés. Observe que todas las etiquetas tienen su correspondiente identificador, que será el utilizado tanto por las reglas de estilo para configurar su aspecto como por el código JavaScript para modificar su contenido dinámicamente.

Aunque se haya optado por incluir un texto inicial tanto para el subtítulo como para el contenido, podría haberse dejado vacío y poner el que se hubiera querido al comenzar la ejecución del código JavaScript.

La lista <ul> representa el menú desplegable, cuyos elementos <li> son sus opciones. Al cargar la página no se verá porque una de las propiedades de su regla de estilo lo oculta inicialmente. Tampoco aparecerá debajo del contenedor anterior (el que incluye la información de interés), tal como podría llegar a pensarse por estar después de la etiqueta <div> en el archivo HTML, ya que otra de las propiedades de su regla de estilo permitirá situarla allí donde se pulse con el ratón sobre la imagen. Al igual que el resto de etiquetas, tanto el menú como las opciones disponen de un identificador que permitirá manejarlas desde JavaScript.

Por último, la etiqueta <script> carga el código JavaScript una vez creados todos los elementos de la página.

El código CSS es el siguiente:

```
#titulo{
   text-align: center
}
#imagen{
   float: left;
   width: 49%;
   border-radius: 20px;
   margin-right: 10px;
}
#contenido{
   float: left;
   width: 49%;
}
```

```css
#menu{
  display: none;
  position: absolute;
  padding: 5px;
  list-style-type: none;
  background-color: lightblue;
  border-radius: 5px;
  box-shadow: 5px 5px 15px 5px lightcyan;
  cursor: pointer;
}
#menu li{
  margin: 0px;
  padding: 10px 20px;
}
```

Se trata de un código muy sencillo, por lo que únicamente se comentarán las dos propiedades relevantes desde el punto de vista del código JavaScript, ambas asociadas a la regla de estilo del menú (lista `<ul>` cuyo identificador es "menu"). La primera evita que aparezca en pantalla al cargar la página (`display: none`), mientras que la otra permite que pueda situarse en cualquier punto de la pantalla (`position: absolute`).

Finalmente, el código JavaScript es el siguiente:

```javascript
const imagen = document.getElementById("imagen");
const subtitulo = document.getElementById("subtitulo");
const contenido = document.getElementById("contenido");
const menu = document.getElementById("menu");
const historia = document.getElementById("historia");
const tarifas = document.getElementById("tarifas");
const horario = document.getElementById("horario");

imagen.addEventListener("click", despliegaMenu);
historia.addEventListener("click", mostrarHistoria);
tarifas.addEventListener("click", mostrarTarifas);
horario.addEventListener("click", mostrarHorario);

function despliegaMenu(evento) {
  if (evento.button == 0) {
      menu.style.display = "block";
      menu.style.top = evento.pageY;
      menu.style.left = evento.pageX;
```

```
    }
  }

  function mostrarHistoria(){
    menu.style.display = "none";
    subtitulo.innerHTML = "Historia"
    contenido.innerHTML = "Es el monumento más significativo....";
  }
  function mostrarTarifas(){
    menu.style.display = "none";
    subtitulo.innerHTML = "Tarifas"
    contenido.innerHTML = "El precio de las entradas es de 18 € ...";
  }
  function mostrarHorario(){
    menu.style.display = "none";
    subtitulo.innerHTML = "Horario"
    contenido.innerHTML = "El horario es de 9:00 a 16:30 ...";
  }
```

En primer lugar, se obtienen los elementos HTML sobre los que se va a trabajar, es decir, todos excepto el título de la página (etiqueta `<h1>`).

```
  const imagen = document.getElementById("imagen");
  const subtitulo = document.getElementById("subtitulo");
  const contenido = document.getElementById("contenido");
  const menu = document.getElementById("menu");
  const historia = document.getElementById("historia");
  const tarifas = document.getElementById("tarifas");
  const horario = document.getElementById("horario");
```

Las siguientes sentencias determinan los controladores que se ejecutarán cuando se pulse sobre la imagen o cualquiera de las opciones (`click`).

```
  imagen.addEventListener("click", despliegaMenu);
  historia.addEventListener("click", mostrarHistoria);
  tarifas.addEventListener("click", mostrarTarifas);
  horario.addEventListener("click", mostrarHorario);
```

A continuación se describirá cada uno de los controladores, empezando por el que se ejecuta al hacer clic sobre la imagen.

Este inicialmente comprueba si se ha pulsado el botón izquierdo del ratón, es decir, si el valor de la propiedad `button` del evento es 0. En ese caso, el menú (la lista) se haría visible (la propiedad de estilo display tomaría el valor "block"). Además, como su posición viene dada por las coordenadas x, y donde se pulsó, se asigna el valor de las propiedades pageX y pageY del evento a las propiedades de estilo top y left del menú.

```
function despliegaMenu(evento) {
    if (evento.button == 0) {
        menu.style.display = "block";
        menu.style.top = evento.pageY;
        menu.style.left = evento.pageX;
    }
}
```

El código de los tres últimos controladores es similar, por lo que solo se explicará el que se ejecuta cuando se pulsa sobre la primera opción del menú (el primer elemento de la lista, cuyo identificador es "Historia"). Lo único que hace es ocultar el menú (su propiedad de estilo display toma el valor "none") y asignar el texto adecuado al subtítulo y el contenido.

```
function mostrarHistoria(){
    menu.style.display = "none";
    subtitulo.innerHTML = "Historia"
    contenido.innerHTML = "Es el monumento más significativo....";
}
```

Una vez creados los archivos HTML, CSS y JavaScript cargue la página en el navegador, haga clic sobre la imagen, seleccione cualquier opción y confirme que a su derecha aparece la información correspondiente.

Con el fin de mejorar el aspecto del formulario, ¿qué le parecería cambiar el color de fondo de la opción sobre la que esté situado el ratón en ese momento?

Solo tendría que asociar los eventos `mouseover` y `mouseout` a cada una de las opciones.

```
historia.addEventListener("mouseover", marcarOpcion);
historia.addEventListener("mouseout", desmarcarOpcion);
...
tarifas.addEventListener("mouseover", marcarOpcion);
tarifas.addEventListener("mouseout", desmarcarOpcion);
...
horario.addEventListener("mouseover", marcarOpcion);
horario.addEventListener("mouseout", desmarcarOpcion);
```

En lo que respecta a los controladores, el asociado al evento `mouseover` asigna un color de fondo blanco a la opción donde se ha generado el evento (aquella sobre la que está situada el ratón), que se encuentra almacenada en la propiedad `target` del propio evento.

```
function marcarOpcion(evento){
    const opcion = evento.target;
    opcion.style.backgroundColor = "white";
}
```

Por el contrario, el controlador del evento `mouseout` devuelve el color de fondo original a la opción correspondiente.

```
function desmarcarOpcion(evento){
    const opcion = evento.target;
    opcion.style.backgroundColor = "inherit";
}
```

Después de añadir el código anterior al original, vuelva a cargar la página. Ahora el aspecto del menú será mucho más profesional.

Durante las pruebas se habrá dado cuenta de que, una vez mostrado el menú, este no desaparece hasta que no seleccione una de sus opciones. Si no quisiera elegir ninguna de ellas, una posible solución para ocultarlo sería pulsar fuera la imagen o presionar, por ejemplo, la tecla Escape. La primera solución se la dejo como ejercicio. La segunda solo requeriría añadir unas pocas líneas de código, la primera de las cuales permitiría ejecutar el controlador `ocultarMenu()` cada vez que se pulsara una tecla.

```
document.addEventListener("keydown", ocultarMenu);
```

El código de este controlador comprueba únicamente si la tecla pulsada es Escape (esta se almacena en el atributo `key` del propio evento pasado como argumento), en cuyo caso ocultaría el menú asignando el valor `"none"` a la propiedad de estilo `display`.

```
function ocultarMenu(evento){
    if(evento.key === "Escape")
        menu.style.display = "none";
}
```

Una vez añadido este nuevo código al archivo JavaScript, vuelva a cargar la página HTML y compruebe que su comportamiento sea el esperado.

9.5.4 Burbujeo de eventos

Como sabe, el DOM de una página web es una estructura jerárquica en la que, salvo el elemento raíz, todos los nodos forman parte de una rama compuesta por este y todos sus ancestros (nodos superiores). En el código

HTML del ejercicio anterior, la rama donde se encontraban las opciones del menú desplegable estaba formada por los nodos:

En el código JavaScript de ese mismo ejercicio, se asociaba un controlador al evento `click` de cada una de las opciones (etiquetas `<li>`). Pero ¿qué sucedería si dicho evento se hubiera asociado a otros controladores en el resto de nodos que hay por encima en la misma rama? Al hacer clic sobre una opción (etiqueta `<li>`) también lo estaríamos haciendo sobre el propio menú (etiqueta `<ul>`) y, en última instancia, sobre la página. En estas circunstancias, ¿qué controlador se ejecutaría? Para contestar a esta pregunta, es necesario saber que la propagación de eventos se realiza en tres fases:

1. Se busca el nodo más profundo de la rama que tenga registrado un controlador para el evento generado (*capturing phase*).

2. Se ejecuta dicho controlador (*target phase*).

3. Se sube por la rama con el fin de comprobar si hay otros nodos que tengan asociado un controlador para ese mismo evento y se ejecutan en orden ascendente (*bubling phase*).

A este proceso de ejecución de controladores ascendente se le conoce como burbujeo. Si, por ejemplo, este proceso se aplicara al código desarrollado en el último ejercicio, primero se ejecutaría el controlador de la opción seleccionada (etiqueta `<li>`), luego la del menú (etiqueta `<ul>`) y así sucesivamene hasta llegar al nodo raíz. Observe que en el burbujeo no interviene la imagen, ya que no se encuentra en la misma rama.

 Hay algunos eventos (pocos) que no burbujean. El único que conoce es `focus`.

Para demostrarlo, sustituya el código JavaScript del ejercicio anterior por este otro:

```javascript
const imagen = document.getElementById("imagen");
const menu = document.getElementById("menu");
const historia = document.getElementById("historia");
const tarifas = document.getElementById("tarifas");
const horario = document.getElementById("horario");

imagen.addEventListener("click", despliegaMenu);
menu.addEventListener("click", pulsarMenu);
historia.addEventListener("click",pulsarOpcion);
tarifas.addEventListener("click", pulsarOpcion);
horario.addEventListener("click", pulsarOpcion);

function despliegaMenu(evento) {
  if (evento.button == 0) {
      menu.style.display = "block";
      menu.style.top = evento.pageY;
      menu.style.left = evento.pageX;
  }
}

function pulsarOpcion(evento){
  menu.style.display = "none";
  alert("Se ha pulsado sobre una opción");
}
function pulsarMenu(){
  menu.style.display = "none";
  alert("Se ha pulsado sobre el menú");
}
```

El objetivo es abrir una ventana de alerta cuando se pulse sobre una opción (etiqueta `<li>`) o sobre la lista que hace de menú (etiqueta `<ul>`). De esta forma, el texto mostrado en cada una de ellas indicaría el orden en el que se ejecutan los controladores.

Este nuevo código, cuyo principal objetivo es poner de manifiesto el proceso de burbujeo, es una versión simplificada del ejercicio anterior.

Por ese motivo, se ha eliminado todo lo relacionado con la las tarifas, el horario o la historia del Coliseo.

En cambio, se ha mantenido el bloque de sentencias en el que se declaraban las constantes (excepto subtitulo y contenido, que ya no se necesitan).

También se ha conservado el bloque de sentencias que asociaba un controlador al evento click de la imagen y otro a las opciones del menú, aunque ahora el de estas últimas es diferente, pulsarOpcion(). Además se ha vinculado el controlador pulsarMenu() al menú para que también reaccione a este mismo evento.

```
imagen.addEventListener("click", despliegaMenu);
menu.addEventListener("click", pulsarMenu);
historia.addEventListener("click",pulsarOpcion);
tarifas.addEventListener("click", pulsarOpcion);
horario.addEventListener("click", pulsarOpcion);
```

> La imagen no forma parte de la misma rama en la que se encuentra el menú y sus opciones, por lo que no interviene en el proceso de burbujeo.

El controlador despliegaMenu() es el mismo del código tomado de base.

Los nuevos controladores pulsarMenu() y pulsarOpcion() ocultan el menú y muestran una ventana de alerta que indica si se ha pulsado sobre el menú o sobre alguna de sus opciones.

```
function pulsarOpcion(evento){
  menu.style.display = "none";
  alert("Se ha pulsado sobre una opción");
}
function pulsarMenu(){
  menu.style.display = "none";
  alert("Se ha pulsado sobre el menú");
}
```

Una vez cargada la página en el navegador, pulse sobre la imagen y luego seleccione una opción. Le aparecerá una ventana de alerta indicando que ha pulsado sobre una opción. Al cerrarla, se abrirá otra informando que se ha pulsado sobre el menú.

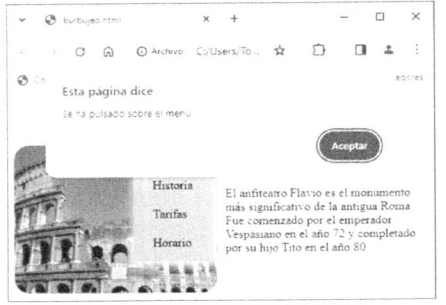

Efectivamente, JavaScript ha ido al nodo más profundo que tiene asociado un controlador para el evento `click` y lo ha ejecutado (así lo demuestra la primera ventana de alerta). En ese momento, comienza un proceso de burbujeo hacia arriba que iría ejecutando los controladores del resto de nodos, en este caso, únicamente el del menú que agrupa a todas las opciones.

Puede que este comportamiento no sea el más adecuado en determinadas situaciones. Por eso, JavaScript ofrece la posibilidad de modificarlo añadiendo al método `addEventListener()` un tercer argumento:

elemento.addEventListener(*evento*, *función*, *useCapture*)

El argumento useCapture es opcional y tiene el valor false de forma predeterminada. Si se le diera el valor true la aplicación se entraría en modo captura, aquel en el que los controladores se empezarían a ejecutar en la fase de captura del proceso de propagación del evento, no en la de burbujeo. Eso supondría ejecutar los controladores en orden descendente, no ascendente, como sucede por defecto.

Con el fin de poner de manifiesto este comportamiento, modifique la sentencia en la que se asociaba el controlador `pulsarMenu()` al evento `click` del menú invocando el método `addEventListener()` por esta otra en la que se le añade un tercer argumento cuyo valor `true`:

```
menu.addEventListener("click", pulsarMenu, true);
```

Vuelva a cargar la página. En esta ocasión, al seleccionar una opción primero aparecerá la ventana de alerta que indica que se ha pulsado sobre el menú y luego sobre la opción. Eso es porque la lista `<ul>` que representa el menú ha ejecutado su controlador justo en el momento de producirse el evento, no cuando le ha llegado de vuelta por burbujeo una vez ejecutado el de la opción.

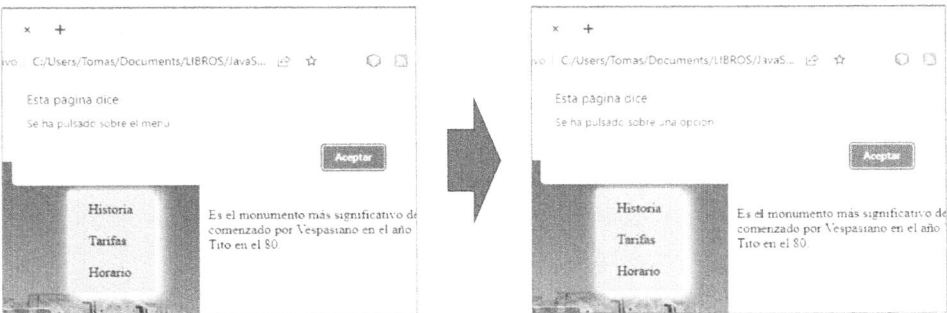

Si lo que quiere es parar la transferencia del evento hacia arriba en un punto determinado de la jerarquía, ejecute el método stopPropagation() del evento generado en el nodo donde quiera detener el burbujeo:

```
evento.stopPropagation()
```

Por ejemplo, si una vez seleccionada una opción no quisiera que se ejecutara ningún otro controlador, primero deshaga el cambio realizado en el ejercicio anterior y luego añada al código del controlador pulsarMenu() la sentencia donde se llama método stopPropagation() del evento pasado como argumento.

```
function pulsarMenu(evento){
    evento.stopPropagation();
    menu.style.display = "none";
    alert("Se ha pulsado sobre el menú");
}
```

Cargue de nuevo la página. Ahora, al seleccionar una opción solo aparecerá la ventana emergente donde se informa que se ha pulsado una opción.

Unidad 10
HERRAMIENTAS PARA DESARROLLADORES DE CHROME

Llegados a este punto, estoy seguro de que, incluso copiando el código de los diferentes ejercicios realizados hasta ahora, habrá cometido errores que le hayan impedido obtener los resultados esperados. Dada su sencillez, posiblemente no le haya llevado mucho tiempo resolverlos. Sin embargo, los programas que haga una vez completada la lectura de este libro serán más largos y complejos, lo que aumentará la probabilidad de fallos y el tipo de casuísticas que los provoca. Con frecuencia, nuestra imaginación como desarrolladores nos lleva por caminos que engañosamente creemos correctos, cuando en realidad no es así. Defectos provocados por conceptos de programación mal entendidos, la propia complejidad del de la aplicación o, simplemente, despistes y errores sintácticos, podrían dar al traste con todas nuestras esperanzas si no dispusiéramos de herramientas que nos ayudaran a entender lo que está pasando.

Aunque existen muchas de uso libre, todos los navegadores vienen con sus propias herramientas de ayuda al desarrollador, imprescindibles durante la depuración de programas JavaScript. En esta sección aprenderá a usar las de Chrome, agrupadas bajo el término DevTools. Ya conoce una de ellas, la consola, de la que se valió en un capítulo anterior para detectar problemas en el manejo de variables o cadenas de texto. Para acceder a esta y el resto de las herramientas ofrecidas por Chrome, recuerde que tiene que seleccionar la opción "Más herramientas" → "Herramientas para desarrolladores" del menú que se despliega al pulsar sobre los tres puntos verticales que hay en la esquina superior derecha de la ventana del navegador (o la combinación de teclas Ctrl+Shift+I).

Con el fin de analizar las principales características de estas herramientas, se utilizará un programa que realiza la conversión a euros de otras divisas, en concreto, del dólar, la libra y el yen. Su aspecto es el siguiente:

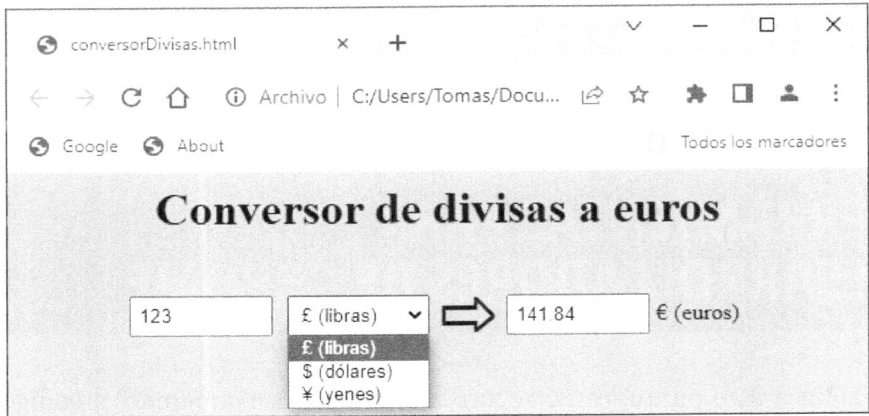

Tal como puede apreciar, la página se compone de un título, debajo del que hay:

- Un campo de entrada en el que se introduce una cantidad de dinero.

- Un menú desplegable en el que se selecciona una divisa.

- Un botón con forma de flecha que realiza la conversión.

- Un campo de solo lectura en el que aparece la cantidad equivalente en euros.

El código HTML es el siguiente:

```
<html>
<head>
  <meta charset="utf-8">
  <link rel="stylesheet" href="conversorDivisas.css">
</head>
<body>
  <h1>Conversor de divisas a euros</h1>
  <div>
    <input id= "campoDivisa" type="text" size="8" maxlength="10">
    <select id="menuDivisas">
      <option value="libra">
        £ (libras)
      </option>
```

```
          <option value="dolar">
            $ (dólares)
          </option>
          <option value="yen">
            ¥ (yenes)
          </option>
        </select>
        <button id="botonConversion">&#8680;</button>
        <input id= "campoEuro" type="text" size="8" maxlength="10" readonly>
        <p>€ (euros)</p>
      </div>
      <script src="conversorDivisas.js"></script>
    </body>
  </html>
```

En la cabecera se encuentra la etiqueta `<meta>` que establece el juego de caracteres UTF-8 y la que importa la hoja de estilo.

El cuerpo está formado por un encabezado `<h1>` y un contenedor `<div>`, cuya regla de estilo centra en pantalla los elementos que contiene. Dentro hay una etiqueta `<input>`, cuyo atributo `type` la identifica como un campo de texto (toma el valor `text`). Será donde el usuario introduzca la cantidad que quiera convertir a euros. También hay un menú desplegable (etiqueta `<select>`), cuyas opciones son las divisas con las que se va a poder realizar la conversión a euros. Luego, hay un botón que ejecuta el código que realiza la conversión. Aunque no lo parezca a primera vista, no contiene ninguna imagen sino la entidad HTML `&#8680;` correspondiente a dicho gráfico. El resultado (la cantidad equivalente en euros) se muestra en un campo de texto de solo lectura (contiene el atributo `readonly`) situado a su derecha. La última etiqueta (`<p>`) indica que se trata de dicha moneda.

Todos los elementos HTML de entrada de datos disponen de un atributo `id` que los identifica.

La última etiqueta del cuerpo importa el código JavaScript, que se describirá más adelante.

Aunque la hoja de estilo no es relevante de cara al objetivo de este capítulo, se muestra a título informativo:

```
body{
  background-color: lightgray;
}
h1{
  text-align: center;
}
```

```
div{
   display: flex;
   align-items: center;
   justify-content: center;
}
div *{
   padding: 5px;
}
div p{
   display: inline;
}
#campoDivisa{
   margin-right: 10px;
}
button{
   background-color:inherit;
   border: none;
   font-size:50px;
}
```

La primera regla es la que determina el color de fondo de la pantalla. La segunda centra horizontalmente el título `<h1>`. La tercera centra tanto horizontal como verticalmente los elementos HTML que hay dentro del contenedor `<div>`. Del resto de reglas, destacar la que afecta al párrafo que muestra el texto con la moneda destino ("€ (euros)"), en la que se asigna el valor `inline` a la propiedad `display` para que aparezca al lado del resto de elementos HTML (por defecto lo haría debajo). También merece una especial atención la que mimetiza el color de fondo del botón con el de la pantalla (propiedad `background-color`) y elimina el borde con el fin de que únicamente se vea la imagen de la flecha (propiedad `border`).

El código JavaScript es muy sencillo.

```
const eurosLibra = 1.1532;
const eurosDolar = 0.9449;
const eurosYen = 0.0063;

let eurosDivisa = eurosLibra;

const campoDivisa = document.getElementById("campoDivisa");
```

```
const campoEuro = document.getElementById("campoEuro");
const menuDivisas = document.getElementById("menuDivisas");
const boton = document.getElementById("botonConversion");

asociarControladores();

function asociarControladores(){
  menuDivisas.addEventListener("change", seleccionarDivisa);
  boton.addEventListener("click", convertirDivisa);
}
function seleccionarDivisa(){
  switch (menuDivisas.value){
     case "libra": eurosDivisa = eurosLibra; break;
     case "dolar": eurosDivisa = eurosDolar; break;
     case "yen": eurosDivisa = eurosYen;
  }
}
function convertirDivisa(){
  let valorDivisas = campoDivisa.value;
  if (valorDivisas && Number(valorDivisas) >= 0){
     let valorEuros = valorDivisas * eurosDivisa;
     campoEuro.value = valorEuros.toFixed(2);
  }
  else campoEuro.value = "";
}
```

En primer lugar, se declaran e inician las constantes con el factor de conversión de cada divisa.

```
const eurosLibra = 1.1532;
const eurosDolar = 0.9449;
const eurosYen = 0.0063;
```

La variable eurosDivisa tomará como valor el factor de conversión de la divisa seleccionada en el menú desplegable (inicialmente, el de la libra).

```
let eurosDivisa = eurosLibra;
```

Las siguientes constantes almacenan los objetos DOM que representan el campo de texto donde se introduce la cantidad en divisas (campoDivisa), el que muestra su valor equivalente en euros (campoEuro), el menú desplegable (menuDivisas) y el botón (boton).

```
const campoDivisa = document.getElementById("campoDivisa");
const campoEuro = document.getElementById("campoEuro");
const menuDivisas = document.getElementById("menuDivisas");
const boton = document.getElementById("botonConversion");
```

Después se llama a la función asociarControladores(), dentro de la que se vincula un controlador al menú y otro al botón. El primero se ejecutará cada vez que el usuario seleccione una de sus opciones (evento change) y el segundo cuando pulse el botón (evento click).

```
function asociarControladores(){
  menuDivisas.addEventListener("change", seleccionarDivisa);
  boton.addEventListener("click", convertirDivisa);
}
```

 Esta función se ha creado de manera "forzada" (no sería necesaria) para mostrar alguna de las características relevantes de la DevTools.

El controlador seleccionarDivisa() únicamente asigna a la variable eurosDivisa el valor de conversión asociado a la divisa seleccionada en el menú desplegable, que se encuentra en el atributo value del objeto DOM que lo representa (menuDivisas).

```
function seleccionarDivisa(){
  switch (menuDivisas.value){
    case "libra": eurosDivisa = eurosLibra; break;
    case "dolar": eurosDivisa = eurosDolar; break;
    case "yen": eurosDivisa = eurosYen;
  }
}
```

El controlador convertirDivisa() realiza la conversión a euros cuando se pulsa el botón. Para ello, utiliza el valor asignado a la variable eurosDivisa en el controlador anterior.

```
function convertirDivisa(){
  let valorDivisas = campoDivisa.value;
  if (valorDivisas && Number(valorDivisas) >= 0){
    let valorEuros = valorDivisas * eurosDivisa;
    campoEuro.value = valorEuros.toFixed(2);
  }
  else campoEuro.value = "";
}
```

Como puede observar, inicialmente se obtiene el valor introducido por el usuario en el campo de texto, contenido en el atributo `value` del objeto DOM que lo representa (`campoDivisa`).

Luego, se comprueba que sea un número positivo en la condición de una sentencia `if`. De confirmarse, se aplicaría el factor de conversión correspondiente a la divisa seleccionada para obtener el valor equivalente en euros y se mostraría en pantalla asignándolo al atributo `value` del campo `valorEuros`.

 El método `toFixed()` permite controlar el número máximo de decimales del valor convertido, al que redondea hacia arriba.

Aunque en el código HTML se haya establecido que el campo donde aparece el valor en euros sea de solo lectura, eso no impide que coja el foco cuando se pulsa sobre él, tal como puede ver a continuación:

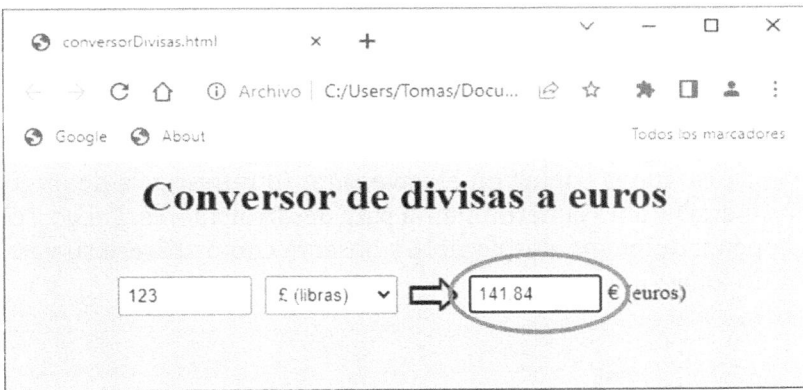

Aunque no afecta al correcto funcionamiento de la aplicación, para evitarlo asocie el controlador `quitarFoco()` al evento `focus` en dicho campo:

```
campoEuro.addEventListener("focus", quitarFoco);
```

Lo único que haría es quitarle el foco en el momento que lo ganase.

```
function quitarFoco(){
    campoEuro.blur();
}
```

Una vez conocido el código de pruebas, llegó el momento de empezar a practicar con las herramientas para desarrolladores de Chrome. Pero, antes, conocerá un método sencillo, pero muy eficaz, que le permitirá escribir mensajes de traza en la consola.

10.1 MENSAJES DE TRAZA

Los principales navegadores (entre los que no podía faltar Chrome) ofrecen un objeto mediante el que se puede acceder a su consola de depuración. Entre sus métodos, hay uno especialmente útil con el que puede mostrar mensajes de traza:

```
console.log(mensaje)
```

Aunque se trata de un mecanismo muy sencillo de depuración de código, es uno de los más utilizados, ya que en la mayoría de los casos es suficiente para saber dónde se encuentra el problema que provoca el mal funcionamiento del programa.

Con el fin de aprender a utilizarlo, añada la siguiente sentencia como la primera del controlador del menú desplegable:

```
console.log("Se ha seleccionado la opción: " + menuDivisas.value);
```

Observe que lo único que hace es mostrar en la consola la opción seleccionada.

Hecho esto, cargue la página en el navegador (o refrésquela de nuevo si ya la tenía abierta) y abra la herramienta para desarrolladores. Luego, seleccione una opción del menú desplegable y observe como aparece su valor en la consola de forma inmediata.

Naturalmente, podrá introducir las trazas que quiera y donde quiera, ya que los mensajes de cada una de ellas irán apareciendo en la consola cada vez que el flujo de ejecución pase por ellas. Por ejemplo, añada esta otra sentencia como la primera del controlador del botón:

```
console.log("Factor de conversión:" + eurosDivisa);
```

En este caso, lo que se muestra en la consola es el factor de conversión utilizado para pasar de la divisa seleccionada a euros.

Vuelva a cargar la página web, seleccione de nuevo la opción yenes y pulse el botón. Ahora, en la consola no solo se muestra la divisa seleccionada sino el factor de conversión de la moneda elegida. De esta forma, si el valor en euros no fuera el esperado se podría comprobar si el factor utilizado ha sido el adecuado.

A continuación, va a cometer un error ortográfico al declarar la constante que contiene el factor de conversión de la divisa seleccionada, de forma que en vez de eurosYen escriba euroYen.

```
const euroYen = 0.0063;
```

Una vez cargada la página en el navegador todo parece correcto, pero si seleccionara el yen como divisa e introdujera una cantidad en el campo de entrada, al pulsar el botón el valor en euros devolvería un valor incorrecto. Al abrir la consola, comprobaría que al seleccionar la divisa se produjo el siguiente error:

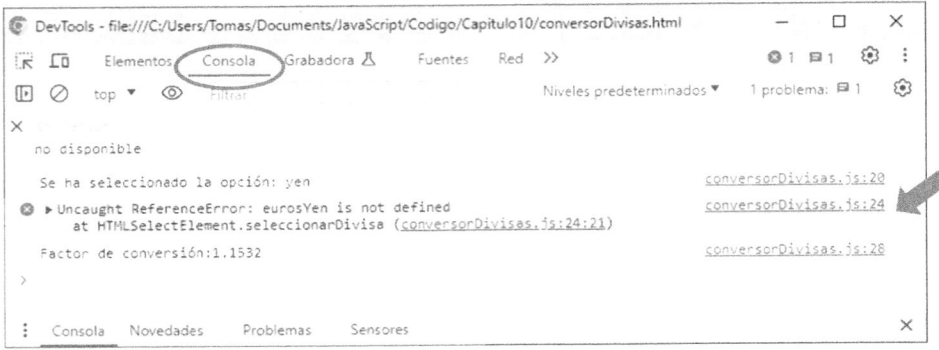

El mensaje que aparece (*"eurosYen is not defined"*) indica que la constante eurosYen no está definida. Eso ha hecho que se utilizara el valor de conversión de las libras (es el asignado inicialmente a la variable eurosDivisa), tal como demuestra el último mensaje de traza.

A la derecha del mensaje de error aparece el nombre del archivo (una página web puede importar varios archivos JavaScript) y la línea donde se ha producido el error. Pulse sobre dicho enlace, que le llevará a la pestaña "Fuentes" de las DevTools (originalmente estaba en la pestaña "Consola"), formada por una serie de paneles, uno de los cuales muestra el código JavaScript donde se aprecia claramente que en la línea 24 se hace referencia a eurosYen, constante que no existe porque se declaró erróneamente como euroYen.

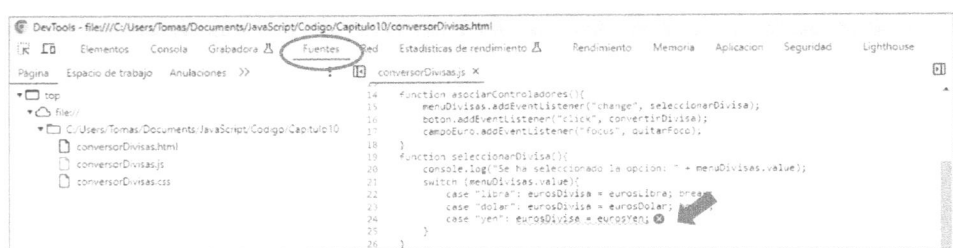

Solo habría que cambiárselo, guardar el archivo JavaScript, refrescar la página web y comprobar que ahora funciona de forma correcta.

La pestaña "Fuentes" será con la que más trabaje durante la depuración de programas. Por ese motivo, merece la pena detenerse a descubrir todo lo que ofrece en sus cuatro grandes paneles.

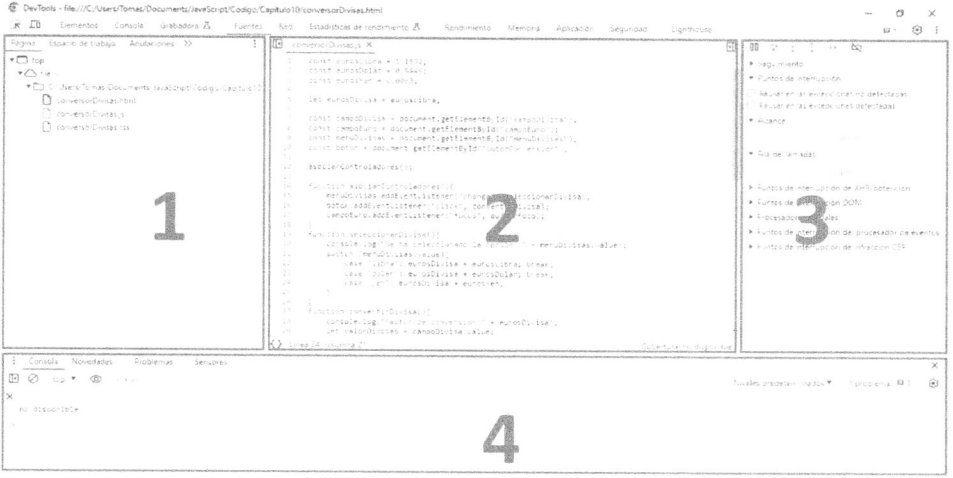

> El tamaño y la distribución de cada uno de ellos se puede configurar, por lo que puede que esta disposición no coincida con la que usted tenga.

Se trata de los siguientes:

1. Recursos. Indica el servidor en el que está almacenada la página (en este caso, el disco duro de su ordenador, file://), así como la estructura de carpetas donde se encuentran los archivos HTML, JavaScript, CSS, imágenes o cualquier otro recurso requerido por la página web.

2. Editor. Muestra el código fuente del archivo seleccionado en el panel anterior, que podría llegar a editarse.

3. Depuración. Permite controlar el flujo de ejecución del programa. Puede realizarse sentencia a sentencia desde la primera o a partir de aquella(s) donde se sospeche que pueda encontrarse el error. Además, ofrece información relevante del estado de la aplicación en cada momento, como, por ejemplo, el valor almacenado en las variables o en los atributos de los objetos manejados.

4. Consola. Exhibe tanto los mensajes de error del intérprete de JavaScript como los de traza incluidos en el código con el método `console.log()`.

Si no viera el panel de recursos o el de depuración, pulse sobre el icono mostrado a continuación, situado en la esquina superior derecha e izquierda del editor de código:

En lo que respecta al primer panel (el de recursos), en esta imagen se aprecia claramente la carpeta en la que están ubicados los tres archivos cuyo código HTML, CSS y JavaScript son necesarios para visualizar la página web:

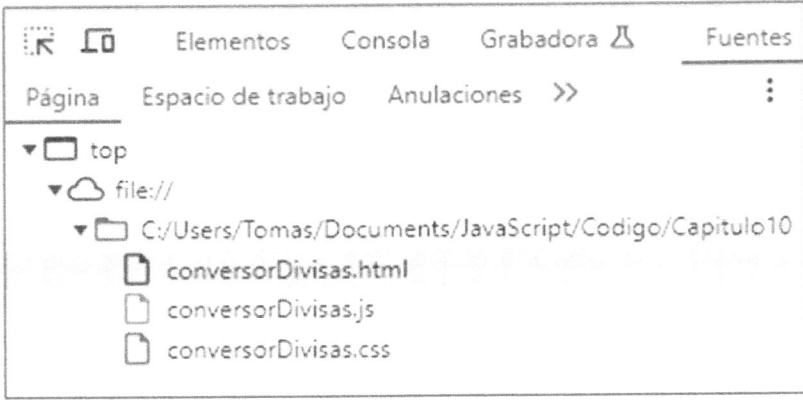

Solo tiene que pulsar en cualquier de ellos para poder ver su código en el panel derecho, cada uno en su correspondiente pestaña. En este panel no solo podrá ver el código sino, además, modificarlo y guardar los cambios, aunque le recomiendo que siga trabajando con el editor de código que use habitualmente.

```
     conversorDivisas.html      conversorDivisas.css      conversorDivisas.js  X
1        const eurosLibra = 1.1532;
2        const eurosDolar = 0.9449;
3        const euroYen = 0.0063;
4
5        let eurosDivisa = eurosLibra;
```

En el panel que hay debajo aparece la misma información que la pestaña "Consola" de la herramienta (si no la viera, pulse la tecla Esc).

```
 :   Consola  Novedades    Problemas                                                                      ×
 ▣  ⊘  top ▼  ◉  Filtrar              Niveles predeterminados ▼   No hay problemas  ▣ 2   ⚙
     Se ha seleccionado la opción: yen                                    conversorDivisas.js:17
 ⊗  ▶ Uncaught ReferenceError: eurosYen is not defined                    conversorDivisas.js:21
        at HTMLSelectElement.seleccionarDivisa (conversorDivisas.js:21:21)
 >
```

El panel de depuración agrupa las funciones de control del flujo de ejecución y las de visualización del estado de la aplicación en todo momento. Las funciones de control del flujo se realizan principalmente desde una fila de iconos situados en la parte superior.

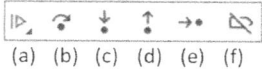

(a) (b) (c) (d) (e) (f)

Se trata de una serie de botones con los que se puede hacer los siguiente:

a) Reanuda la ejecución del programa hasta el siguiente punto de parada (breakpoint, concepto que estudiará más adelante). Si no hubiera ninguno, se saldría del modo depuración y el código seguiría ejecutándose de la forma habitual.

b) Ejecuta la siguiente sentencia y se para. Si se tratara de la llamada a una función, ejecutaría todo su código (el flujo quedaría detenido en la sentencia que hay a continuación de la llamada a la función).

c) Al igual que en el caso anterior, ejecuta la siguiente sentencia, pero, a diferencia de este, si se tratara de la llamada a una función ejecutaría su primera sentencia y se pararía en la segunda de la función.

d) Si el programa está parado dentro de una función, ejecuta el resto de sentencias que la componen y se detiene en la que hay a continuación de aquella en la que se invocó.

e) Similar a la opción que entraba en el interior de las funciones (c), pero, a diferencia de esta, ignora las llamadas asíncronas, como, por ejemplo, `setInterval()`, ya que ni entra en su código ni espera que se ejecute.

f) Activa/desactiva los breakpoints establecidos en el editor.

Debajo de los botones anteriores existen varias secciones que muestran información relevante del estado de ejecución del programa.

▸ Seguimiento

▸ Puntos de interrupción

▸ Alcance

▸ Pila de llamadas

▸ Puntos de interrupción de XHR/obtención

▸ Puntos de interrupción DOM

▸ Procesadores globales

▸ Puntos de interrupción del procesador de eventos

▸ Puntos de interrupción de infracción CSP

De todas ellas, destacan las siguientes:

- Puntos de interrupción. Aquí se encuentra la lista de puntos de interrupción.

- Alcance. Expone el valor actual de las constantes/variables, tanto locales como globales.

Para utilizar estas opciones, antes deberá añadir la sentencia debugger al código JavaScript o incluir algún breakpoint en el panel del editor allí donde quiera pausar la ejecución del programa. Empecemos analizando la primera opción.

10.2 LA SENTENCIA DEBUGGER

Esta sentencia, que generalmente suele ser la primera del archivo JavaScript, permite pausar la ejecución de la aplicación y acceder a cualquiera de las funciones de depuración ofrecidas por las DevTools. Para que tenga efecto, deberán estar abiertas antes de cargar la aplicación en el navegador.

Una vez incluida la sentencia debugger en el archivo JavaScript, al abrir la página HTML aparecerá como inhabilitada, motivo por el que presenta un tono oscuro con un mensaje que indica "Pausado en depurador". A su derecha hay dos botones cuya función es la misma que la del panel de depuración.

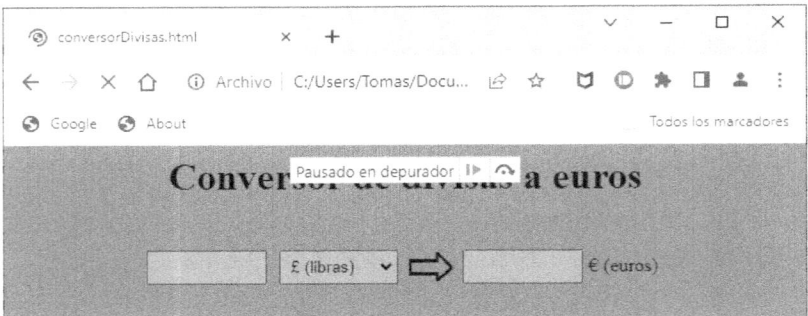

Por otra parte, en el editor de la pestaña "Fuentes" verá marcada la primera sentencia del código (debugger), lo que indica que el programa está parado en ese punto. Observe que las constantes/variables globales todavía no tienen ningún valor (si no las viera, despliegue la sección Alcance").

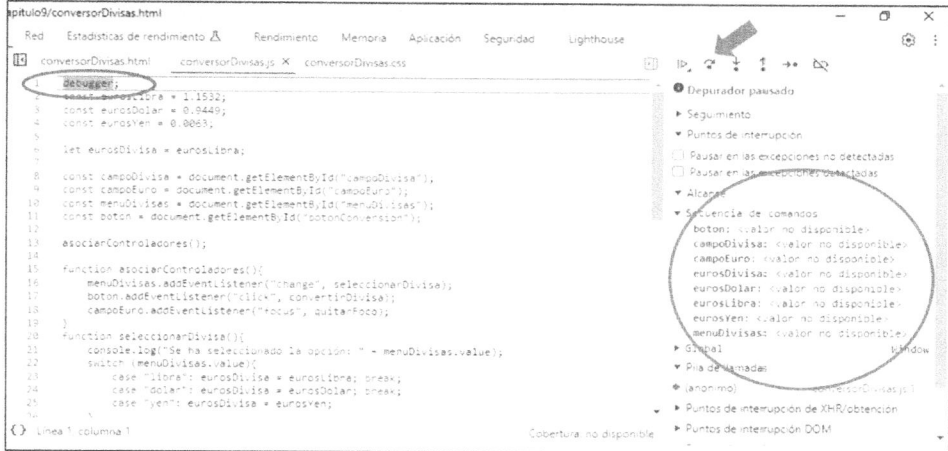

Pulse el botón del panel de depuración señalado en la imagen anterior para ejecutar esta primera sentencia. Pasará a marcarse la segunda, lo que significa que será la siguiente en hacerlo. Hasta ese momento, la constante eurosLibra no tendrá ningún valor, tal como puede comprobarse en la sección "Alcance."

Vuelva a pulsar el mismo botón para que dicha constante adquiera su valor.

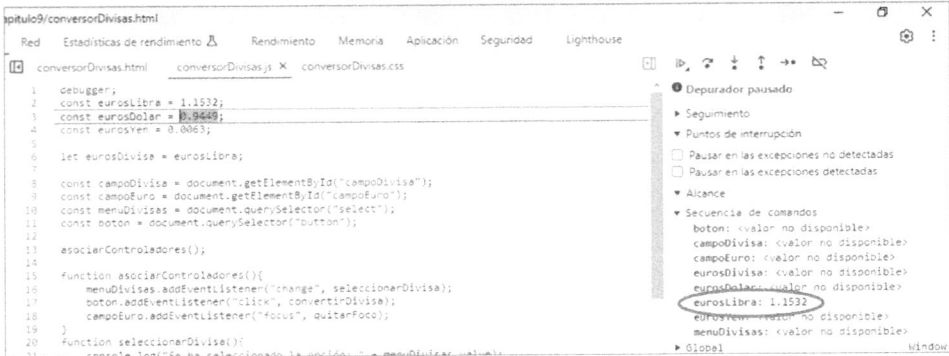

Siga avanzando sentencia a sentencia la ejecución del programa hasta que todas las constantes/variables tengan un valor, tal como se observa a continuación:

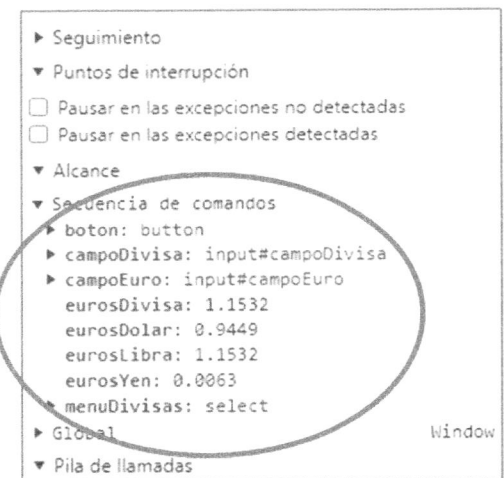

En la imagen anterior, además de las constantes que almacenan los factores de conversión (valores primitivos) también se aprecian aquellas otras que contienen los objetos DOM. Así, por ejemplo, el campo de texto en el que se encuentra la cantidad en euros (campoEuro) aparece con el nombre de la etiqueta y su identificador separados por el carácter '#' (input#campoEuro). Si pulsara sobre él se desplegarían todos sus atributos, entre los que podría confirmar los valores establecidos para id, type, size, maxlength o readonly en el propio código HTML. La siguiente imagen muestra algunos de ellos:

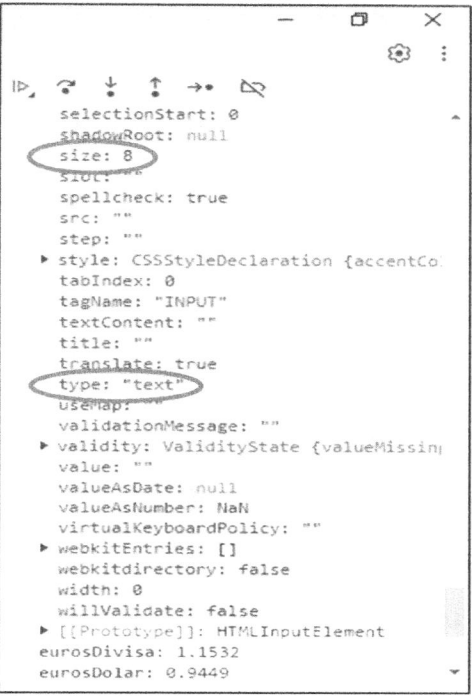

En estos momentos, el programa está parado en la llamada a la función `asociarControladores()`. Por ese motivo, al pulsar de nuevo el mismo botón del panel de depuración se ejecutaría, deteniéndose en la última línea de código del archivo JavaScript, tal como puede ver a continuación:

El resto de funciones que hay entre medias se invocarán solo cuando se produzca el evento al que están asociadas como controladores.

Vuelva a cargar la página para iniciar el proceso de depuración y avance el flujo de ejecución hasta llegar a la sentencia donde se llama a la función `asociarControladores()`. En ese momento, pulse el botón que hay a la derecha del utilizado hasta ahora (el indicado en esta otra imagen):

Como se aprecia en la imagen anterior, en esta ocasión se entra en el código de la función con el fin de ejecutarlo sentencia a sentencia (en vez de todas de golpe, como sucedía en el escenario anterior).

Si en algún momento deseara salir de la función (ejecutando el código restante), solo tendría que pulsar el botón señalado en esta otra imagen, lo que provocaría que el flujo se detenga en la sentencia que hay a continuación de aquella en la que se invocó (en este caso, la última línea de código del archivo).

Llegados a este punto, la ventana donde se había cargado la página web recupera su aspecto normal, por lo que podrá interactuar con ella de la forma habitual. En tales circunstancias, escriba un valor en el campo de entrada y pulse el botón de conversión a euros. Tal como puede ver a continuación, la página web queda deshabilitada de nuevo porque la aplicación vuelve a entrar en modo depuración al ejecutarse el controlador del evento `clic`.

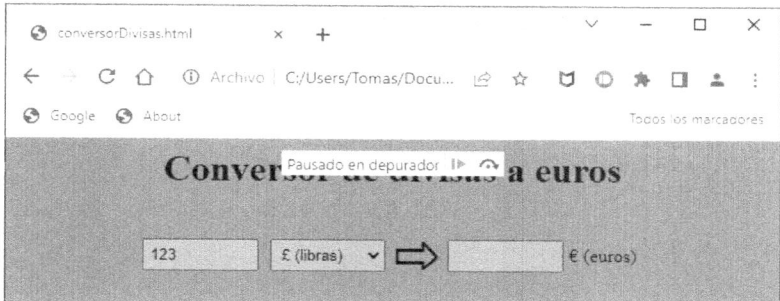

Si regresara a la ventana donde se encuentran las herramientas para desarrolladores descubriría que la aplicación está parada en la sentencia que muestra el factor de conversión en la consola. Avance hasta la siguiente sentencia.

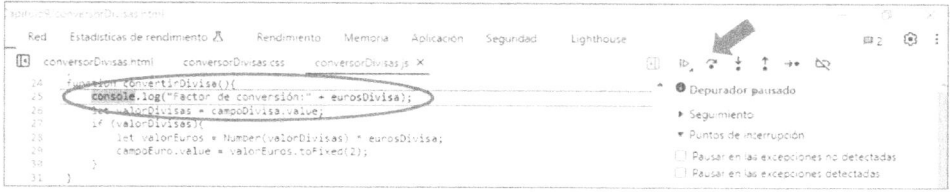

En ese instante, verá reflejado dicho valor en el panel de la consola situado en la parte inferior de la ventana.

Avance el flujo de ejecución otra sentencia. Observará que el valor introducido por el usuario en el campo de texto se asigna a la variable local `valorDivisas`. Este aparecerá a su derecha, además de en la sección

"Local" del panel de depuración (donde se encuentran las constantes/ variables locales).

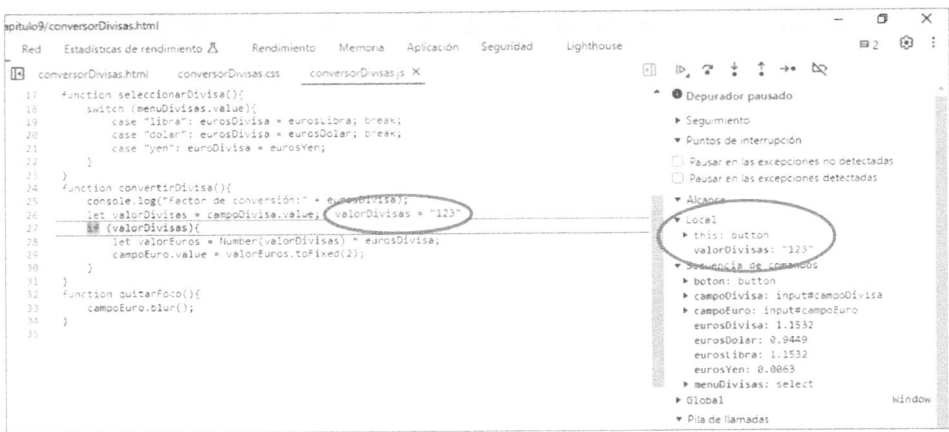

Continúe avanzando sentencia a sentencia el flujo de ejecución de esta función para comprobar el valor que toma la variable local `valorEuros` y, posteriormente, el asignado al atributo `value` del campo de texto que lo muestra en pantalla (`campoEuro`).

10.3 BREAKPOINTS

Cuando la aplicación es grande y no se tiene claro dónde se encuentra el error, el método `console.log()` es incómodo de usar porque hay que dispersarlo por todo el código. Por otra parte, la sentencia `debugger` resulta poco flexible porque, una vez que se ejecuta, la aplicación entra en modo depuración hasta que decide abandonarlo. Para evitar estos inconvenientes, lo aconsejable es añadir breakpoints en aquellos puntos del programa a partir de los que se quiera pausar la ejecución y entrar en modo depuración (en vez de hacerlo desde el principio). Los breakpoints tienen la ventaja de que permiten abandonar el modo depuración en cualquier momento con la seguridad de poder volver a entrar en él cuando el flujo de ejecución llegue al siguiente breakpoint (y no de forma definitiva, como sucedía con la sentencia `debugger`). Otra ventaja adicional es que se pueden crear y borrar dinámicamente con solo pulsar sobre el número de la sentencia correspondiente en el panel del editor.

Con el fin de aprender a utilizarlos, borre la sentencia debugger y aquellas en las que se llamaba al método console.log() del archivo JavaScript. Luego, cargue de nuevo la página, que debe mostrarse de la forma habitual. Después, abra la ventana de ayuda al desarrollador de Chrome (o vaya a ella si ya la tenía abierta) y pulse sobre el número de la primera sentencia de la función seleccionarDivisa() que se ejecuta cuando se selecciona una divisa del menú desplegable. Pulse también sobre el número de la primera sentencia de la función convertirDivisas() que se ejecuta cuando se pulsa el botón que realiza la conversión a euros. Verá unas marcas que indican la existencia de dichos breakpoints, tal como se puede ver a continuación:

En la imagen anterior se aprecia que los brakpoints que acaba de crear aparecen en la sección "Puntos de interrupción" del panel de depuración. El checklist que hay a su izquierda permite habilitarlos o deshabilitarlos.

Vuelva de nuevo a la ventana donde se ha cargado la página web y seleccione una divisa en el menú desplegable. En ese momento, Chrome pausará el programa en el breakpoint asociado a la primera sentencia de la función seleccionarDivisa() y entrará en modo depuración. A partir de entonces, podrá analizar el valor de todas las variables, controlar el flujo de ejecución, etc. Si decidiera salir de este modo, solo tendría que pulsar el botón indicado en la siguiente imagen para que la aplicación volviera a ejecutarse de forma normal.

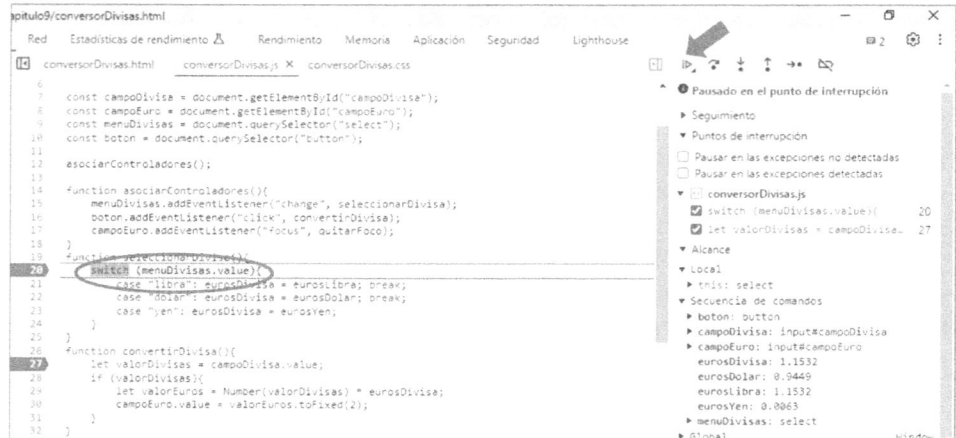

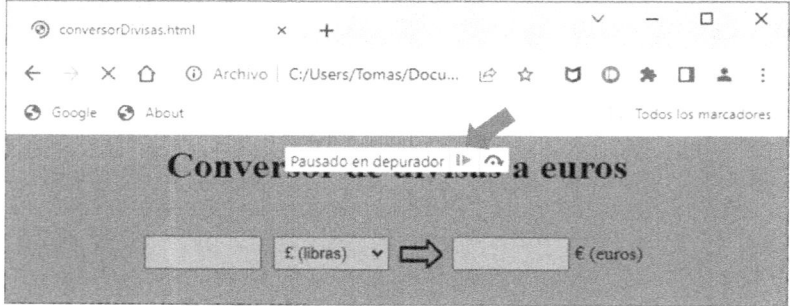

También se podría pulsar ese mismo botón en la página donde se ha cargado el conversor de divisas.

Con la aplicación de nuevo operativa, introduzca una cantidad en el campo de divisas y pulse el botón de conversión a euros. En ese instante, Chrome volverá a detener la ejecución del programa; en este caso, en el breakpoint asociado a la primera sentencia de la función `convertirDivisas()` y entrará de nuevo en modo depuración. Una vez más, tendrá la posibilidad de inspeccionar las variables que quiera y controlar el flujo de ejecución a su gusto.

Si la información que quisiera analizar no fueran datos primitivos, sino objetos, solo tendría que pulsar sobre ellos en el panel de depuración para desplegar todas sus propiedades. Por ejemplo, para saber lo que ha escrito el usuario en el campo de la divisa, pulse sobre la variable CampoDivisa donde se almacena el objeto DOM que lo representa y busque la propiedad cuyo valor le interesa (en este caso, value). Le resultará fácil porque están ordenados alfabéticamente, tal como demuestra la siguiente imagen:

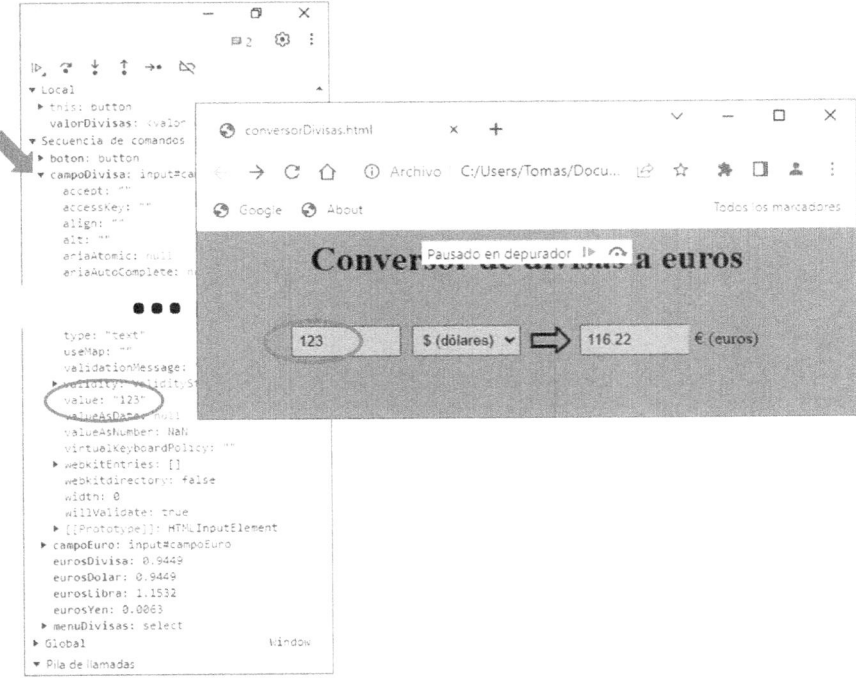

El objetivo de este capítulo no ha sido describir en detalle todas las herramientas de ayuda a los desarrolladores proporcionadas por Chrome, sino únicamente las más básicas. Aunque son suficientes para empezar a trabajar con programas sencillos, cuando vaya adquiriendo destreza en JavaScript y creando programas cada vez más complejos, necesitará conocer otras funcionalidades que le permitan avanzar de una forma más rápida y segura en sus proyectos. Llegado el caso, le animo a visitar la documentación oficial de estas herramientas, disponible en https://developers.google.com/web/tools/chrome-devtools. Allí encontrará todo lo que ofrece este navegador al desarrollador de aplicaciones web.

Unidad 11
EL BOM

Si el DOM especificaba la forma de representar cualquier documento HTML para que pudiera ser manejado desde JavaScript, el BOM (*Browser Object Model*, modelo de objetos del navegador) hace lo mismo con la ventana del navegador, el propio navegador o la pantalla en la que se muestra. También facilita el uso del GPS (*Global Positioning System*, sistema de posicionamiento global) y muchos de los sensores presentes hoy en día en la mayoría de los dispositivos móviles. Asimismo, permite el control de los recursos multimedia (audio y vídeo), además del empleo de temporizadores que hacen posible el desarrollo de animaciones, imprescindible en el desarrollo de juegos.

A diferencia del DOM, el BOM no es un estándar como tal y, en consecuencia, no hay ninguna organización encargada de mantenerlo. Sin embargo, está lo suficiente aceptado y extendido entre los principales navegadores del mercado que puede considerarse un estándar de facto.

Al igual que el DOM, el BOM tiene una estructura jerárquica. En este caso, su raíz es un objeto de tipo window que representa la ventana del navegador. En la siguiente sección descubrirá la relación que existe entre ambos modelos y hasta dónde llega su influencia. Quedará sorprendido.

11.1 LA VENTANA DEL NAVEGADOR

Tal como se acaba de indicar, en el BOM la ventana del navegador se representa mediante un objeto de tipo window. Si tuviera varias pestañas, cada una de ellas serían objetos diferentes.

El objeto window es la raíz de un modelo jerárquico cuyo segundo nivel está formado por otros objetos, entre los que destacan aquellos que representan el historial de navegación (history), el URL de la página (location), el propio navegador (navigator) o la pantalla (screen).

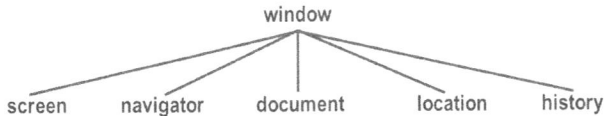

Si es observador, se habrá dado cuenta de que en la imagen anterior aparece el objeto que representa la página HTML mostrada en la ventana, document. Eso demuestra la íntima relación entre el DOM y el BOM al poner de manifiesto que el primero es en realidad una parte del segundo.

Este descubrimiento seguramente le haya resultado curioso. Sin embargo, no es la única sorpresa que esconde el objeto window, ya que también representa el objeto global del entorno de ejecución de la aplicación. Tanto es así, que las variables globales de una aplicación web son, en realidad, propiedades del objeto window, mientras que las funciones globales son sus métodos.

Por todo ello, el objeto window es considerado como el objeto supremo y el motivo de que no haga falta hacer referencia a él cada vez que se accede a uno de sus atributos (variables globales) o se invoca uno de sus métodos (funciones globales). Así, por ejemplo, los conocidos comandos alert() y prompt() son, en realidad, dos de los muchos métodos del objeto window. Para comprobarlo, solo tiene que invocarlo de la siguiente forma en cualquiera de los códigos de ejemplo realizados anteriormente:

```
window.alert(mensaje)
window.prompt(mensaje)
```

Otro ejemplo relevante es aquel en el que se usa el objeto document, ya que en realidad es el valor de una propiedad del objeto de window (la que lleva su nombre).

```
window.document
```

Por esta razón, la expresión completa que habría que utilizar para invocar cualquiera de sus métodos como, por ejemplo, getElementById(), sería:

```
window.document.getElementById(identificador)
```

A pesar de su especial naturaleza, el objeto window se compone, como cualquier otro objeto, de un conjunto de atributos y métodos. En las siguientes secciones se describirán algunos de los más destacados, agrupados según diferentes criterios.

La especificación completa del objeto window se encuentra en
 https://developer.mozilla.org/es/docs/Web/API/Window.

11.1.1 Dimensiones y posición de la ventana del navegador

Una de las características más visibles de la ventana en la que se muestra cualquier aplicación, en este caso, la del navegador, es su tamaño y la posición que ocupa en la pantalla. Como ya se habrá imaginado, esta información se almacena como atributos del objeto window, en concreto:

- innerHeight e innerWidth. Alto y ancho interior del área útil de la ventana.

- outerHeight e outerWidth. Alto y ancho que ocupa la ventana del navegador, incluyendo los elementos gráficos que formen parte de su interfaz, como, por ejemplo, las barras de herramientas, la de marcadores, las de scroll, etc.

screenX y screenY (equivalentes a screenLeft y screenTop). Distancia que hay desde el lado izquierdo y el lado superior de la ventana al correspondiente de la pantalla.

El valor de todos estos atributos de solo lectura (no se pueden modificar) viene dado en píxeles.

La siguiente imagen muestra gráficamente estos atributos:

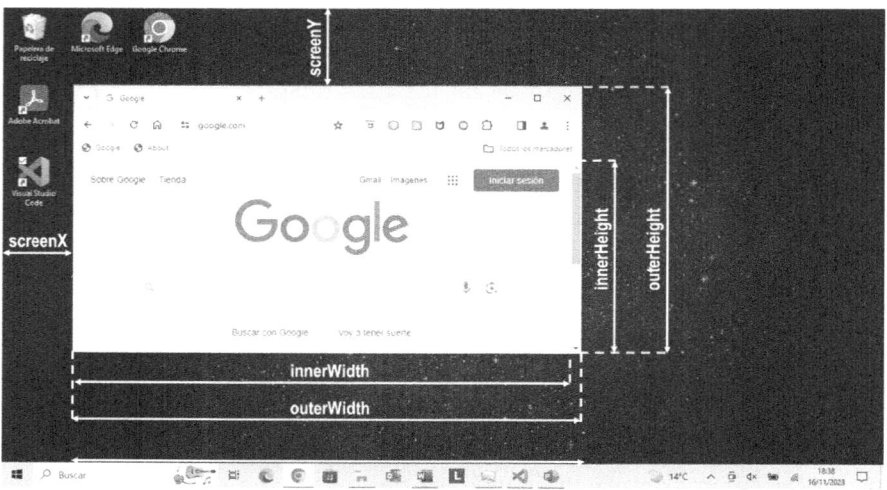

El objeto `window` también dispone de un conjunto de métodos relacionados con las dimensiones o la posición de la ventana del navegador, entre los que destacan:

- `moveTo(x, y)`. Mueve la esquina superior izquierda de la ventana a la posición especificada por las coordenadas x, y (referentes a la pantalla).

- `moveBy(desplazamientoX, desplazamientoY)`. En este caso, el movimiento de la ventana es relativo, ya que viene dado como un desplazamiento respecto de la posición actual.

- `resizeTo(ancho, alto)`. Establece el tamaño de la ventana.

- `resizeBy(IncrementoAncho, IncremenoAlto)`. En este caso, el tamaño de la ventana aumenta o disminuye de forma relativa, es decir, un determinado número de píxeles respecto del actual. Si el incremento fuera negativo, el tamaño disminuiría.

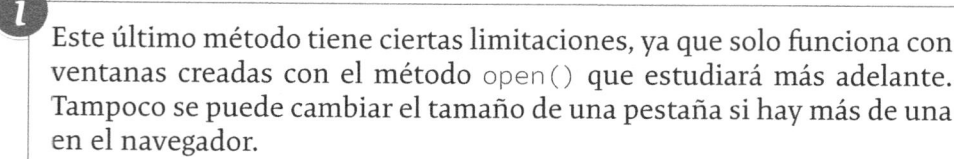

Este último método tiene ciertas limitaciones, ya que solo funciona con ventanas creadas con el método `open()` que estudiará más adelante. Tampoco se puede cambiar el tamaño de una pestaña si hay más de una en el navegador.

En lo que respecta a los eventos, el siguiente se genera cada vez que se cambia el tamaño de la ventana del navegador:

```
resize
```

Se trata de un evento de tipo `UIEvent` cuyos atributos y métodos puede encontrar en https://developer.mozilla.org/en-US/docs/Web/API/UIEvent.

 No existe ningún evento que detecte el movimiento de la ventana.

El siguiente ejercicio le permitirá practicar con este evento y alguno de los atributos anteriores. En concreto, desarrollará una página web que muestre las dimensiones del navegador en todo momento.

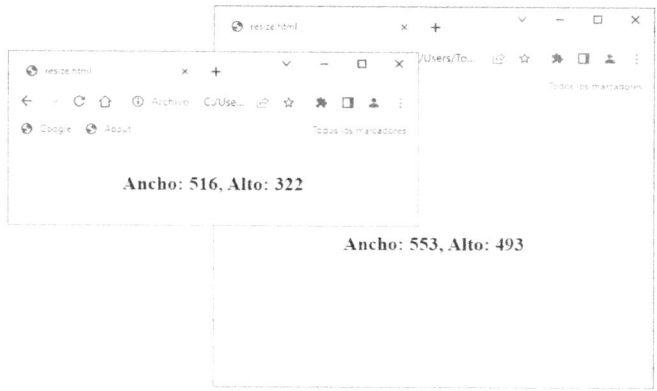

El código de la página HTML es muy sencillo:

```html
<!DOCTYPE html>
<html>
<head>
  <style>
    div {
      position: absolute;
      top: 50%;
      left: 50%;
      transform: translate(-50%, -50%);
    }
  </style>
</head>
<body>
  <div><h2></h2></div>
  <script src="resize.js"></script>
</body>
</html>
```

En el cuerpo del documento solo hay un contenedor, dentro del que se encuentra una etiqueta <h2> que muestra las dimensiones de la ventana. El contenedor se usa por razones estéticas, ya que tiene asociado una regla de estilo que lo centra horizontal y verticalmente en la pantalla.

La etiqueta <script> se sitúa al final del cuerpo del documento HTML para asegurar que esté creado el objeto que representa la etiqueta <h2> cuando empiece a ejecutarse el código JavaScript.

Su código es el siguiente:

```
mostrarDimensiones();
window.addEventListener("resize", mostrarDimensiones);

function mostrarDimensiones(){
  let ancho = window.outerWidth;
  let alto = window.outerHeight;
  document.querySelector("h2").innerHTML = "Ancho: " + ancho +
                                  ", Alto: " + alto;

}
```

En primer lugar, se llama a la función mostrarDimensiones() que refleja las dimensiones de la ventana en el momento de cargar la página HTML en el navegador.

Dentro de esta función se obtiene el ancho y el alto de la ventana del navegador accediendo a los atributos outerWidth y outerHeight del objeto window.

```
let ancho = window.outerWidth;
let alto = window.outerHeight;
```

A continuación, se compone el texto y se asigna a la propiedad innerHTML del objeto que representa la etiqueta <h2>.

```
document.querySelector("h2").innerHTML = "Ancho: " + ancho +
                                ", Alto: " + alto;
```

Finalmente, para que las dimensiones del navegador se actualicen cuando se modifique su tamaño, se asocia la función mostrarDimensiones() como controlador del evento resize.

```
window.addEventListener("resize", mostrarDimensiones);
```

Una vez editados ambos archivos cargue la página HTML en el navegador y modifique su tamaño. Esta mostrará en todo momento el ancho y el alto actuales.

11.1.2 Carga de los elementos de una página

Tal como se acaba de hacer en el ejercicio anterior, la etiqueta `<script>` siempre debe situarse después de aquellas a las que se acceda desde el código JavaScript mediante los objetos DOM que las representan (preferiblemente al final del cuerpo del documento). De esta forma, se asegura su existencia en el momento de ejecutarlo. Sin embargo, lo ideal sería que esta etiqueta pudiera situarse en cualquier parte del documento HTML, preferiblemente en la cabecera, al igual que se hace con las hojas de estilo CSS.

A este respecto, el objeto `window` dispone de un evento que se lanza cuando termina de cargarse la página y todos sus recursos, ya sean hojas de estilo, scripts, *iframes* y/o imágenes:

```
load
```

Relacionado con el evento anterior, este otro se dispara justo antes de cambiar el contexto de navegación (se va a mostrar otra página), por ejemplo, cuando se pulsa sobre un hiperenlace (etiqueta `<a>`):

```
beforeunload
```

Se suele utilizar para abrir un cuadro de diálogo en el que se pregunta al usuario si realmente desea abandonar la página actual. Si confirmara esta acción, en el controlador asociado se realizarían las actuaciones orientadas a salvaguardar la información relevante que estuviera manejando el usuario en ese momento (por ejemplo, los datos introducidos en un formulario) para que no se pierdan una vez abandone la página.

Con el fin de practicar con el primero de estos eventos (`load`), mueva la etiqueta `<script>` del documento HTML desarrollado en el ejercicio anterior a la cabecera.

```
<!DOCTYPE html>
<html>
<head>
```

```
<style>
  div {
      position: absolute;
      top: 50%;
      left: 50%;
      transform: translate(-50%, -50%);
  }
  </style>
  <script src="resize.js"></script>
</head>
<body>
  <div><h2></h2></div>
</body>
</html>
```

Si cargara de nuevo este documento en el navegador la ventana aparecería en blanco, señal de que se ha producido un error. Solo tiene que abrir la herramienta para desarrolladores de Chrome para descubrir el motivo: se ha tratado de asignar un valor al atributo innerHTML del objeto DOM que representa la etiqueta <h2>. Pero como este no existía (la página todavía no había terminado de cargarse), el valor devuelto por el método querySelector() fue null.

Para resolver este problema abra el archivo JavaScript y sustituya la primera sentencia en la que se llamaba directamente a la función mostrarDimensiones() por otra en la que se usa como controlador del evento load:

```
window.addEventListener("load", mostrarDimensiones);
window.addEventListener("resize", mostrarDimensiones);

function mostrarDimensiones(){
 let ancho = window.outerWidth;
 let alto = window.outerHeight;
 document.querySelector("h2").innerHTML = "Ancho: " + ancho +
                                      ", Alto: " + alto;
}
```

Eso hace que no se ejecute inmediatamente después de cargar el archivo JavaScript, sino cuando la página HTML haya terminado de cargarse.

Una vez realizado este último cambio, vuelva a cargar la página HTML y compruebe que esta vez sí aparecen las dimensiones de la ventana.

El evento beforeunload resulta de gran utilidad cuando el abandono de una página suponga la pérdida de información. Con el fin de mostrar cómo se emplea, en el siguiente ejercicio desarrollará una página web que simula un área de trabajo. Al tratar de salir de ella aparecerá un cuadro de diálogo informándole que podría perder los datos que estuviera manejando.

El código de la página HTML es el siguiente:

```html
<!DOCTYPE html>
<html>
<head>
  <meta charset="UTF-8">
  <style>
    a{
      float: right;
      color: white;
      background-color: blue;
      padding: 10px 20px;
      border-radius: 10px;
      font-weight: bold;
      text-decoration: none;
    }
    div {
      position: absolute;
      top: 50%;
      left: 50%;
      transform: translate(-50%, -50%);
    }
  </style>
  <script>
    window.addEventListener('beforeunload', (evento) => {
      evento.preventDefault();
    });
  </script>
</head>
<body>
  <a href="beforeunload2.html">SALIR</a>
  <div>
    <h1>ÁREA DE TRABAJO</h1>
  </div>
</body>
</html>
```

Como puede observar, el cuerpo del documento está compuesto únicamente por un hiperenlace `<a>` ("SALIR") que le llevaría a otra página ("beforeunload2.html") y un encabezado `<h1>` dentro de un contendor `<div>`.

En la cabecera se establece un juego de caracteres UTF-8 para ver correctamente los acentos (etiqueta <meta>), se definen las reglas de estilo del hiperenlace y del contenedor (etiqueta <style>) y se importa el código JavaScript (etiqueta <script>). La regla del hiperenlace lo muestra a la derecha de la ventana y le da el aspecto de un botón, mientras que la del contenedor lo centra horizontal y verticalmente en pantalla.

En esta ocasión, el código JavaScript es tan pequeño que se ha optado por incluirlo en el mismo archivo HTML. Lo único que hace es asociar un controlador al evento beforeunload. Se trata de una función anónima que ejecuta el método preventDefault() del propio evento, lo que provoca la aparición de un cuadro de diálogo donde se pide confirmación al usuario para abandonar la página (en vez de ir directamente a dicha página, que es el comportamiento por defecto del hiperenlace).

```
window.addEventListener('beforeunload', (evento) => {
  evento.preventDefault();
});
```

En este caso, el controlador no hace nada, pero en aplicaciones reales, además de la sentencia anterior, contendría otras encargadas de guardar toda aquella información que fuera necesaria en futuras sesiones.

Dentro del controlador del evento beforeunload se ignoran las llamadas a los métodos alert(), confirm() y prompt() que permiten abrir cuadros de diálogo.

Una vez desarrollada la página HTML, cárguela en un navegador y pulse sobre el enlace "SALIR". Aparecerá un cuadro de diálogo en el que, si pulsara el botón "Cancelar", volvería de nuevo a la página que trataba de abandonar. En cambio, si pulsara el botón "Confirmar", le llevaría a esta otra página web (almacenada en el archivo "beforeunload2.html").

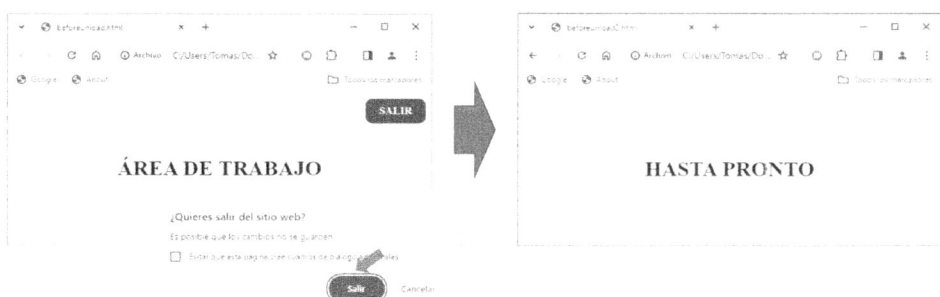

Estoy seguro de que sabrá escribir su código HTML sin ninguna dificultad.

11.1.3 Cuadros de diálogo

Los cuadros de diálogo son ventanas secundarias que permiten una comunicación simple entre el usuario y la aplicación. Todos ellos se abren con los siguientes métodos del objeto `window` (dos de los cuales le resultarán familiares):

- `alert(mensaje)`. Sobra cualquier explicación acerca de este archiconocido método.

- `confirm(mensaje)`. Pide confirmación al usuario sobre una información o una acción, motivo por el que dispone de dos botones: "Aceptar" y "Cancelar". Si pulsara sobre "Aceptar", el método devolvería el valor `true`. Si lo hiciera sobre "Cancelar", el valor devuelto sería `false`.

- `prompt(mensaje, texto inicial)`. Aparte del mensaje y los botones "Aceptar y "Cancelar", este cuadro de diálogo contiene un campo de entrada. Si pulsara el botón "Aceptar", el método devolvería el texto introducido en el campo. Si lo hiciera sobre "Cancelar", el valor devuelto sería `null`.

A continuación, se muestra un ejemplo del único cuadro de diálogo que todavía no conoce:

Aunque el método `prompt()` permita la entrada de datos a través de un campo de texto, hay ocasiones en las que se requiere obtener más información, en cuyo caso será necesario desarrollar páginas específicas que muestren formularios o cualquier otro tipo de elementos HTML más o menos elaborados. En ese caso, para abrirlas como una ventana secundaria (diferente a la de la aplicación), deberá llamar al método:

`open(URL, nombre del contexto, características)`

Todos sus argumentos son opcionales. El primero (URL) indica el recurso que se cargaría en el contexto de navegación. Si no se indicara ninguna, la ventana aparecería en blanco.

> Un contexto de navegación es aquel donde se muestra un documento HTML. Generalmente se trata de la ventana del navegador, una de sus pestañas o, incluso, un *iframe* (contexto anidado) dentro de la página.

El segundo argumento es el nombre del contexto. Puede ser cualquier cadena sin espacios en blanco o alguna de las siguientes palabras clave (determinan dónde se muestra el contexto):

- `_blank`. Es la opción por defecto, ya que abre la página en una nueva ventana.

- `_self` . La nueva página sustituye a la actual

- `_parent`. La página se carga en el contexto de navegación (`<iframe>`) padre. Si no existiera ninguno, su comportamiento sería similar a `_self`.

- `_top`. La página se carga en el contexto de navegación (`<iframe>`) más alto en la jerarquía DOM. Si no existiera ninguno, su comportamiento sería similar a `_self`.

> También es posible especificar el nombre de un contexto mediante el atributo `target` de las etiquetas `<a>` o `<form>`.

El último argumento del método `open()` es una cadena que especifica las características propias de la ventana secundaria (por ejemplo, su tamaño y/o posición en la pantalla) con este formato:

"característica=valor, ..., característica=valor"

Entre las características, se puede elegir entre:

- `width` o `innerWidth`. Ancho del área de contenido, incluidas las barras de desplazamiento. El valor mínimo es de 100 píxeles.

- `height` o `innerHeight`. Alto del área de contenido, incluidas las barras de desplazamiento. De nuevo, el valor mínimo es de 100 píxeles.

- `left` o `screenX`. Distancia entre el lado izquierdo de la ventana del navegador y el de la pantalla.

- `top` o `screenY`. Distancia entre el lado superior de la ventana del navegador y el de la pantalla.

El valor de todas ellas es un número de píxeles.

Además de las características anteriores, hay otra muy especial de tipo booleano:

```
popup
```

Si su valor fuera `true` se abriría una ventana emergente. En caso contrario, se crearía una pestaña (a no se ser que se añadiera alguna otra característica que solo fuera propia de una ventana). Así pues, para abrir un contexto en una pestaña, serviría cualquiera de estas posibilidades:

```
popup =no
popup =0
popup =false
```

Si el método `open()` abre un nuevo contexto de navegación, el siguiente cierra el contexto actual:

```
close()
```

Cuando el contexto que se quiere cerrar no es el actual, sino aquel desde el que se abrió, deberá obtener una referencia a este. Por suerte, la puede encontrar en este atributo del objeto `window`:

```
opener
```

En consecuencia, la siguiente expresión cerraría la ventana padre, es decir, aquella desde la que se abrió la ventana actual:

```
window.opener.close()
```

Por motivos de seguridad, solo se pueden cerrar aquellas ventanas que se abrieron previamente en el propio código JavaScript con el método `open()`. Por lo tanto, no se podrá cerrar la ventana desde la que se cargó inicialmente la página HTML.

Seguramente no termine de ver claro lo que es un contexto de navegación, cuál es la ventana principal de una aplicación, cuáles son las secundarias y qué relación hay entre ellas. Con el fin de aclarar y poner en práctica estos nuevos conceptos, desarrollará una página de acceso a una hipotética área privada a la que solo se pueda acceder después de autenticarse.

Su código HTML es el siguiente:

```
<!DOCTYPE html>
<html>
<head>
    <meta charset="UTF-8">
    <title>Página de acceso</title>
    <style>
        h1{
            text-align: center;
        }
        button{
            display: block;
            margin: auto;
        }
    </style>
    <script src="paginaAcceso.js"></script>
</head>
<body>
    <h1>JavaScript como nunca antes se lo habían contado</h1>
    <button onclick="abrirPopup()">ACCEDER</button>
</body>
</html>
```

En el cuerpo del documento solo hay un encabezado `<h1>` y un botón. Como novedad, a ese último se le añade el atributo `onclick` para que ejecute la función `abrirPopup()` cada vez que se pulse.

> Cuando el evento se añade como un atributo a la propia etiqueta del elemento HTML, este lleva el prefijo `on`. Además, el código JavaScript (en este caso, la llamada a la función) va entre comillas. Téngalo siempre presente porque suele ser motivo de error.

En la cabecera, además de especificar el juego de caracteres utilizado, se asigna un título a la página y se definen las reglas de estilo que centran el encabezado `<h1>` y el botón. Por último, se importa el archivo con el siguiente código JavaScript:

```
const anchoPopup = 400;
const altoPopup = 200;

function abrirPopup() {
    window.open("popupLogin.html", "popupLogin",
                `width=${anchoPopup},height=${altoPopup}`);
}
```

Como puede comprobar, solo contiene el código de la función `abrirPopup()`, en la que se invoca el método `open()` con el que se abre la ventana donde se solicita el usuario y la contraseña de acceso.

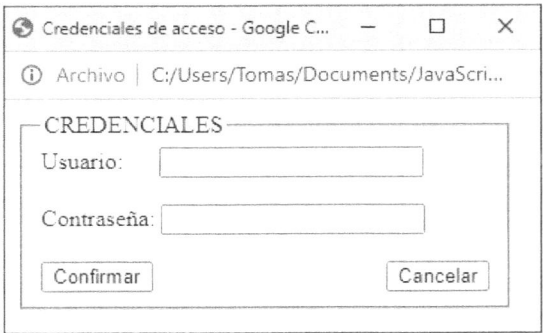

Analicemos la forma de llamar al método `open()`.

```
window.open("popupLogin.html", "popupLogin",
            `width=${anchoPopup},height=${altoPopup}`);
```

El primer argumento es el nombre del archivo que contiene el documento HTML mostrado en la ventana ("poupLogin.html"). Su código se describirá más adelante.

El segundo argumento identifica el contexto de navegación. Es importante darle un nombre, ya que de lo contrario se abriría una nueva ventana cada vez que se pulsara el botón "ACCEDER". En cambio, si se especificara un contexto, le llevaría a la ventana donde estuviera abierto (en vez de crear otra nueva).

El tercer argumento establece el ancho y el alto de la ventana. Puesto que se trata de una cadena, se utiliza una plantilla literal para incorporar el valor de las constantes que especifican su valor.

El código HTML de la página en la que se solicita el usuario y la contraseña es el siguiente:

```
<!DOCTYPE html>
<html>
<head>
   <meta charset="UTF-8">
   <meta content="width=device-width">
   <title>Credenciales de acceso</title>
   <script src=popupLogin.js></script>
</head>
<body>
   <form>
     <fieldset>
        <legend>CREDENCIALES</legend>
        <label for="Usuario">Usuario:</label>
        <input type="text" id="usuario" name="usuario"
               style="margin-left: 20px;">
        <br><br>
        <label for="Contraseña">Contraseña:</label>
        <input type="password" id="contraseña" name="contraseña">
        <br><br>
        <button onclick="accesoAreaPrivada()">Confirmar</button>
        <button onclick="cerrarPopup()" style="float: right;">
          Cancelar
        </button>
     </fieldset>
   </form>
</body>
</html>
```

Como puede apreciar, en el cuerpo del documento HTML hay un formulario compuesto por dos campos de entrada de datos (etiquetas <input>) precedidos por sendos textos (etiquetas <label>) que indican el tipo de información requerida en cada uno de ellos, además de los botones "Confirmar" y "Cancelar". La etiqueta <fieldset> se utiliza como recurso estético para enmarcar todo el conjunto en una caja con el título "CREDENCIALES" (etiqueta <legend>).

El valor del atributo type del campo de entrada de la contraseña tiene el valor "password", en vez de "text", para que no se vea lo que se escribe.

Los campos de entrada de texto tienen un identificador (atributo id) que será el utilizado en el código JavaScript para obtener el usuario y la contraseña introducidos por el usuario.

Cuando se pulse el botón "Confirmar", se ejecutará la función accesoAreaPrivada() encargada de realizar la autenticación del usuario. Por su parte, el botón "Cancelar" llamará a la función cerrarPopup() responsable de cerrar la ventana.

En la cabecera del documento HTML se establece el juego de caracteres, se da un título a la pestaña y se importa el archivo JavaScript que contiene las dos funciones anteriores (además de otra auxiliar):

```javascript
function accesoAreaPrivada(){
   let usuario = document.getElementById("usuario").value;
   let password = document.getElementById("contraseña").value;
   if(validarUsuario(usuario, password)){
      window.open("paginaPrivada.html");
      window.close();
   }
}


function cerrarPopup(){
   window.close();
}


function validarUsuario(usuario, password){
   return true;
}
```

Lo primero que se hace en la función accesoAreaPrivada() es obtener el usuario y la contraseña.

```
let usuario = document.getElementById("usuario").value;
let password = document.getElementById("contraseña").value;
```

Dichos valores son utilizados como argumentos de la función validarUsuario(), que devolvería el valor true si se tratara de un usuario válido. Por ese motivo, se llama en la condición de una sentencia if desde la que solo se daría acceso al área privada en ese caso.

```
if(validarUsuario(usuario, password)){

    ...

}
```

> En la práctica, la función validarUsuario() accedería a una base de datos situada en el servidor donde estarían almacenados todos los usuarios y sus contraseñas cifradas (o un servicio en la nube que realizara esta labor). Como el uso de JavaScript en el servidor cae fuera del alcance de esta obra, se ha optado por devolver siempre el valor true.
>
> ```
> function validarUsuario(usuario, password){
>     return true;
> }
> ```

Si se cumpliera la condición de la sentencia if anterior, se abriría la página HTML con el contenido privado ("paginaContenido.html") invocando el método open() y se cerraría la ventana de popup con el método close().

```
window.open("paginaPrivada.html");
window.close();
```

La función que se ejecuta cuando se pulsa el botón "Cancelar" es más sencilla, ya que lo único que hace es cerrar la ventana de popup.

```
function cerrarPopup(){
    window.close();
}
```

Llegados a este punto, solo quedaría por analizar el código de la página HTML con el contenido privado, cuyo aspecto puede ver a continuación:

Como puede observar, consta de una imagen y un texto informativo, además de un botón en la parte superior derecha que permite salir de ella de forma segura. Su código es el siguiente:

```html
<!DOCTYPE html>
<html>
<head>
  <meta charset="UTF-8">
  <title>Página privada</title>
  <style>
    button{
      float: right;
    }
    div {
        position: absolute;
        top: 50%;
        left: 50%;
        transform: translate(-50%, -50%);
        display: flex;
        align-items: center;
        justify-content: center;
    }
  </style>
   script src="paginaPrivada.js"></script>
</head>
```

```
<body>
  <button onclick="abrirPaginaAcceso()">SALIR</button>
  <div>
    <img src="../Imagenes/peligro.png">
    <h1>PÁGINA EN CONSTRUCCIÓN</h1>
  </div>
</body>
</html>
```

Aunque aparentemente este código pueda parecer complicado, en realidad no es así, ya que su cuerpo solo contiene el botón "SALIR" y un contenedor <div> que agrupa la imagen (<img>) y el texto informativo (encabezado <h1>).

En la cabecera se establece el juego de caracteres, se asigna un título a la pestaña y se especifican las reglas de estilo. La del botón lo sitúa en el lado derecho de la pantalla (el valor de la propiedad float es right). La del contenedor centra este y su contenido horizontal y verticalmente en pantalla. Las propiedades que causan este efecto en el contenedor son position, top, left y transform. Las que hacen lo mismo con el contenido son display, align-items y justify-content.

Por último, se importa el archivo JavaScript donde se define la función abrirPaginaAcceso() que se llama cuando se pulsa el botón "SALIR". Su código es el siguiente:

```
function abrirPaginaAcceso() {
  if (window.confirm("¿Desea realmente cerrar la sesión?"))
      window.close();
}
```

Como puede apreciar, utiliza el método confirm() para preguntar al usuario si quiere cerrar la sesión. Este se llama en la condición de una sentencia if, de forma que si pulsara el botón "Aceptar" devolvería el valor true y se cerraría la pestaña. Por el contrario, si pulsara el botón "Cancelar" no se haría nada (permanecería en la página privada).

11.1.4 Foco

En un contexto informático, el foco hace referencia a los elementos gráficos de una aplicación que están activos en un momento determinado. Por ejemplo, hasta que no se pulsa sobre un campo de texto no obtiene el foco (no está activo), motivo por el que no se podría escribir nada en él.

Los eventos que se generan cuando un elemento gana o pierde el foco son:

```
focus
blur
```

Dichos eventos no solo afectan a los elementos gráficos sino a la propia ventana del navegador. En este último caso, se utilizan generalmente en aplicaciones que reproducen audio, vídeo, muestran imágenes en movimiento (especialmente, juegos) o, en general, realizan cualquier tipo de actividad que deba pararse cuando el usuario decide abandonar temporalmente el navegador (abre la ventana de otra aplicación).

La reproducción de audio es precisamente el protagonista del siguiente ejercicio, ya que desarrollará una página en la que se escucha una composición musical. Si cambiara de ventana, esta dejaría de oírse. Al volver a ella, se reanudaría en el punto donde la dejó.

El aspecto de la página se muestra a continuación:

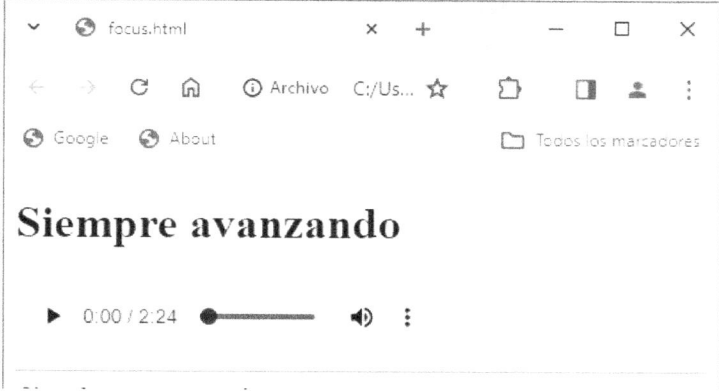

Su código HTML es muy simple:

```
<!DOCTYPE html>
<html>
<head>
  <meta charset="UTF-8">
</head>
<body>
  <h1>Siempre avanzando</h1>
  <audio src="../Audio/Always Moving Forward.mp3" controls loop>
  </audio>
  <hr>
  <cite>
    Obra: Siempre Avanzando <br>
    Música de https://www.fiftysounds.com/es/
  </cite>
  <script src="focus.js"></script>
</body>
</html>
```

El cuerpo del documento está formado por un encabezado <h1> que indica el título de la obra musical, la etiqueta <audio> con la que se reproducirá el archivo de audio y una línea de separación <hr> después de la que se encuentra la información de reconocimiento exigida por la web de la que se ha obtenido este archivo (etiqueta <cite>).

La etiqueta <audio> tiene tres atributos: src especifica la ruta de acceso al archivo musical, controls muestra los controles de la reproducción y loop hace que la música suene continuamente.

La etiqueta <script> que importa el archivo JavaScript se sitúa al final del documento HTML para asegurar que el objeto que representa el reproductor de audio esté creado en el momento de empezar a ejecutarse. Su código es el siguiente:

```
const reproductorAudio  = document.querySelector("audio");
let audioPausado = true;

window.addEventListener("blur", function(){
  audioPausado = reproductorAudio.paused;
  reproductorAudio.pause();
});

window.addEventListener("focus", function(){
    if (!audioPausado) reproductorAudio.play();
});
```

Lo primero que se hace es declarar la constante reproductorAudio que almacena el objeto DOM de la etiqueta <audio>. También se declara la variable audioPausado que contiene el estado de la reproducción (se inicia con el valor true porque la música no se escucha en el momento de cargarse).

A continuación, se asocia un controlador al evento blur de la ventana. Se trata de una función anónima que asigna el valor que tiene la propiedad paused del reproductor de audio a la variable audioPausado y detiene la música con el método pause().

El objeto que representa la etiqueta <audio> es de tipo HTMLMediaElement. Todos sus atributos y métodos los encontrará en https://developer.mozilla.org/es/docs/Web/API/HTMLMediaElement.

Al regresar a la ventana del navegador vuelve a ganar el foco, por lo que se lanza el evento focus. Su controlador sería el encargado de reanudar la reproducción con el método play() si la música hubiera estado sonando cuando se abandonó la ventana (el valor de la variable `aucioPausado` es `false`).

Una vez desarrollado el código de los archivos HTML y JavaScript, cargue el primero en un navegador y comience la reproducción del audio. Cambie de ventana y compruebe que la música deja de sonar. Al abrir de nuevo el navegador, la música volverá a escucharse en el punto donde se pausó.

11.2 TEMPORIZADORES

La RAE (Real Academia Española) define un temporizador como un "Sistema de control de tiempo que se utiliza para abrir o cerrar un circuito en uno o más momentos determinados, y que conectado a un dispositivo lo pone en acción." Esta definición es completamente válida en el contexto de la programación JavaScript, donde el control del tiempo lo realiza con un reloj interno y el dispositivo que se pone en acción es la función de *callback* que se ejecuta después del periodo de tiempo establecido.

JavaScript permite el uso de dos tipos de temporizadores, aquellos que ejecutan la función *callback* una sola vez y los que lo hacen de forma regular. Estos últimos son especialmente útiles en aplicaciones con interfaces gráficas animadas (en particular, juegos), ya que hacen posible el movimiento de los diversos personajes u objetos por la pantalla mientras interactúan entre ellos y/o con el propio usuario.

Los temporizadores se crean mediante el siguiente método del objeto `window`:

```
setTimeout(función, milisegundos, argumento, …, argumento)
```

Este método ejecuta la función de *callback* una vez transcurrido el número de milisegundos indicado. Los últimos argumentos (opcionales) serían los requeridos por la función.

Este otro método ejecuta la función de *callback* de forma reiterada:

```
setInterval(función, milisegundos, argumento, …, argumento)
```

Ambos métodos devuelven un identificador (id), que será el utilizado como argumento en estos otros dos métodos para detener el temporizador:

```
clearTimeout(id)
clearInterval(id)
```

> ℹ️ Todos estos métodos se suelen llamar como funciones globales, es decir, sin anteponer el nombre del objeto window al que pertenecen.

Con el fin de familiarizarse con estos nuevos métodos, realizará un ejercicio muy sencillo que exhibe en pantalla el número de segundos transcurridos desde que se cargó la página web.

El código HTML utilizado es el siguiente:

```
<!DOCTYPE html>
<html>
<head>
  <style>
    div {
      position: absolute;
      top: 50%;
      left: 50%;
      transform: translate(-50%, -50%);
    }
    p{
      font-size: 10em;
      font-weight: bold;
      margin:0;
    }
  </style>
  <script src="segundero.js"></script>
</head>
```

```
<body>
  <div>
    <p id="segundero">0</p>
  </div>
</body>
</html>
```

Como puede observar, el cuerpo del documento no puede ser más simple, ya que solo tiene un contenedor <div> dentro del que hay un párrafo <p> cuyo identificador (atributo id) es "segundero".

En la cabecera se encuentra una regla de estilo que centra horizontal y verticalmente el contenedor en la ventana del navegador y otra que determina el aspecto del párrafo que muestra el tiempo transcurrido.

La etiqueta <script> importa el código JavaScript, cuyo código es el siguiente:

```
let segundos = 0;

setInterval(incrementaSegundos, 1000);

function incrementaSegundos(){
  segundos++;
  document.getElementById("segundero").innerHTML = segundos;
}
```

> En esta ocasión, la etiqueta <script> se ha podido situar en la cabecera del documento HTML porque el código JavaScript solo accede al objeto DOM que representa el párrafo desde la función incrementaSegundos(), que se llama por primera vez al cabo de un segundo, tiempo suficiente para que se haya creado.

Inicialmente, se declara la variable que contendrá el número de segundos transcurridos.

```
let segundos = 0;
```

La siguiente sentencia invoca la función incrementaSegundos() cada segundo.

```
setInterval(incrementaSegundos, 1000);
```

Lo único que hace esta función es incrementar el número de segundos transcurridos y mostrarlo en pantalla (recuerde que el identificador del párrafo es "segundero").

```
segundos++;
document.getElementById("segundero").innerHTML = segundos;
```

Le animo a modificar este pequeño programa para que, además de los segundos, muestre las décimas de segundo o los minutos, tal como lo haría un cronómetro. Incluso, podría desarrollar su propio reloj o un despertador, en cuyo caso necesitará hacer uso de algunos métodos del objeto Date estudiados anteriormente.

11.2.1 Prácticas

Tal como se comentó al principio de esta sección, una de las utilidades de los temporizadores es la creación de animaciones. Por ese motivo, en la primera práctica realizará una muy sencilla, la de un globo que se hincha poco a poco hasta que explota.

El resto de prácticas le enseñarán a controlar el movimiento de una pelota en diversas situaciones. El resultado de la última será un entretenido juego de frontón. Espero que disfrute tanto con el proceso de desarrollo como jugando con él.

11.2.1.1 *Animación de imágenes*

Tal como se acaba de indicar, en este primer ejercicio será capaz de crear la animación de un globo que se hincha poco a poco hasta que explota.

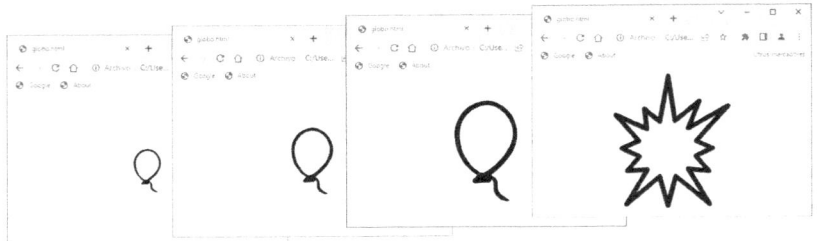

El código HTML es el siguiente:

```
<!DOCTYPE html>
<html>
<head>
    <style>
```

```
    img {
      position: absolute;
      top: 50%;
      left: 50%;
      transform: translate(-50%, -50%);
    }
  </style>
</head>
<body>
  <img src="../Imagenes/globo.png" id="globo">
  <script src="globo.js"></script>
</body>
</html>
```

Como puede observar, la cabecera del documento HTML solo tiene una regla de estilo que centra horizontal y verticalmente la imagen que hay en el cuerpo, donde también se encuentra la etiqueta <script> que importa el archivo con el siguiente código JavaScript:

```
const intervalo = 10;
const anchoInicial = 100, anchoFinal = 250;
let ancho = anchoInicial;
const incremento = 1;

const globo =  document.getElementById("globo");

let id = setInterval(hinchaGlobo, intervalo);

function hinchaGlobo(){
  ancho += incremento;
  globo.width = ancho;
  if(ancho >= anchoFinal){
    globo.src = "../Imagenes/explosion.png"
    clearInterval(id);
  }
}
```

Inicialmente se declaran las constantes y las variables que determinan el comportamiento del programa, la primera de las cuales, intervalo, establece la velocidad a la que se va a hinchar el globo. Por poner un símil, sería el tiempo que transcurriría desde que se inspira el aire hasta que se espira dentro del globo. Cuanto menor sea su valor, más rápido se inflará.

```
const intervalo = 10;
```

Las constantes anchoInicial y anchoFinal especifican el tamaño del globo en el momento de empezar a hincharse y aquel en el que explotará.

```
const anchoInicial = 100, anchoFinal = 250;
```

La constante incremento almacena el aumento de tamaño que experimenta el globo en cada intervalo de tiempo. Volviendo al símil de antes, equivaldría a la cantidad de aire introducida en el globo en cada espiración. Cuanto mayor sea su valor, más rápido se inflará.

```
const incremento = 1;
```

La variable ancho contendrá el tamaño actual del globo. Su valor irá aumentando de forma regular según pasa el tiempo para dar la sensación de que se va hinchando, hasta que explota.

```
let ancho = anchoInicial;
```

La última constante contiene el objeto DOM que representa la imagen del globo.

```
const globo = document.getElementById("globo");
```

Tras las declaraciones anteriores, se inicia el temporizador con la función global setInterval(), cuyos argumentos especifican el intervalo de tiempo (intervalo) y la función de *callback* que se va a ejecutar periódicamente, hinchaGlobo().

```
let id = setInterval(hinchaGlobo, intervalo);
```

En la función hinchaGlobo(), lo primero que se hace es incrementar el tamaño del globo modificando el atributo width del objeto DOM que lo representa.

```
ancho += incremento;
globo.width = ancho;
```

El resultado visual es la imagen de un globo que aumenta progresivamente de tamaño, dando la sensación de que se hincha. Este proceso se repite de forma periódica hasta que se llega al tamaño máximo.

```
if(ancho >= anchoFinal){

    ...

}
```

En ese momento estallaría, efecto que se consigue cambiando su imagen por la de una explosión, es decir, el valor del atributo scr del objeto DOM que lo representa.

```
globo.src = "../Imagenes/explosion.png"
```

 Asegúrese de que tanto la imagen del globo ("globo.png") como la de la explosión ("explosión.png") se encuentran en la carpeta "Imágenes".

Por último, se detiene el temporizador y, en consecuencia, finaliza la animación.

```
clearInterval(id);
```

Cargue el archivo HTML en un navegador. Una vez comprobado que funciona correctamente, modifique el valor de cualquiera de las constantes con el fin de observar los cambios de comportamiento provocados. También puede incorporar efectos sonoros, como el de la explosión. En ese caso, añada una etiqueta <audio> en el cuerpo del documento, que ahora quedaría así:

```
<body>
    <img src="../Imagenes/globo.png" id="globo">
    <audio src="../Audio/explosion.ogg"></audio>
    <script src="globoSonido.js"></script>
</body>
```

Como puede advertir por el valor del atributo src, el archivo de audio se encuentra en la carpeta "Audio." A diferencia del resto de archivos, los de audio deberá descargarlos del sitio https://freesound.org/. Para ello, tendrá que darse de alta con su correo electrónico (botón "Join").

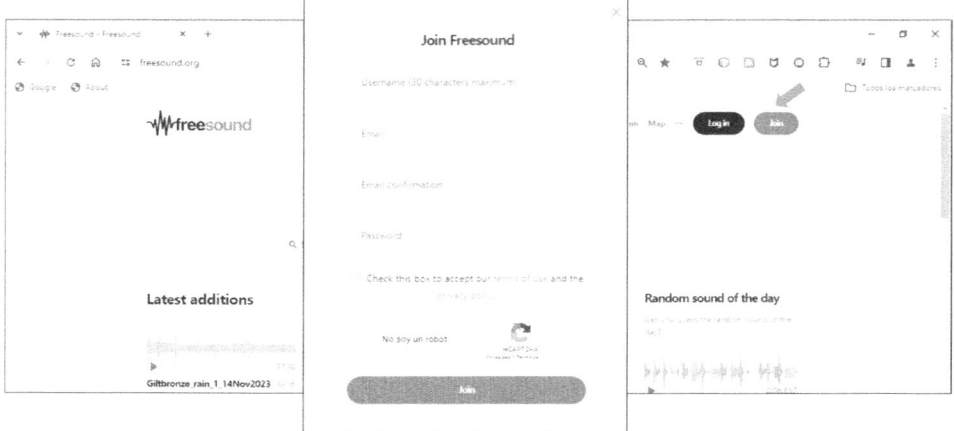

Una vez registrado, acceda con su usuario y contraseña (botón "Login") e introduzca el código 587196 en el campo de búsqueda para obtener el efecto de la explosión ("explosión_06"). Al pulsar sobre el nombre de esta entrada ("explosión_06") accederá a otra ventana desde la que podrá descargar el archivo correspondiente.

En el código JavaScript solo es necesario realizar tres cambios. El primero consiste en declarar una nueva constante (`explosion`), que contenga el objeto DOM que representa a la etiqueta `<audio>` (el reproductor de audio).

```
const explosion = document.querySelector("audio");
```

El segundo cambio arranca el temporizador solo cuando se pulsa sobre el globo.

```
globo.addEventListener("click", function(){
    idTemporizador = setInterval(hinchaGlobo, intervalo);
});
```

El motivo es porque un archivo de audio no puede reproducirse hasta que el usuario no haya interaccionado previamente con la página web, es este caso, pulsando sobre la imagen.

El último cambio se localiza en la parte del código que se ejecuta cuando el globo llega a su tamaño máximo, momento en el que se reproduce el efecto sonoro con el método `play()`.

```
if(ancho >= anchoFinal){
    document.getElementById("globo").src = "../Imagenes/explosion.png";
    explosion.play();
    clearInterval(idTemporizador);
}
```

 El código completo de esta práctica lo encontrará como anexo.

Cargue de nuevo la página en un navegador. En esta ocasión, el globo no empezará a hincharse hasta que no pulse sobre él. Una vez que lo haga, escuchará una explosión cuando explote.

11.2.1.2 *Movimiento de imágenes en una ventana*

En este primer ejercicio aprenderá a mover una imagen por la ventana del navegador, en concreto, la de una pelota capaz de rebotar en sus laterales, tal como se muestra en la siguiente imagen:

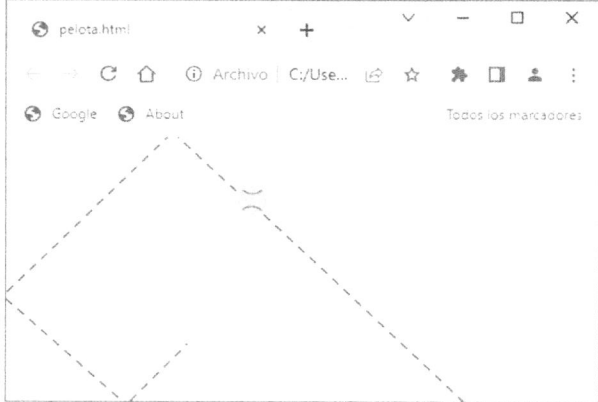

El código HTML es realmente sencillo:

```
<!DOCTYPE html>
<html>
<head>
  <script src="pelota.js"></script>
</head>
<body>
  <img id="pelota" src="../Imagenes/pelota.png"
              style="position: absolute; display: none;">
</body>
</html>
```

Como puede observar, el cuerpo del documento está formado únicamente por la imagen de la pelota, a la que se asigna un posicionamiento absoluto (la propiedad position tiene el valor absolute) para moverla con total libertad por la ventana. También se asigna el valor none a la propiedad display para que inicialmente no se vea.

En la cabecera solo se importa el archivo JavaScript que mueve la pelota, cuyo código es el siguiente:

```
let anchoVentana, altoVentana;

let pelota;
const tamanioPelota = 25;
let pelotaX, pelotaY;
let velocidadX = 2;
let velocidadY = 2;

window.addEventListener("load", iniciarJuego);

function iniciarJuego(){
  anchoVentana = window.innerWidth;
  altoVentana = window.innerHeight;
  pelotaX = Math.random() * (anchoVentana - tamanioPelota);
  pelotaY = Math.random() * (altoVentana - tamanioPelota);
  pelota = document.getElementById("pelota");
```

```
pelota.style.width = tamanioPelota + "px";
pelota.style.display = "block";
pelota.style.left = pelotaX + "px";
pelota.style.top = pelotaY + "px";
window.setInterval(moverPelota, 1);
}

function moverPelota(){
pelotaX += velocidadX;
pelotaY += velocidadY;
if (pelotaX <= 0 || pelotaX >= anchoVentana - tamanioPelota)
    velocidadX = -velocidadX;
if (pelotaY <= 0 || pelotaY >=  altoVentana - tamanioPelota)
    velocidadY = -velocidadY;
pelota.style.left = pelotaX + "px";
pelota.style.top = pelotaY + "px";
}
```

En primer lugar, se declaran las variables que almacenarán las dimensiones de la ventana. Son muy importantes porque la pelota deberá rebotar en sus bordes.

```
let anchoVentana, altoVentana;
```

La siguiente variable contendrá el objeto que representa la pelota.

```
let pelota;
```

Luego, se declara la constante que establece su tamaño (siempre es el mismo).

```
const tamanioPelota = 25;
```

En las variables que hay a continuación se guardan las coordenadas x, y del punto que determina la posición de la pelota en cada instante.

```
let pelotaX, pelotaY;
```

Dicho punto es el de su esquina superior izquierda, tal como refleja esta imagen:

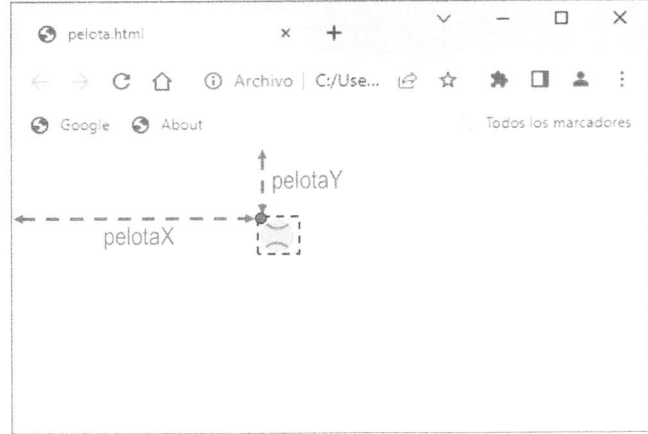

Las últimas variables determinan la velocidad de la pelota en los ejes X e Y.

```
let velocidadX = 2;
let velocidadY = 2;
```

Para entender el significado de estas dos últimas variables, debe saber que la velocidad es una magnitud física de carácter vectorial que expresa el desplazamiento de un objeto por unidad de tiempo. En un plano, está formada por las componentes horizontal y vertical, que son las proyecciones de dicho vector en los ejes X e Y, tal como se muestra a continuación:

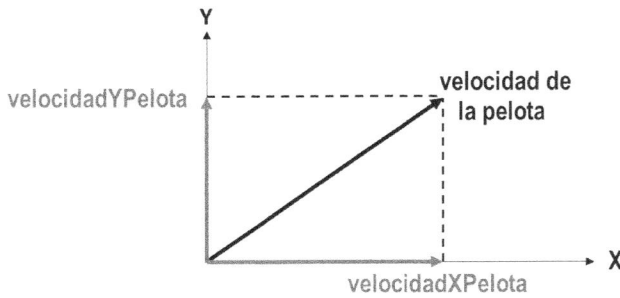

Ambas componentes son precisamente las que se almacenan en las variables velocidadX y velocidadY. Su valor determina la dirección y el sentido del movimiento (en este caso, 2 píxeles por unidad de tiempo). En consecuencia, si modificara el valor de cualquiera de ellas, alteraría la dirección del movimiento. Así, por ejemplo, esta otra imagen muestra la dirección de la pelota si el valor de la componente X fuera mayor que la de Y, lo que provocaría un efecto de bote diferente.

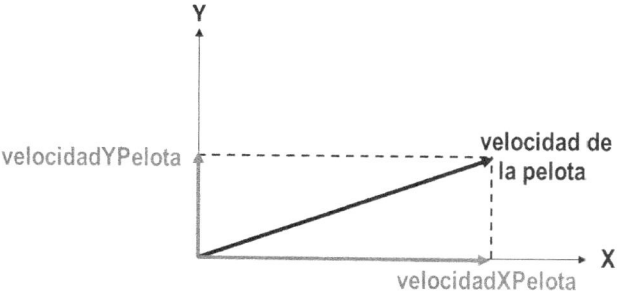

Si además del valor se cambiara el signo, el desplazamiento se haría en sentido contrario. En horizontal si se tratara de la variable `velocidadX`.

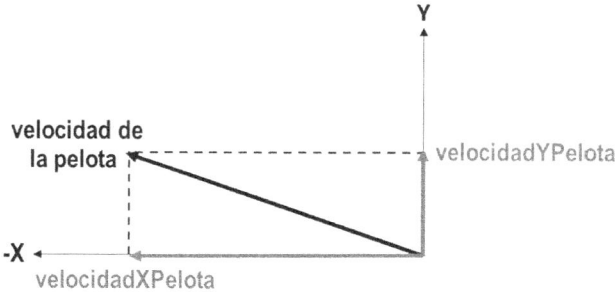

O en vertical si fuera la variable `velocidadY`.

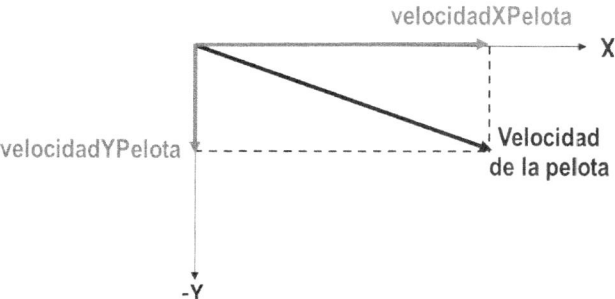

La física que hay detrás del bote de una pelota contra una pared (en este caso, el borde la ventana) es la misma que la del choque entre dos pelotas.

Finalizada la declaración de las variables/constantes, la siguiente sentencia inicia el juego una vez cargada la página HTML, momento en el que se llama a la función `iniciarJuego()`.

```
window.addEventListener("load", iniciarJuego);
```

En dicha función, lo primero que se hace es obtener el ancho y el alto de la ventana del navegador y asignarlo a las variables correspondientes.

```
anchoVentana = window.innerWidth;
altoVentana = window.innerHeight;
```

Luego se calculan, de forma aleatoria, las coordenadas x, y de la posición inicial de la pelota.

```
pelotaX = Math.random() * (anchoVentana - tamanioPelota);
pelotaY = Math.random() * (altoVentana - tamanioPelota);
```

Para que la pelota no salga por los extremos derecho e inferior de la ventana, su valor no puede superar los valores indicados en las sentencias anteriores, representados gráficamente mediante una línea discontinua más gruesa en la siguiente imagen:

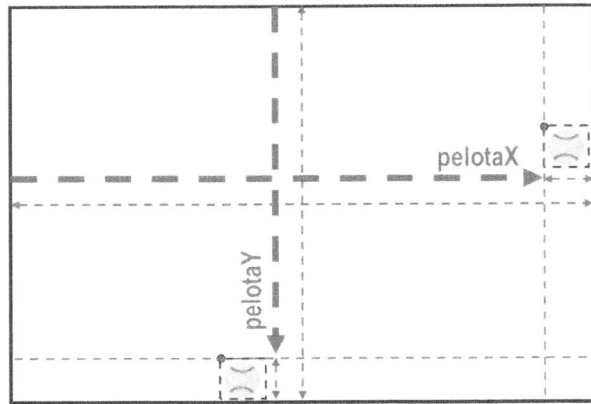

Luego, se obtiene el objeto que representa la pelota utilizando su identificador mediante el método `getElementById()`, se le asigna el tamaño especificado en la constante `tamanioPelota` (propiedad `width`), se sitúa en la posición calculada anteriormente (propiedades `left` y `tcp`) y se muestra en pantalla asignando el valor `"block"` a la propiedad `display`.

```
pelota = document.getElementById("pelota");
pelota.style.width = tamanioPelota + "px";
pelota.style.display = "block";
pelota.style.left = pelotaX + "px";
pelota.style.top = pelotaY + "px";
```

> Observe que los valores numéricos que expresan píxeles llevan como sufijo dicha unidad (`"px"`).

La última sentencia llama a la función `moverPelota()` cada milisegundo.

```
window.setInterval(moverPelota, 1);
```

Lo primero que hace dicha función es calcular las coordenadas de la nueva posición de la pelota según la dirección y el sentido del movimiento.

```
pelotaX += velocidadX;
pelotaY += velocidadY;
```

Después, comprueba si la pelota ha llegado al límite izquierdo o derecho de la ventana. De ser así, cambiaría el signo de la componente X de la velocidad (`velocidadX`) para que botara, es decir, para que se moviera en sentido contrario.

```
if (pelotaX <= 0 || pelotaX >= anchoVentana - tamanioPelota)
    velocidadX = -velocidadX;
```

Esta misma comprobación también se hace con los extremos superior e inferior de la ventana, aunque en este caso se cambia el signo de la componente Y de la velocidad (`velocidadY`).

```
if (pelotaY <= 0 || pelotaY >= altoVentana - tamanioPelota)
    velocidadY = -velocidadY;
```

Por último, se mueve la pelota a su nueva posición asignando los valores de pelotaX y pelotaY a las propiedades de estilo left y top.

```
pelota.style.left = pelotaX + "px";
pelota.style.top = pelotaY + "px";
```

Cargue la página en Chrome y compruebe cómo un código tan sencillo puede simular un efecto físico aparentemente complejo.

11.2.1.3 *Movimiento de imágenes dentro de una zona de la ventana*

Generalmente, la interfaz de usuario de un juego está formada por diversos paneles, en uno de los cuales se realiza la acción (por ejemplo, se mueve la pelota) y en los otros se manejan los parámetros de configuración (por ejemplo, el efecto del bote o la velocidad de la pelota).

Para demostrar cómo llevar a la práctica este requisito, modificará el código del ejercicio anterior para que la pelota se mueva únicamente dentro de un contenedor situado en el centro de la página, cuya área es la mitad de la ventana.

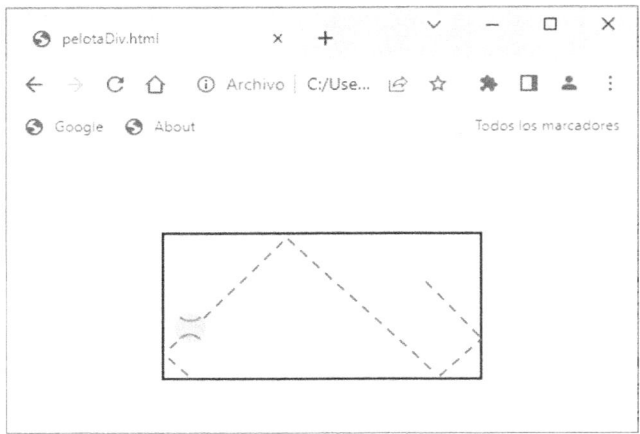

El código HTML es el siguiente:

```
<!DOCTYPE html>
<html>
<head>
  <style>
    #contenedor{
      position: relative;
      width: 50vw;
```

```
      height:50vh;
      border: 2px solid black;
      top: 50%;
      left: 50%;
      transform: translate(-50%, 50%);
    }
    #pelota{
      position: absolute;
      display: none;
    }
  </style>
  <script src="pelotaDiv.js"></script>
</head>
<body>
  <div id="contenedor">
    <img id="pelota" src="../Imagenes/pelota.png">
  </div>
</body>
</html>
```

Como puede apreciar, ahora la imagen `<img>` se encuentra dentro de un contenedor `<div>`. Las propiedades de su regla de estilo son las mismas del ejercicio anterior (su posicionamiento es absoluto y queda oculta en el momento de cargarse la página). Por su parte, la regla de estilo del contenedor fija un posicionamiento relativo (la propiedad `position` toma el valor `relative`). El resto de declaraciones de esta regla establece su tamaño (la mitad de la ventana), su posición (en el centro) y un borde que lo delimita.

El código JavaScript está basado en el del ejercicio anterior, por lo que solo se describirán los cambios realizados:

```
let contenedor;
let anchoContenedor, altoContenedor;
let contenedorX, contenedorY;

let pelota;
const tamanioPelota = 25;
let pelotaX, pelotaY;

let velocidadX = 2;
let velocidadY = 2;
```

```
window.addEventListener("load", iniciarJuego);

function iniciarJuego(){
    contenedor = document.getElementById("contenedor");
    contenedorX = contenedor.getBoundingClientRect().left;
    contenedorY = contenedor.getBoundingClientRect().top;
    anchoContenedor = contenedor.clientWidth;
    altoContenedor = contenedor.clientHeight;
    pelotaX = Math.random() * (anchoContenedor - contenedorX - tamanioPelota);
    pelotaY = Math.random() * (altoContenedor - contenedorY - tamanioPelota);
    pelota = document.getElementById("pelota");
    pelota.style.width = tamanioPelota + "px";
    pelota.style.display = "block";
    pelota.style.left = pelotaX + "px";
    pelota.style.top = pelotaY + "px";
    window.setInterval(moverPelota, 1);
}

function moverPelota(){
    pelotaX += velocidadX;
    pelotaY += velocidadY;
    if (pelotaX <= 0 || pelotaX >= anchoContenedor - tamanioPelota)
        velocidadX = -velocidadX;
    if (pelotaY <= 0 || pelotaY >= altoContenedor - tamanioPelota)
        velocidadY = -velocidadY;
    pelota.style.left = pelotaX + "px";
    pelota.style.top = pelotaY + "px";
}
```

Las primeras diferencias se encuentran en la declaración inicial de las variables. Para empezar, se añade la declaración de una nueva que contendrá el objeto que representa el contenedor.

```
let contenedor;
```

Por otro lado, las variables donde antes se almacenaban las dimensiones de la ventana se sustituyen por las del contenedor (ahora la pelota va a botar en los bordes de este).

```
let anchoContenedor, altoContenedor;
```

Además, se añaden aquellas que contendrán las coordenadas de la esquina superior izquierda de dicho contenedor respecto de la ventana.

```
let contenedorX, contenedorY;
```

El resto de variables y constantes relacionadas con el tamaño, la posición o la velocidad de la pelota, son las mismas del ejercicio anterior.

También coinciden las sentencias en las que se inicia el juego una vez cargada la página HTML.

Los últimos cambios se concentran en la función `iniciarJuego()`, el primero de los cuales permite obtener el objeto que representa el contenedor `<div>` a partir de su identificador.

```
contenedor = document.getElementById("contenedor");
```

A continuación, se obtienen las coordenadas x, y de su esquina superior izquierda, almacenadas en las propiedades `left` y `top` del rectángulo devuelto por el método `getBoundingClientRect()`.

```
contenedorX = contenedor.getBoundingClientRect().left;
contenedorY = contenedor.getBoundingClientRect().top;
```

Sus dimensiones se encuentran en las propiedades `clientWidth` y `clientHeight` del propio objeto `contenedor`.

```
anchoContenedor = contenedor.clientWidth;
altoContenedor = contenedor.clientHeight;
```

La posición inicial de la pelota se obtiene de la misma forma que en el ejercicio anterior, pero tomando como referencia el ancho y el alto de contenedor (`anchoContenedor` y `altoContenedor`), así como su posición en la ventana (`contenedorX` y `contenedorY`), en vez del de las dimensiones de la propia ventana.

```
pelotaX = Math.random() * (anchoContenedor - contenedorX - tamanioPelota);
pelotaY = Math.random() * (altoContenedor - contenedorY - tamanioPelota);
```

Al resto del código de esta función con el que se obtiene el objeto que representa la pelota se le asigna un tamaño, una posición y se hace visible; es el mismo que el utilizado de base.

Finalmente, el código de la función `moverPelota()` es el mismo del ejercicio anterior, excepto que ahora se toma como referencia el ancho y el alto de contenedor, en lugar de la ventana.

```
if (pelotaX <= 0 || pelotaX >= anchoContenedor - tamanioPelota)
    velocidadX = -velocidadX;
if (pelotaY <= 0 || pelotaY >=  altoContenedor - tamanioPelota)
    velocidadY = -velocidadY;
```

Ya solo le queda cargar la página HTML y comprobar que la pelota solo se mueve dentro del área del contenedor.

11.2.1.4 *Gestión del tamaño de la ventana*

Seguro que es una persona curiosa y no ha podido evitar la tentación de modificar el tamaño de la ventana mientras botaba la pelota. Como habrá comprobado, esta sigue haciéndolo, pero teniendo en cuenta las dimensiones originales de la ventana (no las actuales). Se estará preguntando si existe algún atributo (¿`resizable`?) que evite el redimensionamiento del navegador al asignarle, por ejemplo, el valor `false`. Desgraciadamente no es así, por lo que tendrá que ser usted mismo quien desarrolle la estrategia a seguir en estas circunstancias.

Ante esta situación existen dos estrategias: volver a restablecer las dimensiones originales de la ventana para no cambiar comportamiento del juego o adaptar dicho comportamiento a las nuevas dimensiones.

Si optara por la primera solución, tendría que acudir a los métodos `resizeTo()` y `resizeBy()` del objeto `window`. Sin embargo, estos métodos solo funcionan en ventanas que han sido abiertas desde JavaScript con el método `open()`, no en la que se carga inicialmente la aplicación.

Por lo tanto, en este caso habría que reiniciar la aplicación cuando se redimensionara la ventana, es decir, cada vez que se generara el evento `resize`. Para conseguir este objetivo solo tendrá que incluir las siguientes sentencias al código de la primera práctica:

```
let intervaloId;
let redimensionando = false;
…
window.addEventListener("resize", redimensionarPantalla);
…
function redimensionarPantalla(){
  pelota.style.display = "none";
  if(redimensionando) window.clearTimeout(intervaloId);
  else redimensionando = true;
  intervaloId = window.setTimeout(reiniciarJuego, 200);
}
```

```
function reiniciarJuego(){
  redimensionando = false;
  iniciarJuego();
}
```

 El código completo de este ejercicio lo encontrará como anexo.

Al inicio del programa se añaden dos nuevas variables, la primera de la cuales (intervaloId) contendrá el identificador del temporizador que determina el tiempo que deberá pasar desde que se cambia el tamaño de la ventana hasta que se tiene en cuenta en el juego. De esta forma, se evita reiniciarlo mientras no se haya terminado de redimensionar la ventana. Tenga en cuenta que el evento resize se lanza continuamente mientras se modifica el tamaño del navegador (puede llegar a ser píxel a píxel).

```
let intervaloId;
```

La otra nueva variable, redimensionando, tomará el valor true mientras se redimensione la ventana del navegador.

```
let redimensionando = false;
```

Tras las declaraciones del resto de variables (son las mismas del código original), se llega a la sentencia que convierte la función redimensionaPantalla() en el controlador del evento resize de la ventana.

```
window.addEventListener("resize", redimensionarPantalla);
```

Esta función será la responsable de reiniciar la aplicación una vez redimensionada (no antes ni durante). Vemos qué es lo que hace.

En primer lugar, oculta la pelota (asigna el valor none a la propiedad de estilo display) para evitar que se vea cómo rebota de forma incorrecta mientras se cambia el tamaño de la ventana.

```
pelota.style.display = "none";
```

A continuación, comprueba si ya se estaba redimensionando la ventana (el valor de la variable redimensionando es true), en cuyc caso cancelaría con el método clearTimeout() el temporizador creado previamente. De lo contrario, asignaría el valor true a la variable redimensionando para indicar que se ha empezado a redimensionar la ventana.

```
if(redimensionando) window.clearTimeout(intervaloId);
else redimensionando = true;
```

Por último, crea un nuevo temporizador con el método `setTimeout()` que reiniciaría el juego con la función `reiniciarJuego()` una vez transcurridos 200 milisegundos sin que se haya generado ningún evento `resize`, momento en el que se considera que se ha terminado de cambiar el tamaño del navegador.

```
intervaloId = window.setTimeout(reiniciarJuego, 200);
```

La función `reiniciarJuego()`, que también es nueva, asigna el valor `false` a la variable `redimensionando` para poner de manifiesto que se ha dejado de redimensionar la ventana, e inicia el juego llamando a la función `iniciarJuego()` del código original.

```
redimensionando = false;
iniciarJuego();
```

Una vez añadido este código al utilizado de base, cargue de nuevo la página web en el navegador y compruebe que desaparece la pelota mientras cambia su tamaño. Una vez alcanzadas las dimensiones definitivas, volvería a ser visible y a moverse dentro de los límites actuales de la ventana.

11.2.1.5 *El juego del frontón*

Tras conocer la forma de aplicar movimiento a una pelota y hacer que bote en los bordes de la ventana, en este último ejercicio añadirá una raqueta que permita golpearla antes de que se pierda en el fondo. El resultado será un sencillo, pero entretenido juego de frontón.

El código de la página web es el siguiente:

```
<!DOCTYPE html>
<html>
<head>
  <meta charset="UTF-8">
  <script src="frontonTeclado.js"></script>
</head>
<body style="background-color: lightgreen;">
  <h1 id="marcador" style="text-align: center;color: blue;"></h1>
  <img id="pelota" src="../Imagenes/pelota.png"
      style="position: absolute; display: none;">
  <img id="raqueta" src="../Imagenes/raqueta.png"
      style="position: absolute; display: none;">
</body>
</html>
```

De nuevo, la superficie de juego vuelve a ser toda la ventana del navegador (en el cuerpo del documento HTML no hay ningún contenedor). En ella, se muestra una cabecera <h1> (se utiliza de marcador) y las imágenes de la pelota y la raqueta.

En lo que respecta al estilo de estos elementos HTML, el marcador es de color azul y está centrado en la parte superior de la pantalla (propiedades color y text-align). Por su parte, las imágenes tienen un posicionamiento absoluto (el valor de la propiedad position es absolute) y están inicialmente ocultas (el valor de la propiedad display es none).

Por último, todas las etiquetas disponen de un identificador (atributo id) que será el utilizado por el código JavaScript para obtener el objeto DOM que las representa.

Dicho código está basado en aquel con el que aprendió a mover la pelota en la ventana del navegador (el primero), por lo que solo se describirán los cambios realizados.

```
let idTemporizador;
let marcador;

let numeroPelota;
const numeroPelotas = 3;

let anchoVentana, altoVentana;
```

```
let pelota;
const tamanioPelota = 25;
let pelotaX, pelotaY;
let velocidadX = 1;
let velocidadY = 1;

let raqueta;
const anchoRaqueta = 100;
const altoRaqueta = 30;
let raquetaX, raquetaY;
const velocidadRaqueta = 5;

window.addEventListener("load", iniciarJuego);
window.addEventListener("keydown", moverRaqueta);

idTemporizador = window.setInterval(moverPelota, 1);

function iniciarJuego(){
  anchoVentana = window.innerWidth;
  altoVentana = window.innerHeight;

  marcador = document.getElementById("marcador");
  pelota = document.getElementById("pelota");
  raqueta = document.getElementById("raqueta");

  numeroPelota = 0;
  iniciarPelota();
  iniciarRaqueta();

  idTemporizador = window.setInterval(moverPelota, 1);
}

function moverPelota(){
  pelotaX += velocidadX;
  pelotaY += velocidadY;
  if (pelotaX <= 0 || pelotaX >= anchoVentana - tamanioPelota)
      velocidadX = -velocidadX;
  if (pelotaY <= 0) velocidadY = -velocidadY;
  if (((pelotaX >= raquetaX - tamanioPelota + 10) &&
      (pelotaX < raquetaX + anchoRaqueta - 10)) &&
```

```
          (pelotaY >= raquetaY - tamanioPelota)){
          velocidadY = -velocidadY;
          pelotaY = raquetaY - tamanioPelota;
      }
    if ((pelotaY > altoVentana - tamanioPelota)){
        if(numeroPelota < numeroPelotas) iniciarPelota();
        else{
          pelota.style.display = "none";
          if(window.confirm("¿Desea comenzar otra partida?")){
            iniciarJuego();
          }
          else{
            window.clearInterval(idTemporizador);
            marcador.innerHTML = "FIN DE PARTIDA";
          }
        }
    }
    pelota.style.left = pelotaX + "px";
    pelota.style.top = pelotaY + "px";
}

function moverRaqueta(evento){
  if(evento.key === "ArrowRight"){
    raquetaX += velocidadRaqueta;
    if(raquetaX > anchoVentana - anchoRaqueta)
      raquetaX = anchoVentana - anchoRaqueta;
    raqueta.style.left = raquetaX + "px";
  }
  if(evento.key === "ArrowLeft"){
    raquetaX -= velocidadRaqueta;
    if(raquetaX < 0) raquetaX = 0;
    raqueta.style.left = raquetaX + "px";
  }
}

function iniciarPelota(){
  pelota.style.width = tamanioPelota + "px";
  pelotaX = Math.random() * (anchoVentana - tamanioPelota);
  pelotaY = Math.random() * altoVentana / 2;
  pelota.style.left = pelotaX + "px";
```

```
    pelota.style.top = pelotaY + "px";
    pelota.style.display = "block";
    numeroPelota += 1;
    marcador.innerHTML = `Pelota ${numeroPelota}`;
  }

  function iniciarRaqueta(){
    raqueta.style.width = anchoRaqueta + "px";
    raqueta.style.height = altoRaqueta + "px";
    raquetaX = anchoVentana / 2 - anchoRaqueta / 2;
    raquetaY = altoVentana - altoRaqueta;
    raqueta.style.left = raquetaX + "px";
    raqueta.style.top = raquetaY + "px";
    raqueta.style.display = "block";
  }
```

Al inicio del programa se crea una nueva variable (idTemporizador) que almacenará el identificador del temporizador utilizado para mover la pelota cada milisegundo. A diferencia del código original, que mostraba una pelota moviéndose continuamente, en esta ocasión dejará de hacerlo cuando finalice la partida.

```
    let idTemporizador;
```

Otra nueva variable, marcador, contendrá el objeto que representa la etiqueta `<h1>`.

```
    let marcador;
```

La constante numeroPelotas establece el número de pelotas que se pueden jugar en cada partida y la variable numeroPelota guardará el número de la pelota en juego (ambas también son nuevas).

```
    let numeroPelota;
    const numeroPelotas = 3;
```

Las variables que hay a continuación relacionadas con el tamaño, la posición y la velocidad de la pelota, al igual que las utilizadas para guardar las dimensiones de la ventana, son las mismas del código original.

Las que vuelven a ser nuevas son las que determinan el tamaño, la posición y la velocidad de la raqueta. A diferencia de la pelota, al tratarse de una imagen rectangular hay que especificar el ancho y el alto (anchoRaqueta y altoRaqueta). Además, como solo se puede mover en horizontal, la velocidad únicamente tiene una componente (velocidadRaqueta).

```
let raqueta;
const anchoRaqueta = 100;
const altoRaqueta = 30;
let raquetaX, raquetaY;
const velocidadRaqueta = 5;
```

Observe que solo se han creado constantes/variables. No se ha modificado ni eliminado ninguna de las existentes en el código utilizado de base.

Finalizada la declaración de las constantes/variables, las siguientes sentencias permiten iniciar el juego una vez cargada la página y mover la raqueta con las teclas del cursor (esta última es nueva).

```
window.addEventListener("load", iniciarJuego);
window.addEventListener("keydown", moverRaqueta);
```

Luego, se inicia el temporizador que permite mover la pelota. Como novedad, se recoge el identificador devuelto por el método setInterval() en la variable idTemporizador.

```
idTemporizador = window.setInterval(moverPelota, 1);
```

En la función iniciarJuego(), después de obtener el ancho y el alto de la ventana del navegador (anchoVentana y altoVentana) se crean los objetos que representan el marcador y la raqueta (aparte del correspondiente a la pelota, que ya existía en el código original) utilizando los identificadores de las etiquetas HTML.

```
marcador = document.getElementById("marcador");
pelota = document.getElementById("pelota");
raqueta = document.getElementById("raqueta");
```

Por último, tras iniciar el número de la pelota en curso, se pone en juego la pelota y se muestra la raqueta en su posición inicial con las funciones iniciarPelota() e iniciarRaqueta().

```
numeroPelota = 0;
iniciarPelota();
iniciarRaqueta();
```

El código que inicia la pelota es casi el mismo que el utilizado de base, excepto por las dos últimas sentencias, que actualizan el número de la pelota en juego y lo muestran en el marcador.

```
function iniciarPelota(){

    ...

    numeroPelota += 1;
    marcador.innerHTML = `Pelota ${numeroPelota}`;

}
```

La función `iniciarRaqueta()` es nueva y se encarga de establecer el tamaño y la posición de la raqueta. Lo primero que hace es asignar a las propiedades `width` y `height` el valor de las constantes `anchoRaqueta` y `altoRaqueta`.

```
raqueta.style.width = anchoRaqueta + "px";
raqueta.style.height = altoRaqueta + "px";
```

Acto seguido la sitúa en mitad de la ventana, apoyada sobre el fondo.

```
raquetaX = anchoVentana / 2 - anchoRaqueta / 2;
raquetaY = altoVentana - altoRaqueta;
raqueta.style.left = raquetaX + "px";
raqueta.style.top = raquetaY + "px";
```

La siguiente imagen justifica el valor asignado a las coordenadas de la esquina superior izquierda de la raqueta:

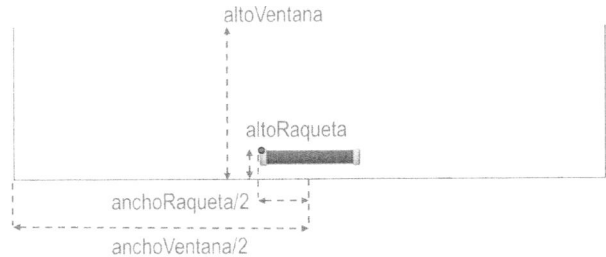

ⓘ Las coordenadas del punto situado en la esquina superior izquierda de la raqueta son las almacenadas en las variables `raquetaX`, `raquetaY`.

Finalmente, muestra la raqueta en pantalla (asigna el valor `block` a la propiedad `display`).

```
raqueta.style.display = "block";
```

La función `moverRaqueta()` también es nueva y se encarga de desplazar horizontalmente la raqueta con las teclas del cursor. En este caso, toma como argumento el evento que provocó su ejecución, ya que la tecla pulsada se encuentra en la propiedad `key` de este.

```
function moverRaqueta(evento){

    ...

}
```

Si se hubiera presionado la tecla derecha (el valor de la propiedad `key` del evento es `ArrowRight`), se incrementaría el valor actual de la coordenada X de la raqueta (`raquetaX`). Sin embargo, antes de hacer efectivo este nuevo valor, es decir, de asignarlo a la propiedad `left` de la raqueta, se comprueba en la condición de una sentencia `if` que dicho punto no supere el borde derecho de la ventana (no se oculte por ese lado). De ser así, no se aplicaría dicho incremento.

```
if(evento.key === "ArrowRight"){
  raquetaX += velocidadRaqueta;
  if(raquetaX > anchoVentana - anchoRaqueta)
     raquetaX = anchoVentana - anchoRaqueta;
  raqueta.style.left = raquetaX + "px";
}
```

Si se hubiera presionado la tecla izquierda (el valor de la propiedad `key` del evento es `ArrowLeft`) se procedería de la misma forma, solo que ahora la sentencia `if` aseguraría que la raqueta no desapareciera por el lado izquierdo.

```
if(evento.key === "ArrowLeft"){
  raquetaX -= velocidadRaqueta;
  if(raquetaX < 0) raquetaX = 0;
  raqueta.style.left = raquetaX + "px";
}
```

La siguiente imagen justifica los valores utilizados en las condiciones de las sentencias `if` que impiden que la raqueta se oculte fuera de los límites de la ventana:

La última función que falta por describir es la que mueve la pelota. Su código coincidiría con el original si no fuera porque ahora la pelota ya no bota en el borde inferior de la ventana, sino en la raqueta. Para entender dónde se han realizado los cambios, veamos primero la parte del código que no se modifica.

```
function moverPelota(){
    pelotaX += velocidadX;
    pelotaY += velocidadY;
    if (pelotaX <= 0 || pelotaX >= anchoVentana - tamanioPelota)
        velocidadX = -velocidadX;
    ...
    pelota.style.left = pelotaX + "px";
    pelota.style.top = pelotaY + "px";
}
```

A simple vista puede comprobar que se trata de las cuatro primeras y las dos últimas sentencias de la función. Con las primeras se calculaba la nueva posición de la pelota (pelotaX y pelotaY) y se comprobaba si tocaba el borde derecho o izquierdo de la ventana, en cuyo caso se la hacía botar cambiando el signo de la variable velocidadX. Con las últimas se aplicaba la nueva posición a la pelota mediante las propiedades de estilo left y top.

La sentencia condicional if del código original que hacía botar la pelota en el borde superior o inferior de la ventana se sustituye por tres en las que se determina su comportamiento en cada una de estas tres situaciones:

1. La pelota bota en el borde superior de la ventana.

2. La pelota bota en la raqueta.

3. La pelota se pierde por la parte inferior de la ventana.

La primera sentencia if comprueba si la pelota ha alcanzado la parte superior. De ser así, la haría botar cambiando el signo de la variable velocidadY.

```
if (pelotaY <= 0) velocidadY = -velocidadY;
```

La segunda sentencia if comprueba si la pelota ha impactado en la raqueta. De ser así, la haría botar igual que en el código original cuando llegaba al borde inferior de la ventana (cambiando, de nuevo, el signo de la variable velocidadY).

```
if (((pelotaX >= raquetaX - tamanioPelota + 10) &&
     (pelotaX < raquetaX + anchoRaqueta - 10)) &&
     (pelotaY >= raquetaY - tamanioPelota)){
   velocidadY = -velocidadY;
   pelotaY = raquetaY - tamanioPelota;
}
```

Esta condición es la más compleja, ya que no solo debe tener en cuenta la coordenada Y de la pelota sino también la coordenada X de la raqueta. La siguiente imagen refleja gráficamente dicha condición, donde se muestran las dos posiciones extremas en las que se produciría el citado bote:

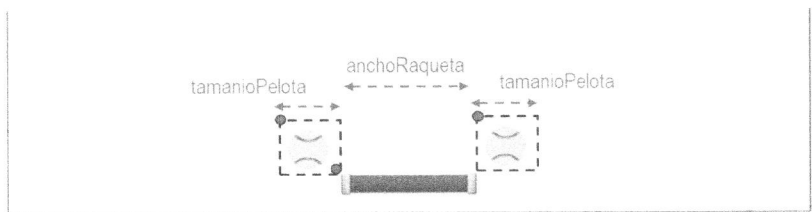

> *i*
> Las coordenadas de los puntos situados en la esquina superior izquierda de la pelota son las almacenadas en las variables pelotaX, pelotaY. Las de la raqueta corresponden a las variables raquetaX, raquetaY.

Le habrá llamado la atención que se sumen o se resten 10 píxeles en estas condiciones. Se hace para evitar el efecto visual indeseado de ver botar la pelota cuando se encuentra justo antes o después de la raqueta (en el extremo izquierdo o derecho). La forma de impedirlo es obligando a que la pelota esté dentro de la raqueta al menos 10 píxeles para que pueda botar.

También le habrá llamado la atención el hecho de que, al cumplirse la condición de esta sentencia if, después de cambiar el signo de la velocidad se ejecuta otra sentencia que no había sido necesaria anteriormente:

```
pelotaY = raquetaY - tamanioPelota;
```

Se utiliza para evitar otro efecto visual indeseado cuando la pelota ha penetrado en el área de la raqueta más de un píxel y esta se desplaza horizontalmente a lo largo de ella antes de botar. Como puede apreciar, lo único que hace es situar la pelota sobre la raqueta, es decir, sacarla de su interior, de forma que el bote se produzca limpiamente.

Para comprobar estos efectos no deseados, solo tiene que eliminar dicho código y tratar de hacer botar la pelota en uno de los extremos de la raqueta.

La condición de la tercera sentencia if comprueba si la pelota ha llegado a la parte inferior de la ventana (no se ha encontrado con la raqueta).

```
if ((pelotaY > altoVentana - tamanioPelota)){
    ...
}
```

Dado que la pelota cae por abajo, se pondría otra en juego con la función iniciarPelota() si todavía hubiera alguna.

```
if(numeroPelota < numeroPelotas) iniciarPelota();
else{
    ...
}
```

Si no quedara ninguna (bloque de sentencias else), lo primero que se haría es ocultar la pelota (se asigna el valor none a la propiedad de estilo display).

```
pelota.style.display = "none";
```

A continuación, se abriría un cuadro de diálogo en el que se preguntara al usuario si desea comenzar otra partida. Como el método confirm() se ejecuta en la condición de una sentencia if, si pulsara el botón "Aceptar" se cumpliría y, en consecuencia, se iniciaría un nuevo juego. Si hubiera sido el botón "Cancelar", se detendría el temporizador y se mostraría un mensaje de fin de partida.

```
if(window.confirm("¿Desea comenzar otra partida?")){
   iniciarJuego();
}
else{
  window.clearInterval(idTemporizador);
  marcador.innerHTML = "FIN DE PARTIDA";
}
```

La siguiente imagen muestra gráficamente este último comportamiento:

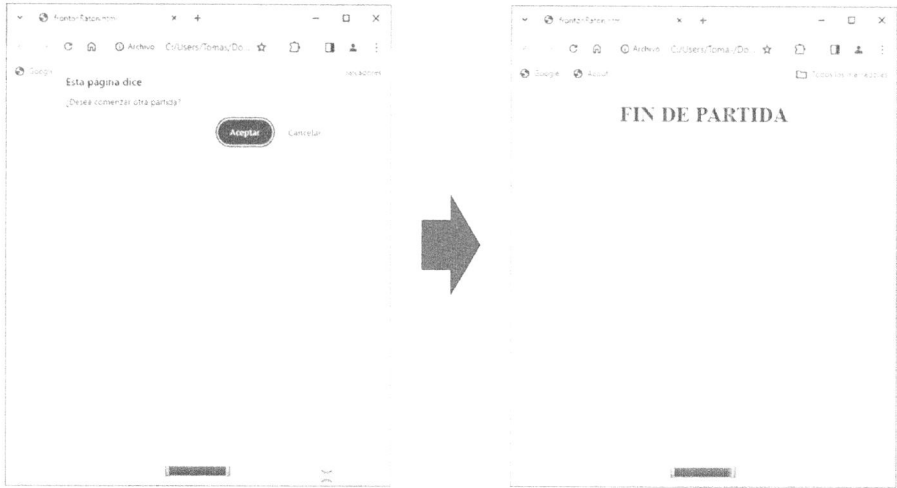

Seguramente le haya resultado incómodo el uso de las teclas de cursor por el retraso que hay desde que se pulsan hasta que la raqueta empieza a moverse de forma continua. Por ese motivo, le propongo usar el ratón. Para ello, solo tiene que hacer dos cambios en el programa anterior. El primero consiste en añadir el siguiente código, en el que se declaran tres variables y dos funciones nuevas:

```
let offsetX;
let ratonPulsado = false;
let elemento;
...
```

```
function pulsarRaton(evento){
 elemento = evento.target;
 if(elemento.id == "raqueta"){
     ratonPulsado = true;
     offsetX = evento.offsetX;
 }
}
function soltarRaton() {
 ratonPulsado = false;
}
```

Este código es el mismo utilizado en una práctica anterior para mover los elementos HTML de una página web con el ratón (en concreto un texto y la imagen del Coliseo), por lo que no se darán explicaciones adicionales.

El segundo cambio consiste en sustituir el código de la función moverRaqueta() por este otro:

```
function moverRaqueta(evento) {
 evento.preventDefault();
 if (ratonPulsado){
     raquetaX = evento.clientX - offsetX;
     if(raquetaX > anchoVentana - anchoRaqueta)
       raquetaX = anchoVentana - anchoRaqueta;
     else if(raquetaX < 0) raquetaX = 0;
 raqueta.style.left = raquetaX + "px";
 }
}
```

En ella, después de invocar el método preventDefault() que evita la ejecución de las acciones que tiene asociadas el ratón de forma predeterminadas, se comprueba si está pulsado.

```
if (ratonPulsado){
    …
}
```

De ser así, la posición horizontal de la raqueta (raquetaX) se calcularía a partir de la propiedad clientX del evento y el offset que contiene la diferencia entre el punto donde se pulsó el ratón y el de la esquina superior izquierda de la raqueta (offsetX).

```
raquetaX = evento.clientX + offsetX;
```

La siguiente sentencia evita que la raqueta salga por los extremos derecho e izquierdo de la ventana.

```
if(raquetaX > anchoVentana - anchoRaqueta)
    raquetaX = anchoVentana - anchoRaqueta;
else if(raquetaX < 0) raquetaX = 0;
```

La última sentencia lleva la raqueta a su nueva posición (asigna el valor de la variable raquetaX a la propiedad de estilo left).

```
raqueta.style.left = raquetaX + "px";
```

Ahora ya puede aumentar la velocidad de la pelota y demostrar sus reflejos. También puede mejorarlo, por ejemplo, reiniciando el juego si cambia el tamaño de la ventana. Su imaginación es la que manda.

El código HTML y JavaScript completo de esta práctica lo encontrará como anexo.

11.3 LA PANTALLA DEL DISPOSITIVO

Si el objeto que representa la ventana del navegador es window, el de la pantalla del dispositivo es screen. La relación entre ambos es muy estrecha, ya que este último se almacena como valor del atributo que lleva su nombre en el primero:

```
window.screen
```

El objeto screen dispone de múltiples atributos. Esta sección se centrará solo en aquellos relacionados con las dimensiones de la pantalla (en píxeles):

- width. Ancho de la pantalla.
- height. Alto de la pantalla.
- availWidth. Ancho útil de la pantalla, es decir, sin todo aquello que forma parte de la interfaz de usuario del propio dispositivo (por ejemplo, la barra de tareas).
- availHeight. Alto útil de la pantalla.

> ℹ️ La especificación completa de este objeto se encuentra en https://deve-loper.mozilla.org/es/docs/Web/API/Screen.

La siguiente imagen muestra gráficamente dichas propiedades:

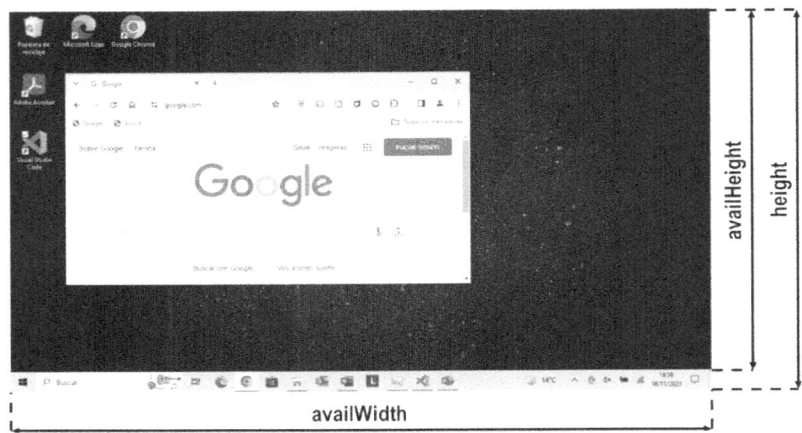

> ℹ️ En este caso concreto, el ancho de la pantalla coincide con el disponible para la aplicación.

Con el fin de demostrar la utilidad de estos atributos, la siguiente página web de ejemplo muestra la resolución de su pantalla:

```
<!DOCTYPE html>
<html>
<head>
  <meta charset="UTF-8">
  <style>
    div {
        text-align: center;
        position: absolute;
        top: 50%;
        left: 50%;
        transform: translate(-50%, -50%);
    }
  </style>
</head>
```

```
<body>
  <div>
    <h2>RESOLUCIÓN DE SU PANTALLA</h2>
    <h2>
      <script>
        document.write(window.screen.width + " x " +
                        window.screen.height + " píxeles");
      </script>
    </h2>
  </div>
</body>
</html>
```

El cuerpo del documento HTML está formado por un encabezado `<h1>` y otro `<h2>` dentro de un contenedor `<div>`, cuya función es centrar ambos textos en pantalla mediante una regla de estilo compuesta por las propiedades habituales.

Dada la sencillez del código JavaScript, se ha decidido incorporarlo en el propio documento HTML. Como puede observar, se encuentra entre la etiqueta de apertura y la de cierre del encabezado `<h2>` con objeto de que el texto que contenga se genere automáticamente por el método `document.write()` a partir del valor almacenado en los atributos `screen.width` y `screen.height`.

```
document.write(window.screen.width+" x "+window.screen.height+" píxeles");
```

A continuación se puede ver el resultado obtenido en mi propio ordenador:

> ℹ️ Seguramente esté pensando en el enorme potencial del método `document.write()` para construir páginas web de forma dinámica. Sin embargo, se desaconseja su uso (excepto en casos muy sencillos, como este) porque puede provocar errores en la generación del DOM, borrar el contenido de la página o, incluso, ser bloqueado por el propio navegador en ciertos contextos.

11.4 EL NAVEGADOR

Aunque habitualmente se trabaje con la ventana del navegador (objeto `window`), a veces es necesario conocer características propias de este, ya que no deja de ser el entorno donde se ejecuta el código JavaScript. De ahí que exista un objeto que lo representa, `navigator`, cuyos atributos no solo proporcionan información específica del navegador, sino del contexto que lo rodea, como el tipo de conexión a Internet, el dispositivo donde se ejecuta, su localización GPS, etc.

Al igual que sucedía con el objeto `screen`, el objeto `navigator` se almacena como valor del atributo que lleva su nombre en el objeto `windows`:

```
window.navigator
```

El objeto `navigator` dispone de multitud de atributos, de los que se ha extraído esta pequeña muestra:

- `connection`. Contiene información de la conexión a la red como un objeto de tipo `NetworkInformation`, del que se puede obtener el ancho de banda estimado, las velocidades de subida o bajada, el tipo de tecnología (2G, 3G, 4G, etc.), si la conexión se hace a través de WiFi, Bluetooth, Ethernet, etc.

- `cookieEnabled`. Su valor es `true` cuando el navegador tiene las cookies habilitadas.

- `geolocation`. Almacena información de localización geográfica del dispositivo en un objeto de tipo `Geolocation`.

- `language`. Idioma en el que está configurado el navegador.

- `online`. Su valor es `true` cuando el navegador está conectado a Internet.

- userAgent. Ofrece información sobre el nombre, la versión y la plataforma en la que se ejecuta el navegador. Se trata de una cadena que se incluye en todas las peticiones HTTP que realiza.

También tiene multitud de métodos, entre los que se encuentra uno muy curioso que provoca una vibración en los dispositivos móviles durante un determinado intervalo de tiempo (en milisegundos):

```
vibrate(milisegundos)
```

 La especificación completa de este objeto se encuentra en https://developer.mozilla.org/es/docs/Web/API/Navigator.

Aunque la información proporcionada por los navegadores en la cabecera HTTP pueden cambiar con las nuevas versiones, usada con precaución permitiría saber si un navegador se ejecuta en un teléfono móvil, una tableta o un ordenador personal (en la documentación oficial no se recomienda).

El siguiente código HTML de ejemplo ofrece información sobre su navegador:

```html
<!DOCTYPE html>
<html>
<body>
  <h2>CARACTERÍSTICAS DE SU NAVEGADOR</h2>
  <script>
    document.write(
      "<p>¿Están activadas las cookies?: " +
      (navigator.cookieEnabled? "SI":"NO") +
      "</p>" +
      "<p>Lenguaje: " + navigator.language + "</p>" +
      "<p>¿El navegador está conectado a Internet?: " +
      (navigator.onLine? "SI":"NO") +
      "</p>" +
      "<p>Cabecera userAgent: " + navigator.userAgent + "</p>");
  </script>
</body>
```

Como puede observar, el cuerpo de esta página web está formado por una cabecera <h1> y un script que escribe a continuación un texto formado por cuatro párrafos. El primero indica si están activadas las cookies, para lo que se utiliza el atributo `cookieEnabled` en un operador condicional que devuelve la cadena "SI" cuando las cookies están activadas (su valor es `true`).

```
navigator.cookieEnabled? "SI":"NO"
```

El segundo párrafo indica el lenguaje configurado es su navegador (atributo `language`).

El tercer párrafo informa si hay conexión a Internet, para lo que se utiliza el atributo `onLine` en otro operador condicional.

```
navigator.onLine? "SI":"NO"
```

El último párrafo muestra la información contenida en la cabecera userAgent. Su valor puede cambiar en futuras versiones del navegador, algo que deberá tenerse en cuenta cuando se emplee para identificar el tipo de dispositivo en el que se ejecuta una aplicación.

Cargue esta página en su navegador y compruebe los resultados obtenidos.

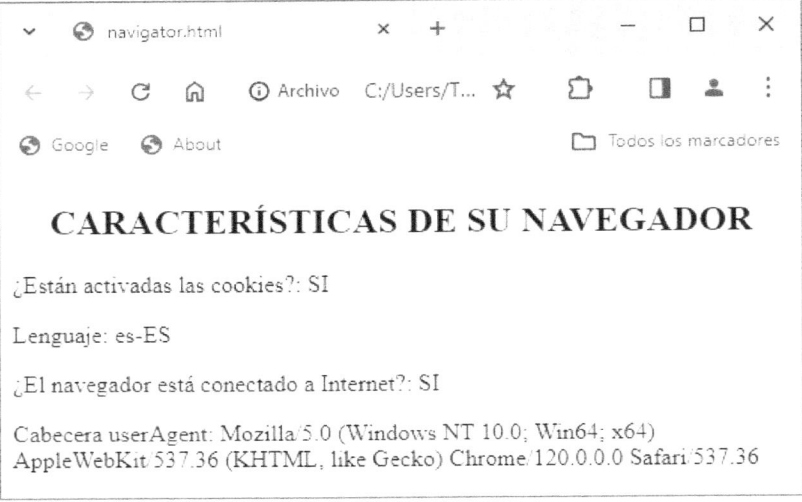

11.5 LAS DIRECCIONES WEB

La función principal de un navegador es mostrar páginas web, a las que se puede acceder escribiendo su dirección en el campo de direcciones o pulsando sobre un hiperenlace. Se trata de URL que, dada su importancia, deben poder ser manejadas desde JavaScript con el fin de mostrar en cada momento el documento HTML deseado. Por ese motivo, el objeto `window` dispone del atributo `location`, cuyo valor es un objeto de tipo `location` que representa el URL de la página web mostrada en el navegador:

`window.location`

Entre los atributos del objeto `location` destacan:

- `href`. URL completo. Si se modificara, se mostraría otra página.
- `protocol`. Protocolo utilizado (generalmente, HTTP).
- `hostname`. Nombre del dominio.
- `port`. Puerto.
- `pathname`. Ruta de acceso de la página.

i Toda la información contenida en estos atributos se almacena en un objeto de tipo `DOMString`. Sin embargo, JavaScript permite trabajar con él como si fuera una cadena.

Los métodos son pocos, por lo que se enumeran todos:

- `assign(url)`. Carga el URL pasado como argumento en el navegador.
- `reload()`. Recarga el URL actual.
- `replace(url)`. Al igual que `assign()`, carga el URL pasado como argumento, pero, a diferencia de este, no permite ir hacia atrás al pulsar el botón "Retroceder" del navegador.
- `toString()`. Devuelve una cadena con el URL completo (valor similar al contenido en el atributo `href`).

i La especificación completa de este objeto se encuentra en https://developer.mozilla.org/es/docs/Web/API/Location.

Además de manejar los URL directamente, JavaScript permite acceder a una página web a partir del histórico del navegador. Esa es la razón de que el objeto `window` disponga del atributo `history`, cuyo valor es un objeto de tipo `history` que representa el historial de navegación:

`window.history`

Dicho objeto cuenta con diferentes atributos y métodos.

Entre los atributos destaca aquel que contiene el número de páginas almacenadas en el historial de navegación:

`length`

En cuanto a los métodos, los principales son:

- `back()`. Muestra la página anterior del historial de navegación. Tiene el mismo efecto que el botón "Retroceder" del navegador.

- `forward()`. Muestra la página siguiente del historial de navegación. Tiene el mismo efecto que el botón "Avanzar" del navegador.

- `go(posición)`. Muestra la página del historial situada en la posición pasada como argumento. Se trata de una posición relativa a la actual (la 0). Por ejemplo, la correspondiente a la página anterior sería -1 y la de la siguiente +1.

La información completa de este objeto se encuentra en
https://developer.mozilla.org/es/docs/Web/API/History.

Con el fin de afianzar el conocimiento de estos prácticos métodos, desarrollará tres páginas HTML compuestas por una barra de navegación superior, un contenido específico y un pie de página. Desde la barra de navegación se podrá acceder a cualquiera de las tres páginas. En cambio, desde el pie solo se podrá volver a la anterior o ir a la siguiente del historial de navegación.

El código de las tres páginas web es el mismo, excepto el texto del contenido:

```
<!DOCTYPE html>
<html>
<head>
  <meta charset="UTF-8">
  <link rel="stylesheet" href="pagina123.css">
  <script src="pagina123.js"></script>
</head>
<body>
  <div id="barra_navegacion">
    <span id="enlace1">Página1</span>
    <span id="enlace2">Página2</span>
    <span id="enlace3">Página3</span>
  </div>
  <div id="contenido">
    <h1>PÁGINA 1</h1>
  </div>
  <div id="pie">
    <img id="back" src="../Imagenes/back.png">
    <img id="forward" src="../Imagenes/forward.png">
  </div>
</body>
</html>
```

El cuerpo del documento está formado por tres contenedores <div> identificados como "barra_navegacion", "contenido" y "pie".

En la barra de navegación se encuentran los tres enlaces que llevan a las tres páginas que componen el sitio web (observe que se trata de etiquetas <span>, no <a>), cada uno de los cuales tiene su propio identificador.

El contenido de cada página es diferente. En este caso, como se trata del código de la primera página, el texto del encabezado <h1> es "PÁGINA 1". El de la segunda página sería "PÁGINA 2" y el de la tercera "PÁGINA 3".

El pie está formado por dos imágenes que permiten moverse hacia delante o atrás por el historial de navegación.

En la cabecera, además de la etiqueta <meta> que permite mostrar correctamente los acentos, se carga la hoja de estilos con el diseño gráfico de la página (etiqueta <link>) y el archivo con el código JavaScript (etiqueta <script>).

Todas las páginas HTML comparten la misma hoja de estilos CSS. Aunque no afecta al objetivo de este ejercicio, se dará una breve explicación de su código:

```css
@charset "UTF-8";

#barra_navegacion {
    display: flex;
    justify-content: space-between;
}
span {
    color: blue;
    font-weight: bold;
    margin: 10px 25px;
    cursor: pointer;
}
#contenido {
    position: absolute;
    top: 50%;
    left: 50%;
    transform: translate(-50%, -50%);
}
#pie {
    position: fixed;
    bottom: 0px;
    left: 0px;
    width: 100%;
}
#back{
    float: left;
}
#forward{
    float: right;
}
img {
    margin: 25px 25px;
    cursor: pointer;
}
```

En lo que respecta al contenedor que hace de cabecera, la combinación de valores de las propiedades `display` y `justify-content` distribuyen los enlaces de forma uniforme a lo ancho de la ventana.

De la regla de estilo que afecta a los enlaces (etiquetas `<span>`) destaca únicamente el uso de la propiedad `cursor`, que modifica la imagen del cursor cuando se sitúa sobre ellos (simula que son hiperenlaces, es decir, etiquetas `<a>`).

La regla de estilo del contenido lo centra horizontal y verticalmente en la ventana. Las propiedades utilizadas son las habituales.

La combinación de valores de las propiedades `position`, `bottom` y `left` de la regla de estilo asociada al contenedor que hace de pie de página, lo pega al fondo de la pantalla. Además, se obliga a que ocupe todo el ancho de la ventana (la propiedad `width` toma el valor 100%) para que las dos reglas de estilo posteriores desplacen las imágenes que representan los botones de navegación a ambos extremos de la pantalla (la propiedad `float` toma el valor `left` y `right` en cada una de ellas).

La última regla de estilo afecta a las dos imágenes, a las que asigna un margen de separación con los bordes de la ventana (propiedad `margin`). Al igual que se hizo con los enlaces, también se cambia la forma del cursor cuando se sitúa sobre ellas para que parezcan botones (propiedad `cursor`).

Solo queda analizar el código JavaScript, que es el mismo importado por las tres páginas HTML:

```
window.addEventListener("load", function () {
    const enlace1 = document.getElementById("enlace1");
    const enlace2 = document.getElementById("enlace2");
    const enlace3 = document.getElementById("enlace3");

    const back = document.getElementById("back");
    const forward = document.getElementById("forward");

    const path = location.pathname;
    const estilo = "3px solid blue";
    if(path.includes("pagina1")) enlace1.style.borderBottom = estilo;
    else if(path.includes("pagina2")) enlace2.style.borderBottom = estilo;
    else if(path.includes("pagina3")) enlace3.style.borderBottom = estilo;
```

```
  enlace1.addEventListener("click", function () {
    window.location.assign("pagina1.html");
  });
  enlace2.addEventListener("click", function () {
    window.location.assign("pagina2.html");
  });
  enlace3.addEventListener("click", function () {
    window.location.assign("pagina3.html");
  });

  back.addEventListener("click", function () {
    window.history.back();
  });
  forward.addEventListener("click", function () {
    window.history.forward();
  });
});
```

Como puede observar, todo el código forma parte del controlador que se ejecuta cuando termina de cargarse la página HTML, es decir, cuando el modelo DOM está completamente creado (se optó por importar el archivo JavaScript en la cabecera de dicha página).

```
window.addEventListener("load", function () {

    ...

})
```

Se trata de una función anónima en la que primero se obtienen los objetos DOM que representan las etiquetas <span> (enlace1, enlace2 y enlace3) e <img> (back y forward) desde las que se va a poder navegar por las páginas de este sitio web ficticio.

```
const enlace1 = document.getElementById("enlace1");
const enlace2 = document.getElementById("enlace2");
const enlace3 = document.getElementById("enlace3");
const back = document.getElementById("back");
const forward = document.getElementById("forward");
```

La naturaleza de las dos constantes que hay después es totalmente diferente.

En la constante path se guarda la ruta absoluta del archivo donde se encuentra el código HTML de la página web (atributo pathname del objeto location).

```
const path = location.pathname;
```

El valor de la constante `estilo` mostraría una línea azul de tres píxeles de grosor debajo del elemento al que se le asignara como valor de su propiedad `borderBottom`. Se utiliza para marcar la página actual en la cabecera (etiqueta `<span>`).

```
const estilo = "3px solid blue";
```

Suponiendo que las páginas se almacenan en archivos llamados "pagina1.html", "pagina2.html" y "pagina3.html", las siguientes sentencias `if…else` anidadas determinan la etiqueta `<span>` (`enlace1`, `enlace2` o `enlace3`) que debe llevar dicho adorno.

```
if(path.includes("pagina1")) enlace1.style.borderBottom = estilo;
else if(path.includes("pagina2")) enlace2.style.borderBottom = estilo;
else if(path.includes("pagina3")) enlace3.style.borderBottom = estilo;
```

Las últimas sentencias asocian las etiquetas `<span>` e `<img>` a un controlador que se ejecutará al pulsarlas.

El de los enlaces llama al método `location.assign()`, cuyo argumento identifica la página que se va a cargar en el navegador.

```
enlace1.addEventListener("click", function () {
  window.location.assign("pagina1.html");
});
enlace2.addEventListener("click", function () {
  window.location.assign("pagina2.html");
});
enlace3.addEventListener("click", function () {
  window.location.assign("pagina3.html");
});
```

El de las imágenes invoca a los métodos `history.back()` y `history.forward()`, según se trate de la situada a la izquierda o a la derecha, respectivamente.

```
back.addEventListener("click", function () {
  window.history.back();
});
forward.addEventListener("click", function () {
  window.history.forward();
});
```

Una vez desarrollado el código HTML, CSS y JavaScript, cargue la primera página en el navegador y muévase por las otras dos usando los enlaces de la cabecera. Después, pulse sobre la imagen izquierda del pie con el fin de ir hacia atrás deshaciendo el camino seguido con anterioridad. Luego, pulse repetidamente sobre la imagen derecha para comprobar que ese mismo camino puede volver a recorrerse en sentido contrario.

Unidad 12
ALMACENAMIENTO DE DATOS

El protocolo HTTP utilizado para el envío y recepción de páginas HTML no tiene estado, lo que significa que cada petición se trata de forma independiente (ignora las realizadas anteriormente). Puesto que el servidor web no recuerda las peticiones previas, la información de sesión o de estado manejada en la interacción con el usuario se perdería, a no ser que se utilice algún mecanismo externo al propio protocolo HTTP.

Para resolver este problema JavaScript ofrece diversas soluciones que permiten guardar y recuperar cualquier tipo de datos, tanto en el lado cliente como en el servidor. Dado que esta obra está orientada al desarrollo de aplicaciones que se ejecutan en el navegador, en esta sección se describirá únicamente el API de almacenamiento web, compuesta por los siguientes objetos:

- `localStorage`. Proporciona un almacenamiento local específico para cada sitio web. La información no tiene fecha de caducidad, por lo que podrá accederse a ella incluso después de haber cerrado el navegador.

- `sessionStorage`. Objeto similar al anterior, excepto por el hecho de que los datos solo se almacenan durante la sesión de navegación, por lo que se eliminan una vez cerrado el navegador.

Cada uno de estos objetos se almacena en un atributo con el mismo nombre del objeto `window` (en realidad se crean al acceder a cualquiera de ellos):

```
window.localStorage
window.sessionStorage
```

La información se guarda como pares *clave-valor*, como, por ejemplo ("nombre", "Tomás") o ("edad", 18).

La gestión de dicha información se realiza con los siguientes métodos:

- getItem(*clave*). Devuelve el valor de la clave pasada como argumento.
- setItem(*clave*, *valor*). Almacena una clave con su valor. Si la clave ya existiera, se sustituiría el valor que tuviera por el nuevo.
- removeItem(*clave*). Elimina la clave pasada como argumento.
- clear(). Borra todas las claves.

Dichos métodos son compartidos por ambos objetos (pertenecen al mismo tipo genérico, storage), al igual que el atributo que contiene el número de elementos (pares clave-valor) almacenados:

length

 La especificación completa de esta API la encontrará en https://developer.mozilla.org/es/docs/Web/API/Web_Storage_API.

Aunque las cookies también son un mecanismo de almacenamiento local, no se van a estudiar porque su uso está orientado al servidor. Se utilizan principalmente para que puedan crear páginas personalizadas que mejoren la experiencia de usuario y ofrezcan información publicitaria acorde a sus gustos y preferencias.

Seguro que estará deseando poner en práctica este API de almacenamiento web. Siga leyendo para descubrir su enorme potencial.

12.1 PRÁCTICAS

En las siguientes prácticas mejorará la funcionalidad de dos programas desarrollados en capítulos anteriores aprovechando las capacidades proporcionadas por los objetos localStorage y sessionStorage. En la primera utilizará el objeto sessionStorage para compartir información entre varias páginas web, en conceto, el nombre del usuario introducido en un formulario de autenticación. En la segunda, empleará el objeto localStorage para almacenar una configuración personalizada del juego de frontón (la velocidad de la pelota y el tamaño de la raqueta). De esta forma, no tendrá que volver a introducirla cada vez que abra el navegador.

12.1.1 Almacenamiento de sesión

En esta primera práctica modificará el código de otra anterior, formada por una primera página desde la que un usuario podía acceder a otra privada una vez autenticado.

El código HTML y JavaScript de esta página, que supondremos que se encuentra en los archivos "paginaAcceso.html" y "paginaAcceso.js", no sufren ninguna modificación.

Si recuerda, al pulsar el botón "ACCEDER" se abría una ventana de popup que solicitaba su usuario y la contraseña.

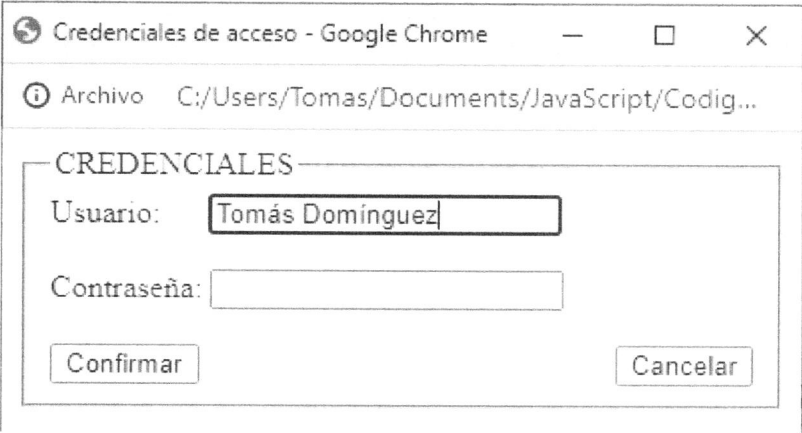

Los archivos con el código HTML y JavaScript de la página que se muestra en esta ventana secundaria supondremos que están situados en la misma carpeta que los anteriores y que se llaman "popupLogin.html" y "popupLogin.js".

El primero no sufre ninguna modificación, pero en el segundo se invoca el método sessionStorage.setItem() dentro de la función accesoAreaPrivada() para guardar el nombre del usuario con la clave "usuario" en el área de almacenamiento de sesión.

```
function accesoAreaPrivada(){
   let usuario = document.getElementById("usuario").value;
   let password = document.getElementById("contraseña").value;
   if(validarUsuario(usuario, password)){
      window.sessionStorage.setItem("usuario", usuario);
      window.open("paginaPrivada.html");
      window.close();
   }
}
```

Al pulsar el botón "Confirmar" se accede al área privada, en la que ahora (a diferencia del ejercicio original) aparecerá el nombre del usuario en la esquina superior izquierda de la página. De esta forma, se consigue transmitir un dato (en este caso, el nombre del usuario) desde una página a otra.

En esta ocasión habrá que modificar tanto el código HTML como el JavaScript (supondremos que los archivos están situados en la misma carpeta que los anteriores y que se llaman "paginaPrivada.html" y "paginaPrivada.js",).

En el código HTML se añade la etiqueta `<span>` que muestra el nombre del usuario al principio del cuerpo del documento:

```html
<body>
  <span></span>
  <button onclick="abrirPaginaAcceso()">SALIR</button>
  <div>
    <img src="../Imagenes/peligro.png">
    <h1>PÁGINA EN CONSTRUCCIÓN</h1>
  </div>
</body>
```

En el código JavaScript se añade el controlador del evento `load` de la ventana (no se ha querido cambiar de posición la etiqueta `<script>` en el código HTML). Será el encargado de obtener el nombre del usuario con el método `sessionStorage.getItem()` y asignarlo como texto de la etiqueta `<span>`:

```javascript
window.addEventListener("load", function (){
  const usuario = window.sessionStorage.getItem("usuario");
  document.querySelector("span").innerHTML = usuario;
})
```

Observe que el argumento de este método es la clave con la que se almacenó el usuario en la página de autenticación.

Si el código no funcionara correctamente y sospechara de la información que se estuviera guardando o recuperando, una de las herramientas para desarrolladores de Chrome le permitirá ver los pares clave-valor creados hasta el momento. Para ello, solo tiene que seleccionar la pestaña "Aplicación" y, luego, la opción "Almacenamiento de sesión" → "file://" situada en el panel izquierdo. En el panel derecho aparecerán las claves existentes con sus respectivos valores (en este caso solo una):

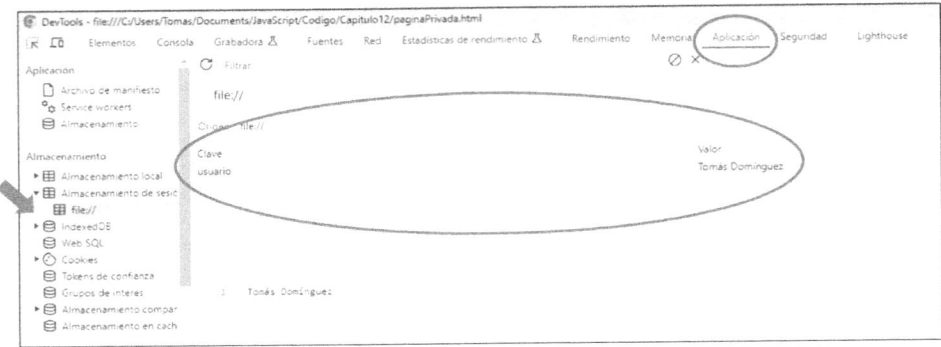

> ℹ️ El código HTML y JavaScript completo de esta práctica lo encontrará como anexo.

12.1.2 Almacenamiento persistente

En esta nueva práctica modificará el juego del frontón en el que se usaba el ratón para mover la raqueta. En concreto, añadirá un botón en la esquina superior derecha de la pantalla que, al pulsarlo, abrirá una ventana de configuración en la que se pueda establecer la velocidad de la pelota y el ancho de la raqueta.

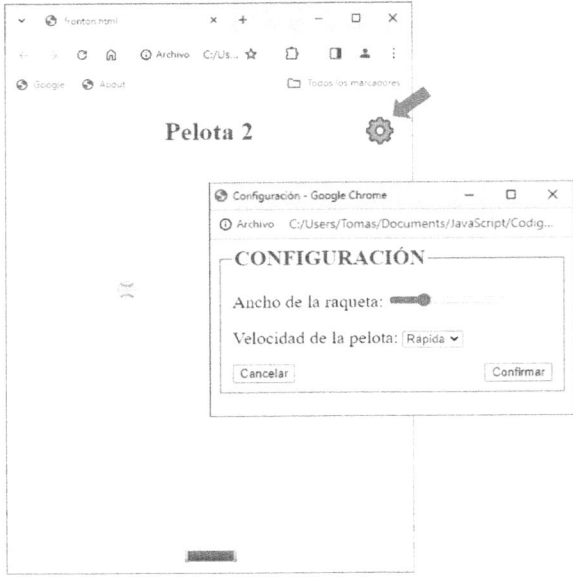

La única diferencia con en el código HTML original es la nueva la etiqueta `<img>` que muestra el botón de configuración (en realidad, se trata de una imagen).

```
<img id="configuracion" src="../Imagenes/configuracion.png"
    style="width: 40px;position: absolute;top:20px; right:20px">
```

Dicha imagen tiene un identificador (atributo `id`), que será el utilizado para obtener el objeto DOM que la representa. Con la propiedad de estilo `width` se le asigna un tamaño de 40 píxeles de ancho. Las propiedades `top` y `right` la sitúan a 20 píxeles de la esquina superior derecha de la ventana. Finalmente, la propiedad `position` toma el valor `absolute` porque las dos anteriores solo tienen efecto cuando el tipo de posicionamiento es absoluto.

En lo que respecta al código JavaScript, solo se comentarán las modificaciones realizadas sobre el tomado de base, las primeras de la cuales afectan a la declaración de las variables/constantes.

 El código HTML y JavaScript completo lo encontrará como anexo.

En primer lugar, `velocidadX` y `velocidadY` ya no son constante sino variables, ya que su valor podrá modificarse en la ventana de configuración (recuerde que son las establecen la velocidad de la pelota).

```
let velocidadX = 1;
let velocidadY = 1;
```

Por el mismo motivo, `anchoRaqueta` también deja de ser una constante, ya que su valor también puede ser modificado en la ventana de configuración.

```
let anchoRaqueta = 100;
```

Por último, se crean estas nuevas variables:

```
let anchoConfigurado;
let velocidadConfigurada;
let juegoPausado = false;
let juegoFinalizado = false;
let botonConfiguracion;
```

Las dos primeras variables (`anchoConfigurado` y `velocidadConfigurada`) almacenarán el valor elegido por el usuario en la ventana de configuración para el ancho de la raqueta y la velocidad de la pelota. Por su parte, las variables juegoPausado y juegoFinalizado indican si el juego ha sido pausado (se están configurando los parámetros del juego) o finalizado (el usuario no desea seguir jugando). La última variable (botonConfiguracion) almacenará el objeto DOM que representa el botón de configuración (en realidad, la imagen que hace de botón).

Cuando se abra la ventana de configuración se debe pausar el juego, momento en el que la pelota dejará de moverse. A tal efecto, se asocia un controlador al evento blur (se produce cuando la ventana de juego pierde el foco al ganarlo la de configuración) que únicamente asigna el valor true a la variable juegoPausado.

```
window.addEventListener("blur", function () {
  juegoPausado = true;
});
```

Para que dicha acción tenga efecto, es decir, para que se pare la pelota, será necesario añadir la siguiente sentencia al principio de la función que mueve la pelota.

```
function moverPelota(){
  if (juegoPausado) return;
  ...
}
```

Como se puede deducir del código anterior, si el juego estuviera pausado se saldría de esta función sin hacer nada (no se mueve la pelota).

Cuando la ventana de juego vuelve a recuperar el foco tras cerrarse la de configuración se lanza el evento focus, cuyo controlador será el encargado de iniciar el juego (siempre que el juego no haya finalizado).

```
window.addEventListener("focus", function () {
  if(!juegoFinalizado) iniciarJuego();
});
```

¿Cuándo finaliza el juego? En el momento que se pierden todas las pelotas de partida y el usuario ha pulsado el botón "Cancelar" en la ventana de diálogo donde se le preguntaba si quería comenzar otra partida. El código responsable de este comportamiento también se encuentra en la función moverPelota() y está formado por una sentencia if...else en cuya condición se invoca el método window.confirm(). Por lo tanto, si se pulsara el botón "Cancelar" (devuelve el valor false), además de cancelar el temporizador y mostrar el texto "FIN DE PARTIDA", se asignaría el valor true a la variable juegoFinalizado.

```
if(window.confirm("¿Desea comenzar otra partida?")){
  iniciarJuego();
}
else{
  window.clearInterval(idTemporizador);
  marcador.innerHTML = "FIN DE PARTIDA";
  juegoFinalizado = true;
}
```

Los últimos cambios se encuentran en la función iniciarJuego().

```
function iniciarJuego(){
  …
  anchoConfigurado = window.localStorage.getItem("anchoRacueta");
  if (anchoConfigurado) anchoRaqueta = parseInt(anchoConfigurado);
  velocidadConfigurada = window.localStorage.getItem("velocidadPelota");
  if (velocidadConfigurada){
    velocidadX = parseInt(velocidadConfigurada);
    velocidadY = parseInt(velocidadConfigurada);
  }
  botonConfiguracion = document.getElementById("configuracion");
  botonConfiguracion.addEventListener("click", function () {
    if(!juegoFinalizado)
      window.open("configuracionFronton.html", "configuracion",
                  "width=400, height=200");
  });
  …
  juegoPausado = false;
}
```

Una vez conocido el ancho y alto de la ventana (código representado por los puntos suspensivos iniciales), se obtiene el ancho de la raqueta. Para ello, se utiliza el método localStorage.getItem() ya que, si el usuario hubiera configurado previamente algún valor, estaría almacenado con la clave "anchoRaqueta". De existir (se cumple la condición de la sentencia if que hay a continuación), dicho valor pasaría a ser el del ancho de la raqueta.

```
anchoConfigurado = window.localStorage.getItem("anchoRaqueta");
if (anchoConfigurado) anchoRaqueta = parseInt(anchoConfigurado);
```

Es imprescindible convertir a entero el valor asociado a la clave con la función global `parseInt()`, ya que originalmente se almacena como una cadena.

Con posterioridad se realiza la misma operativa con la velocidad de la pelota (`velocidadConfigurada`).

```
velocidadConfigurada = window.localStorage.getItem("velocidadPelota");
  if (velocidadConfigurada){
    velocidadX = parseInt(velocidadConfigurada);
    velocidadY = parseInt(velocidadConfigurada);
  }
```

El siguiente código crea el objeto DOM que representa el botón de configuración (`botonConfiguracion`) y le asocia un controlador al evento `click` para que abra la ventana de configuración cuando se pulse.

```
botonConfiguracion = document.getElementById("configuracion");
botonConfiguracion.addEventListener("click", function () {
  if(!juegoFinalizado)
    window.open("configuracionFronton.html", "configuracion",
            "width=400, height=200");
});
```

Se supone que el código HTML de la ventana de configuración se encuentra en el archivo "configuracionFronton.html".

La última sentencia de la función `iniciarJuego()` asigna el valor `false` a la variable `juegoPausado` para indicar que el juego vuelve a estar operativo, estado del que salió cuando la ventana perdió el foco al abrirse la de configuración.

```
juegoPausado = false;
```

Una vez descritos los cambios realizados en el código HTML y JavaScript del juego del frontón original, llegó el momento de conocer el de la ventana de configuración.

El código HTML es el siguiente:

```
<!DOCTYPE html>
<html>
<head>
  <meta charset="UTF-8">
  <title>Configuración</title>
</head>
<body>
  <form>
    <fieldset>
      <legend style="font-size: 24px; font-weight: bold;color: blue;">
        CONFIGURACIÓN
      </legend>
      <br>
      <label for="anchoRaqueta" style="font-size: 20px;">
        Ancho de la raqueta:
      </label>
      <input type="range" id="anchoRaqueta"
             min="50" max="150" value="100">
      <br><br>
      <label for="velocidadPelota" style="font-size: 20px;">
        Velocidad de la pelota:
      </label>
      <select id="velocidadPelota">
        <option value=1>Normal</option>
        <option value=2>Rápida</option>
      </select>
      <br><br>
      <button id="confirmar" style="float: right;">Confirmar</button>
      <button id="cancelar" style="float: left;">Cancelar</button>
    </fieldset>
  </form>
  <script src="configuracionFronton.js"></script>
</body>
</html>
```

No se asuste por su extensión porque es más sencillo de lo que parece. Como puede apreciar en esta imagen, se trata de un formulario con dos elementos de entrada de datos (una barra de deslizamiento y un menú desplegable) y dos botones.

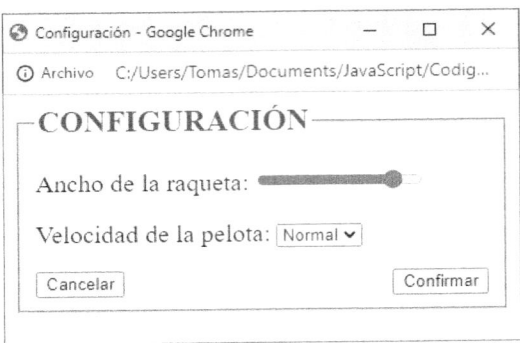

El formulario se define con la conocida etiqueta `<form>`, cuyo contenido se agrupa dentro de la etiqueta `<fieldset>` con objeto de enmarcarlo con una línea y darle el título "CONFIGURACIÓN" mediante la etiqueta `<legend>`.

```
<form>
  <fieldset>
    <legend style="font-size: 24px; font-weight: bold;color: blue;">
      CONFIGURACIÓN
    </legend>

    ...
  </fieldset>
</form>
```

Se ha optado por usar un deslizador para seleccionar el ancho de la raqueta, por lo que el atributo `type` de la etiqueta `<input>` toma el valor `"range"`. El resto de atributos especifican su identificador (`id`), el valor mínimo, el máximo y el actual (`min`, `max` y `value`).

```
<input type="range" id="anchoRaqueta" min="50" max="150" value="100">
```

El menú desplegable (etiqueta `<select>`) permite elegir entre una velocidad normal o rápida (etiquetas `<option>`). Recuerde que lo que hay entre la etiqueta de inicio y la de cierre de cada opción es el texto que se muestra al usuario, mientras que el valor del atributo `value` es el que se obtiene cuando el usuario selecciona una de ellas (la velocidad en número de píxeles).

```
<select id="velocidadPelota">
 <option value=1>Normal</option>
 <option value=2>Rápida</option>
</select>
```

Tanto la barra de deslizamiento como el menú desplegable se preceden de un texto que indica para qué sirve cada uno de ellos (etiqueta `<label>`).

```
<label for="anchoRaqueta" style="font-size: 20px;">
  Ancho de la raqueta:
</label>
...
<label for="velocidadPelota" style="font-size: 20px;">
  Velocidad de la pelota:
</label>
```

Por último, los dos botones permiten validar o descartar los cambios realizados. El valor de la propiedad de estilo float hace que el botón "Confirmar" se muestre a la derecha y el de "Cancelar" a la izquierda.

```
<button id="confirmar" style="float: right;">Confirmar</button>
<button id="cancelar" style="float: left;">Cancelar</button>
```

Por comodidad, la última etiqueta del cuerpo del documento HTML carga el archivo con el código JavaScript.

En la cabecera solo se establece un juego de caracteres UTF-8 (hay palabras acentuadas) y el título a la ventana.

El código JavaScript es el siguiente:

```
const campoAnchoRaqueta = document.getElementById("anchoRaqueta");
const campoVelocidadPelota = document.getElementById("velocidadPelota");
const botonConfirmar = document.getElementById("confirmar");
const botonCancelar = document.getElementById("cancelar");

let anchoConfigurado = window.localStorage.getItem("anchoRaqueta");
let velocidadConfigurada = window.localStorage.getItem("velocidadPelota");
if (anchoConfigurado) campoAnchoRaqueta.value = anchoConfigurado;
if (velocidadConfigurada) campoVelocidadPelota.value = velocidadConfigurada;

botonConfirmar.addEventListener("click", function () {
  window.localStorage.setItem("anchoRaqueta", campoAnchoRaqueta.value);
  window.localStorage.setItem("velocidadPelota", campoVelocidadPelota.value);
  window.close();
})
botonCancelar.addEventListener("click", function () {
  window.close();
})
```

En primer lugar, se declaran las constantes correspondientes a los objetos DOM que representan la barra de deslizamiento (campoAnchoRaqueta), el menú desplegable (`campoVelocidadPelota`) y los botones (`botonConfirmar` y `botonCancelar`). En todos ellos se hace uso del método `getElementById()`, cuyo argumento toma como valor el identificador de sus etiquetas.

```
const campoAnchoRaqueta = document.getElementById("anchoRaqueta");
const campoVelocidadPelota = document.getElementById("velocidadPelota");
const botonConfirmar = document.getElementById("confirmar");
const botonCancelar = document.getElementById("cancelar");
```

Las variables que hay a continuación (`anchoConfigurado` y `velocidadConfigurada`) contienen los valores del ancho de la raqueta y la velocidad de la pelota configurados por el usuario en partidas anteriores. En ambos casos se obtiene con el método `localStorage.getItem()` a partir de las claves con las que se almacenan (`"anchoRaqueta"` y `"velocidadPelota"`).

```
let anchoConfigurado = window.localStorage.getItem("anchoRaqueta");
let velocidadConfigurada = window.localStorage.getItem("velocidadPelota");
```

Si existieran dichas claves (condición de las sentencias `if` que hay justo después), sus valores quedarían reflejados en la barra de deslizamiento y en el menú desplegable al asignarlos al atributo `value` de cada uno de ellos (en caso contrario, mantendría los valores por defecto).

```
if(anchoConfigurado) campoAnchoRaqueta.value = anchoConfigurado;
if(velocidadConfigurada) campoVelocidadPelota.value = velocidadConfigurada;
```

Por último, se asocian los controladores del evento `click` a los botones.

El del botón "Confirmar" almacena los valores de los controles gráficos con su clave correspondiente mediante el método `localStorage.setItem()`.

```
window.localStorage.setItem("anchoRaqueta", campoAnchoRaqueta.value);
window.localStorage.setItem("velocidadPelota", campoVelocidadPelota.value);
```

Seguidamente, cierra la ventana.

```
window.close();
```

El controlador del botón "Cancelar" únicamente cierra la ventana.

Llegó el momento de probar si al pulsar el botón de configuración se abre la ventana que se acaba de describir y que los valores elegidos para el tamaño de la raqueta y la velocidad de la pelota se aplican al juego. Como en esta ocasión se ha utilizado un tipo de almacenamiento persistente (no de sesión), estos valores se mantendrán aunque se cierre el navegador, por lo que no tendrá que volver a ajustarlos cuando lo abra de nuevo.

Al igual que sucedía con el almacenamiento de sesión, en Chrome se pueden consultar los pares clave-valor almacenados localmente. Para ello, solo tiene que seleccionar la pestaña "Aplicación" y luego seleccionar la opción "Almacenamiento local" → "file://", situada en el panel izquierdo. A la derecha verá las claves y sus valores asociados, tal como aparecen en la siguiente imagen:

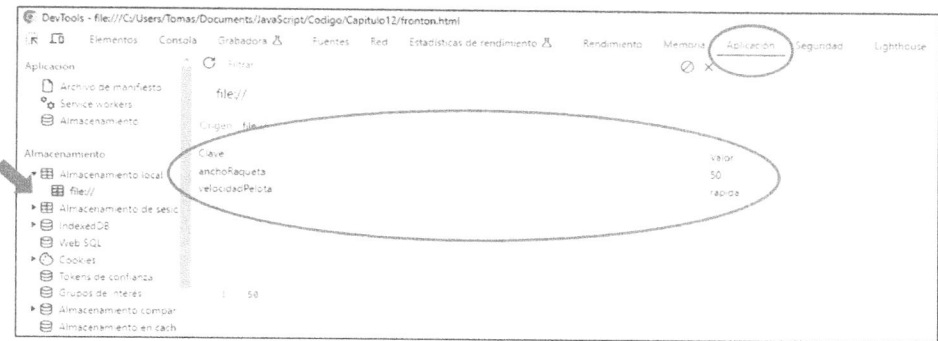

Al pulsar con el botón derecho del ratón sobre una clave o su valor, se despliega un menú cuyas opciones permiten actualizar, editar o eliminar cualquiera de ellas.

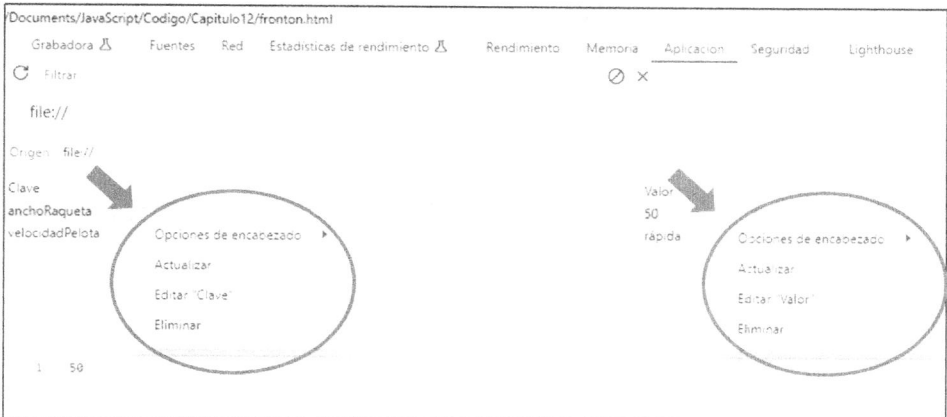

Solo le queda disfrutar del juego o seguir mejorándolo, por ejemplo, añadiendo una barra de deslizamiento a la ventana de configuración con la que se pueda modificar la proyección de la velocidad en los ejes X e Y de manera independiente. De este modo conseguirá efectos de bote diferentes, añadiendo un nivel de dificultad adicional al juego. No dude er. incorporar todo lo que se le ocurra, ya que solo así pondrá en práctica sus conocimientos y afianzará lo que ahora no es más que teoría.

Unidad 13
APLICACIONES MÓVILES

Aunque los ordenadores portátiles y los de escritorio son la mejor opción para navegar por Internet debido al tamaño de su pantalla, lo cierto es que, incluso en casa, utilizamos cada vez más el teléfono móvil. Uno de los motivos, aparte de estar siempre con nosotros, es que disponen de pantallas táctiles capaces de interpretar gestos (algunos de los cuales requieren múltiples puntos de contacto, imposibles de simular con un ratón en ordenadores personales) que aumentan sustancialmente la usabilidad de las aplicaciones.

Por si esto fuera poco, los dispositivos móviles también disponen de sensores que no suelen tener los ordenadores portátiles o de sobremesa, como giroscopios y acelerómetros, capaces de detectar su posición en el espacio. Esto abre nuevas posibilidades de manejo de aplicaciones, ya que utilizados adecuadamente permiten convertir el propio teléfono en un mando de control (los juegos son un claro ejemplo).

Así pues, hoy en día resulta imprescindible diseñar aplicaciones web que no solo se ejecuten en ordenadores convencionales sino en dispositivos móviles. Por ese motivo, el BOM ofrece una serie de eventos específicos que facilitan tanto el manejo de las pantallas táctiles como el empleo de los sensores que habitualmente acompañan este tipo de dispositivos.

A diferencia de los ejercicios realizados anteriormente, en los que las páginas web estaban almacenadas en el mismo ordenador donde se ejecutaba el navegador, en los que haga a partir de ahora las páginas HTML se desarrollarán en un ordenador personal y se verán desde un teléfono móvil (o una tableta). Por este motivo, necesariamente deberán estar almacenadas en un servidor web que haga posible su acceso a través de un URL. Si ya dispone de un servicio de hosting web o de su propio servidor web local y se encuentra cómodo con él, solo tiene que llevar allí los archivos HTML y JavaScript de la forma habitual. En caso contrario, la siguiente sección le enseñará a instalar y utilizar uno de los servidores web más populares, XAMPP.

13.1 EL SERVIDOR WEB DE XAMPP

Aunque el título de esta sección haga referencia a XAMPP como un servidor web, en realidad es una completa caja de herramientas que gira en torno al servidor web de código abierto Apache. Creado y mantenido por una comunidad de usuarios supervisada por la organización sin ánimo de lucro Apache Software Foundation, es, sin ningún género de dudas, el servidor web más usado en todo el mundo por su demostrada seguridad y estabilidad.

El acrónimo XAMPP hace referencia a la diversidad de sistemas operativos en los que puede instalarse (X), al servidor web de Apache que forma el núcleo de este paquete software (A), al sistema de gestión de base de datos MySQL que incorpora (M) y a los dos lenguajes de programación que soporta, PHP y Perl (PP). Se trata, por lo tanto, de una navaja suiza que permite afrontar todo tipo de desarrollos web.

Aunque solo por el hecho ofrecer un servidor web Apache ya es motivo suficiente para escoger esta herramienta, en la elección también ha influido otros factores no menos importantes, como el hecho de que sea gratis, la gran cantidad de utilidades que incorpora (su acrónimo solo hace alusión a las más importantes), no requerir ningún tipo de configuración para ponerlo en marcha de forma inmediata y su facilidad de instalación.

Para demostrar esta última afirmación, a continuación se describe dicho proceso de instalación, que puede realizarse tanto en plataformas Windows, Linux como MacOS.

En primer lugar, vaya a la página https://www.apachefriends.org/es/download.html y descargue el archivo correspondiente a la última versión de su sistema operativo (en el momento de escribir esta obra es la 8.2.12).

Una vez finalizada la descarga del archivo de instalación (en mi caso, "xampp-windows-x64-8.2.12-0-VS16-installer.exe"), ejecútelo. Aparecerá una ventana en la que solo tiene que pulsar el botón "Next".

La siguiente ventana le permitirá elegir los componentes que quiera instalar. Aunque en los ejercicios de este capítulo no se requiere ninguno, le aconsejo mantenerlos por si en un futuro se anima a desarrollar aplicaciones web en el lado servidor. En cualquier caso, haga clic en el botón "Next."

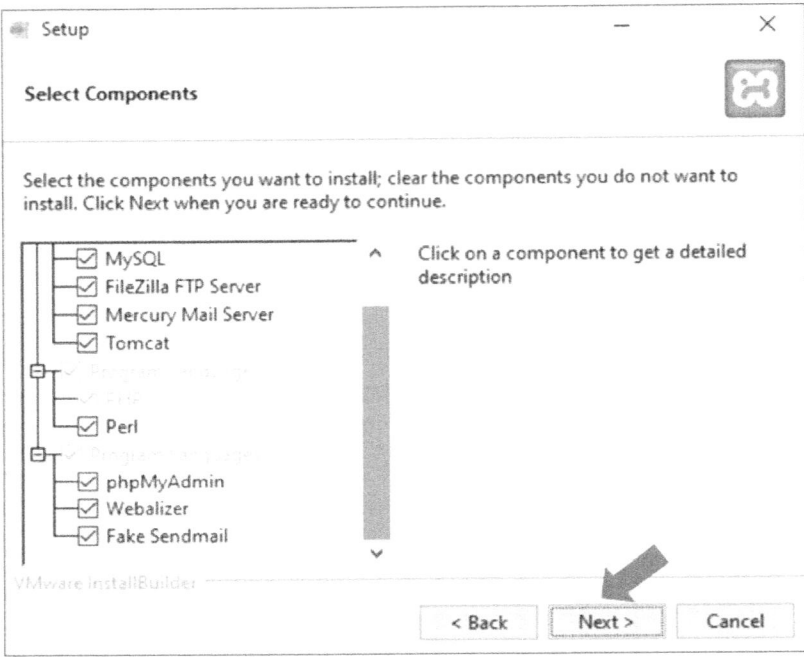

Aparecerá una nueva ventana en la que podrá decidir la carpeta de instalación. Si no tiene ninguna preferencia, use la propuesta (C:\xampp). En la siguiente elija el idioma inglés (a no ser que sepa alemán).

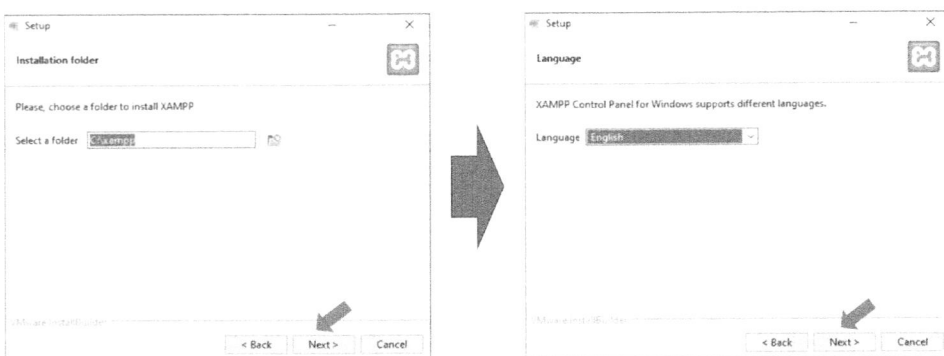

A partir de aquí comienza el proceso de instalación, en el que verá una serie de ventanas de símbolo del sistema. Espere a que se vayan cerrando hasta que en la del instalador se indique la finalización del proceso.

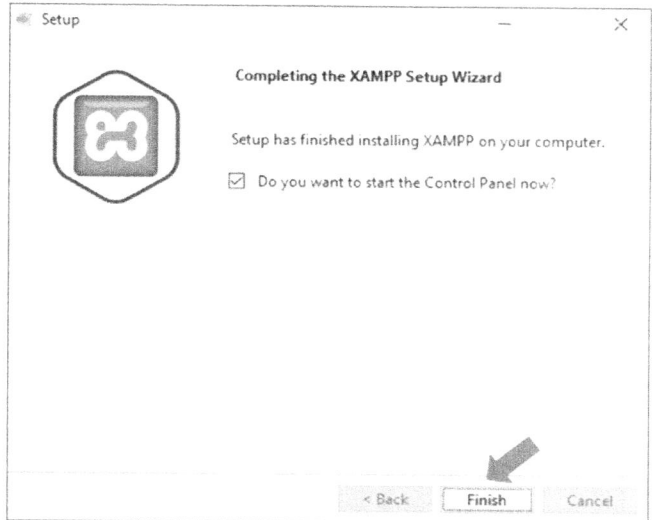

Mantenga seleccionado el *check* para que se ejecute el panel de control al pulsar el botón "Finish". Su aspecto es el mostrado a continuación:

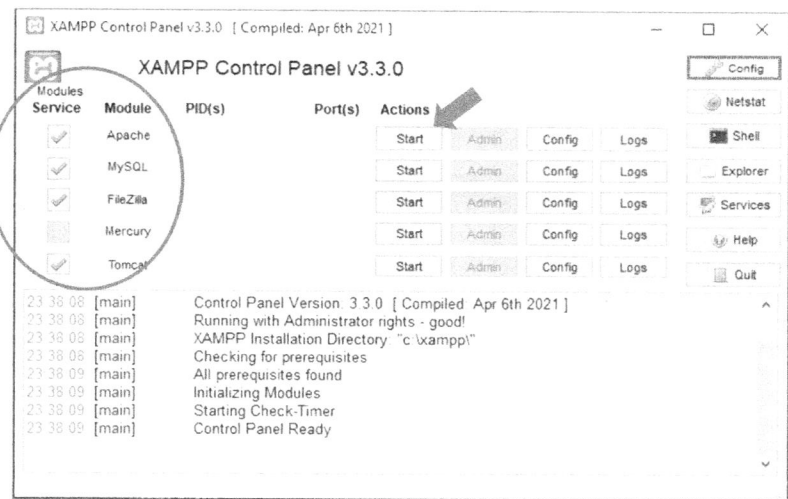

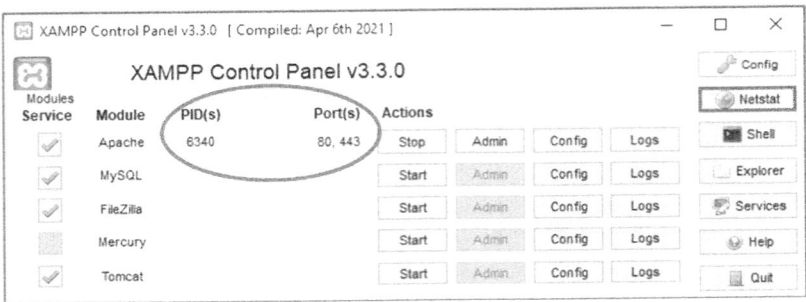

Los módulos instalados están visibles en la parte izquierda. De todos ellos utilizará únicamente el del servidor web de Apache. Para arrancarlo, solo tiene que hacer clic en el botón "Start" situado a su derecha. A los pocos segundos verá el identificador del proceso (PID) del servidor web y los puertos estándar por los que escucha las peticiones (el 80 si es HTTP y el 443 para HTTPS).

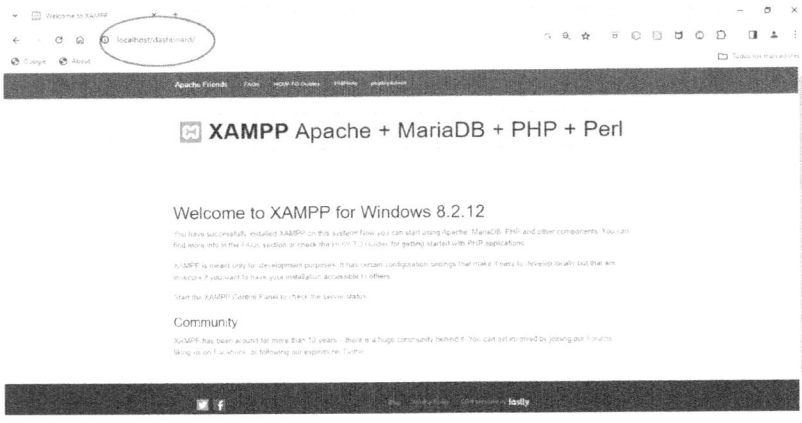

Observe que el botón "Start" pasa a ser "Stop", lo que indica que al volver a pulsarlo detendría el servidor web.

Para comprobar que el servidor web está arrancado, escriba la siguiente URL en la barra de direcciones de su navegador:

http://localhost

Aparecerá la página *home* de XAMPP, señal de que ya dispone de su propio servidor web local.

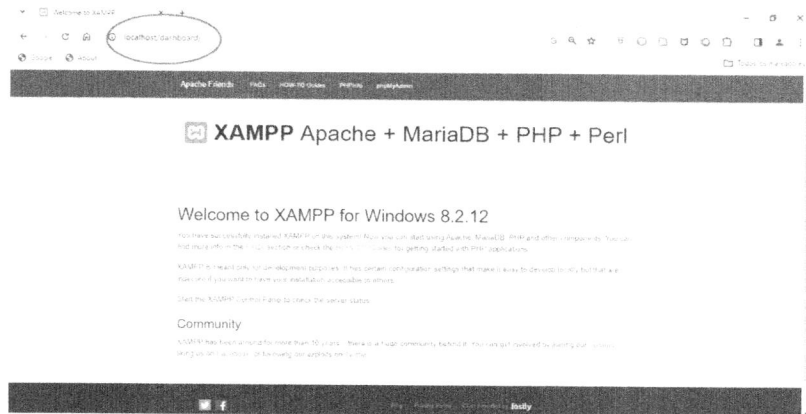

El botón "Admin" del panel de control provoca el mismo efecto, ya que abre esta misma página en el navegador predeterminado de su ordenador.

Ya solo queda saber cómo se publican las páginas web. A este respecto, debe saber que el directorio raíz del servidor web se encuentra en la carpeta "htdocs" de la instalación de XAMPP. Si mantuvo la propuesta por defecto, estaría en la ruta:

    C:\xampp\htdocs

Es allí donde tendrá que copiar la página web y todos los archivos con los recursos que requiera (hojas de estilo, código JavaScript, archivos de audio, imágenes, etc.).

A modo de ejemplo, la primera página que publicará será aquella que permitía mover un texto y la imagen del Coliseo con el ratón. Para ello, solo tiene que copiarla en la carpeta anterior junto con el código JavaScript (archivos "editorPaginasWeb.html" y "editorPaginasWeb.js"). La imagen JPG deberá llevarla a la carpeta "Imagenes", que deberá haber creado previamente.

La siguiente imagen muestra el contenido de la carpeta "htdocs" una vez realizadas estas acciones.

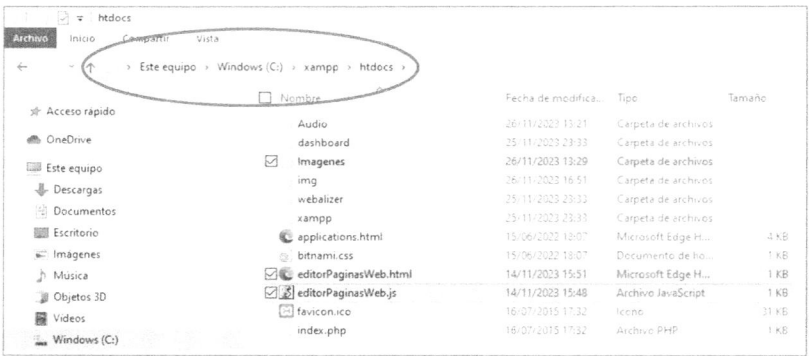

Ahora escriba esta URL en la barra de direcciones de su navegador:

http://localhost/editorPaginasWeb.html

El resultado debe ser el que ya conoce, con la diferencia de que ahora podrá acceder a esta página, no solo desde su ordenador, sino desde cualquier otro conectado a la misma red WiFi, ya que esta página HTML la está ofreciendo el servidor web de XAMPP (no la está cargando del disco duro).

Sin embargo, cuando quiera abrir esta página desde otros dispositivos deberá conocer la dirección IP del servidor, ya que la palabra "localhost" solo puede emplearse en aquel donde reside el servidor web. A tal efecto, pulse el botón "Netstat" del panel de control y, en la ventana que aparece, busque el proceso "System" porque su dirección IP coincide con la que está buscando.

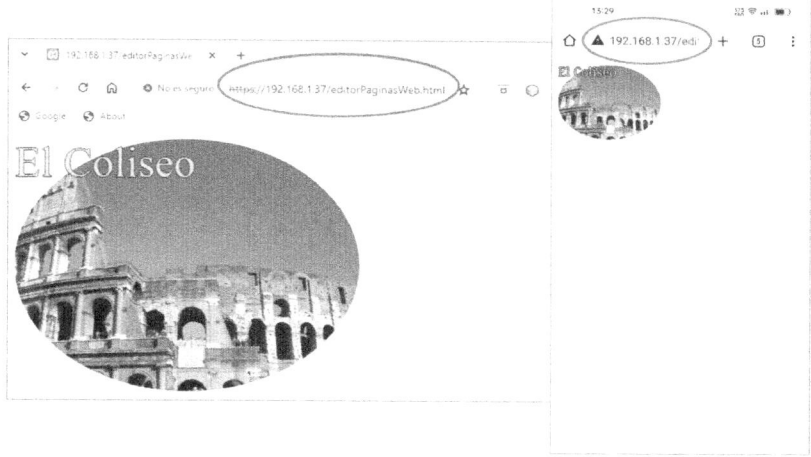

En la imagen anterior puede observar que, en este caso en concreto, se trata de la IP 192.168.1.37. Por lo tanto, si quisiera cargar la página HTML anterior en un dispositivo móvil deberá escribir la siguiente URL en la barra de direcciones de su navegador:

http://192.168.1.37/editorPaginasWeb.html

De momento, en el teléfono móvil no podrá mover la imagen ni el texto porque solo reconoce los eventos de ratón, no táctiles. En la siguiente sección modificará el código JavaScript para que también funcione en este tipo de pantallas.

Una vez realizadas las pruebas, no se olvide de parar el servidor web pulsando el botón "Stop" del panel de control, esperar a que desaparezca el número del PID (algo que puede tardar varios segundos) y salir del panel de control con el botón "Quit". Si no siguiera estos pasos (por ejemplo, matando directamente la ventana de la herramienta), se irían acumulando procesos que consumirían cada vez más recursos del ordenador.

Por último, puesto que durante la realización de las siguientes prácticas usará con frecuencia esta herramienta (siempre que no quiera usar su propio servidor web o un servicio de hosting), quizá le interese disponer de un acceso directo al panel de control de XAMPP en su escritorio. Existen múltiples alternativas, La más sencilla es hacer clic en el botón de inicio de Windows para desplegar el menú con todas las aplicaciones instaladas (por su nombre, XAMPP estará entre las últimas), seleccionar "XAMPP Control Panel" y arrastrarlo al escritorio.

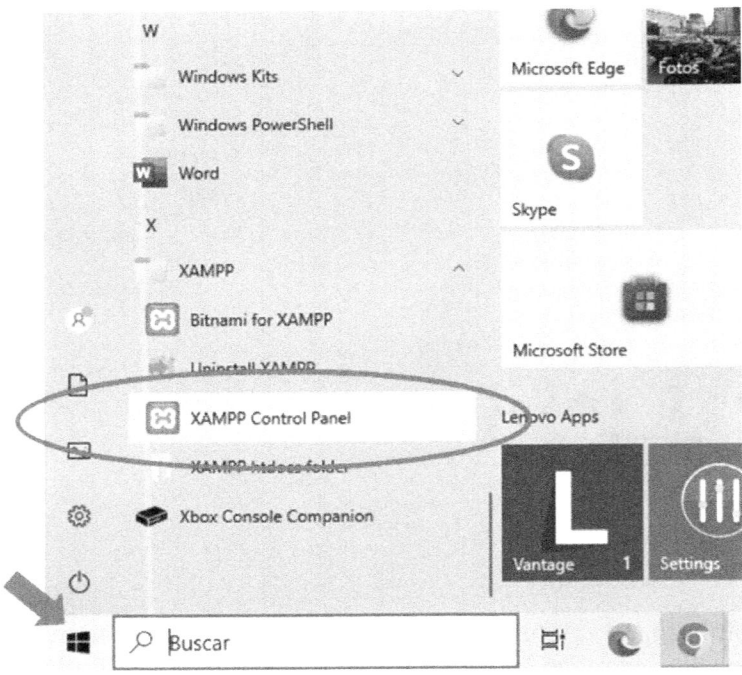

Si prefiriese crear el acceso directo de la forma tradicional, pulse con el botón derecho sobre el escritorio y seleccione la opción Nuevo → "Acceso directo". En este caso, debe saber que la ruta del archivo ejecutable del panel de control es:

C:\xampp\xampp-control.exe

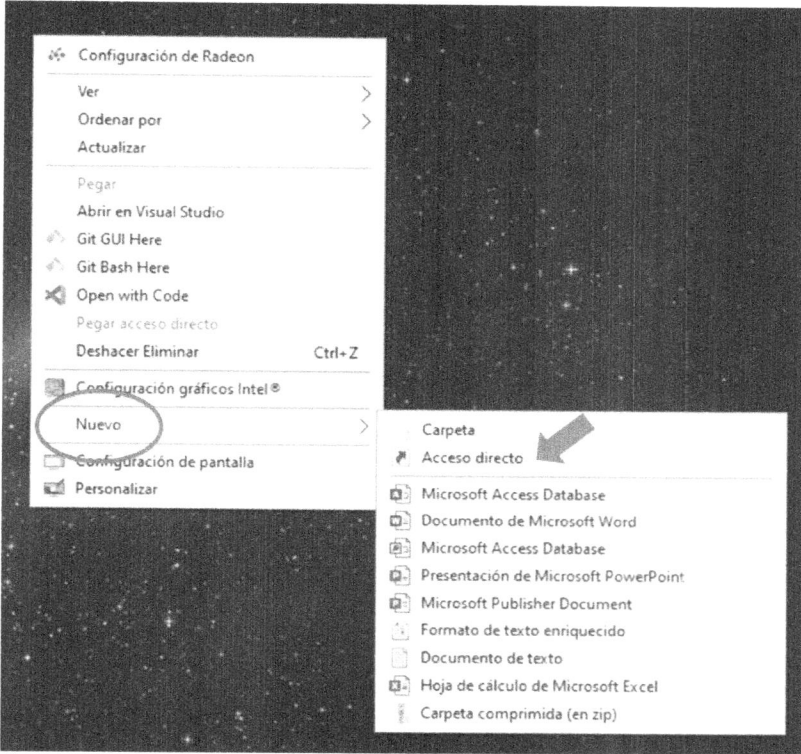

13.2 PANTALLAS TÁCTILES

Puesto que las aplicaciones mostradas en este tipo de pantallas se manejan con los dedos (o un lápiz táctil), JavaScript ofrece una serie de objetos y eventos específicos que permiten saber qué, cómo y dónde se tocó. El principal es touch, ya que representa el punto de contacto con la pantalla. Este objeto, que no tiene ningún método, dispone de los siguientes atributos (todos ellos de solo lectura):

- screenX y screenY. Coordenadas x, y del punto dcnde se tocó respecto de la pantalla.

- clientX y clientY. Coordenadas x, y del punto donde se tocó respecto del área visible de la ventana del navegador (en inglés, *viewport*).

- pageX y pageY. Coordenadas x, y del punto donde se tocó respecto de todo el documento (no solo del área visible). Si este fuera mayor que la pantalla (hay que hacer scroll para verlo completamente), dichas coordenadas incluirían el ancho y/o el alto de la parte oculta.

- `target`. Elemento HTML tocado inicialmente.
- `force`. Presión ejercida sobre la pantalla. Su valor varía ente 0.0 y 1.0.

> *i* Cuando se toca la pantalla con el dedo (en vez de un lápiz táctil), a veces es necesario trabajar con un área de contacto en vez de un solo punto. En ese caso, los atributos `radiusX`, `radiusY`, `rotation` y `angle` describen la elipse que mejor coincide con la zona donde se tocó la pantalla.

> *i* La descripción completa de este objeto la encontrará en https://developer.mozilla.org/en-US/docs/Web/API/Touch.

Si el usuario tocara la pantalla en varios puntos (en vez de uno), estos se almacenarían en un objeto de tipo `touchList`. Solo tiene un atributo, cuyo valor es el número de objetos de tipo `touch` que contiene la lista:

`length`

También dispone de un único método, que devuelve el objeto de tipo `touch` situado en la posición pasada como argumento:

`item(posición)`

Cuando se produce algún cambio en la interacción con la pantalla (se toca con uno o varios dedos, se arrastran, se juntan, se separan o se levantan), se produce un evento representado por un objeto de tipo `touchEvent`. Al tratarse de un evento, dispone de todos los atributos ya estudiados del objeto `event`, a los que se añaden aquellos propios de su naturaleza táctil (todos ellos de solo lectura):

- `changedTouches`. Lista con los puntos de contacto que han cambiado desde el último evento táctil producido (el anterior a este). Se trata de un objeto de tipo `touchList` cuyos elementos son objetos de tipo `touch`.

- targetTouches. Lista con los puntos de contacto que se iniciaron en el elemento que generó el evento (objeto de tipo touchList).
- touches. Lista con los puntos de contacto actual (objeto de tipo touchList).

La especificación completa del objeto touchEvent se encuentra en https://developer.mozilla.org/es/docs/Web/API/TouchEvent.

Entre los atributos heredados del objeto genérico event se encuentran:

```
target
type
```

El primero contendría el elemento HTML sobre el que se pulsó (el que generó el evento). El valor de type es una cadena con el nombre (tipo) de evento generado, en concreto:

- "touchstart". Se toca con un dedo sobre la pantalla. El atributo target del evento contendrá el elemento sobre el que se pulso.
- "touchend". Se deja de tocar la pantalla. El atributo target del evento contendrá el elemento sobre el que se pulsó inicialmente, es decir, el generado por el tipo de evento anterior. Esto es así, incluso aunque el punto de contacto se hubiera movido fuera de dicho elemento.
- "touchmove". Se mueve el dedo por la superficie de la pantalla. Al igual que en el tipo de evento anterior, el atributo target del evento contendrá el elemento sobre el que se pulso inicialmente, aunque el punto de contacto se mueva fuera de este. La frecuencia con la que se genere dependerá del navegador y la capacidad de procesamiento del propio dispositivo.
- "touchcancel". Se interrumpe con brusquedad el punto de contacto. Esta situación ha podido ser provocada por diferentes motivos: que hubiera demasiados puntos de contacto en la pantalla, que se produjera otro evento que entrara en colisión, que el punto de contacto se trasladara a un contenido externo al navegador, etc. En general, son situaciones de error que conviene manejar con el fin de que la aplicación siga funcionando correctamente (no se bloquee).

> ℹ️ Los navegadores suelen emular un clic de ratón cuando se da un toque con un dedo en la pantalla. Para evitarlo, llame el método `preventDefault()` del evento. Si deseara mantener ambos tipos de evento, en la siguiente página se indica cómo hacerlo: https://developer.mozilla.org/en-US/docs/Web/API/Pointer_events.

Cuando utilice este tipo de eventos, deberá saber si la aplicación se ejecuta en un dispositivo con pantalla táctil. Una forma sencilla de averiguarlo es consultar el valor del siguiente atributo del objeto navigator, ya que contiene el número máximo de puntos de contacto simultáneos que admite:

```
maxTouchPoints
```

Si su valor fuera 0, significaría que la pantalla no es táctil.

El siguiente código HTML muestra un ejemplo de uso:

```
<!DOCTYPE html>
<html>
<head>
  <meta charset="UTF-8">
  <meta name="viewport" content="width=device-width, initial-scale=1.0">
  <style>
    div {
        position: absolute;
        top: 50%;
        left: 50%;
        transform: translate(-50%, -50%);
        text-align: center;
        font-size: 24px;
    }
  </style>
</head>
<body>
  <div>
    <script>
      if (window.navigator.maxTouchPoints)
          document.write("Esta pantalla es táctil");
      else document.write("Esta pantalla NO es táctil");
    </script>
  </div>
</body>
```

El cuerpo del documento HTML solo se compone de un contenedor cuyo texto se crea con el método document.write() según el valor del atributo navigator.maxTouchPoints.

```
if (window.navigator.maxTouchPoints)
    document.write("Esta pantalla es táctil");
else document.write("Esta pantalla NO es táctil");
```

En la cabecera le habrá llamado la atención una etiqueta desconocida hasta ahora:

```
<meta name="viewport" content="width=device-width, initial-scale=1.0">
```

Se encarga de ajustar la página al área de visualización o al tamaño de la pantalla del dispositivo. A partir de ahora la verá con frecuencia.

La regla de estilo centra en la ventana del navegador el contenedor con el texto que indica si la pantalla es táctil o no (además de especificar su alineación y el tamaño de la fuente).

Una vez desarrollado el documento HTML, sitúelo en la carpeta "htdocs" de la herramienta XAMPP y arranque el servidor web. Suponiendo que dicho documento se encuentra en el archivo "isTouchDevice.html" y el servidor web atiende las peticiones HTTP por la dirección IP 192.168.1.37, su URL de acceso sería:

http://192.168.1.37/isTouchDevice.html

Hecho esto, obtendrá un resultado similar al mostrado a continuación, en el que se ha utilizado un ordenador personal (izquierda) y un teléfono móvil (derecha):

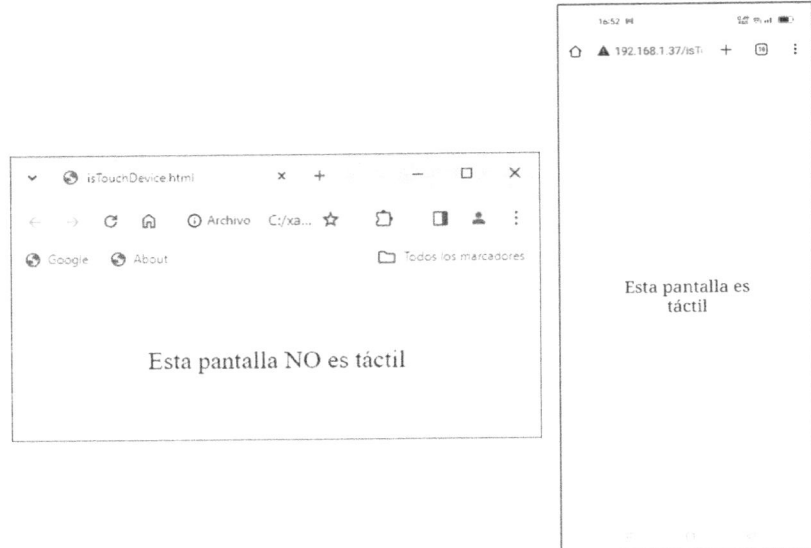

13.2.1 Prácticas

Una vez conocidos los objetos que representan los puntos de contacto y los eventos que se generan cuando se toca la pantalla, llegó el momento de poner en práctica estos nuevos conocimientos. A tal efecto, realizará un primer ejercicio en el que adaptará el editor de páginas web desarrollado en un capítulo anterior para que funcione en teléfonos móviles. En el siguiente ejercicio creará un completo juego (atrapa el zombi) que le permitirá pasar un buen rato demostrando su destreza, no solo programando, sino para deshacerse del mayor número de muertos vivientes en el menor tiempo posible. No se lo pierda, porque se añadirán efectos visuales y sonoros que le introducirán en un mundo terrorífico.

13.2.1.1 *Editor de páginas web*

Si recuerda, esta sencilla aplicación permitía mover cualquier elemento que hubiera en el cuerpo del documento HTML (siempre que su posicionamiento fuera absoluto), en concreto, un texto y la imagen del Coliseo. Si en aquella ocasión se recurrió a los eventos mouseup, mousedown y mousemove, en esta hará uso de touchstart y touchmove.

El documento HTML es el mismo desarrollado en la práctica original, al que se añade la siguiente etiqueta en la cabecera para que la página se ajuste al área de visualización o el tamaño de la pantalla del dispositivo móvil:

```
<meta name="viewport" content="width=device-width, initial-scale=1.0">
```

El código JavaScript es, quizá, más sencillo que el utilizado de base ya que solo hace uso de dos eventos (touchstart y touchmove):

```
let offsetX, offsetY;
let elemento;

document.addEventListener("touchstart", function(evento) {
    const puntoContacto = evento.targetTouches[0];
    elemento = puntoContacto.target;
    if(elemento.nodeName != "HTML"){
        offsetX = puntoContacto.clientX - elemento.getBoundingClientRect().left;
        offsetY = puntoContacto.clientY - elemento.getBoundingClientRect().top;
    }
});
```

```
document.addEventListener("touchmove", function(evento) {
    evento.preventDefault();
    const nuevoPuntoContacto = evento.changedTouches[0];
    elemento.style.left = nuevoPuntoContacto.clientX - offsetX;
    elemento.style.top  = nuevoPuntoContacto.clientY - offsetY;
});
```

El significado de las variables que se declaran al inicio es el mismo del programa original. Si recuerda, offsetX y offsetY establecían la distancia entre el punto donde se había pulsado el elemento HTML (contenido en la variable elemento) y el de su esquina superior izquierda.

```
let offsetX, offsetY;
let elemento;
```

Cuando se toca la pantalla se lanza el evento touchstart, momento en el que su controlador obtiene el elemento HTML pulsado, que se encuentra en el atributo target del punto de contacto. Dicho punto de contacto será el primero (y el único, ya que se supone que se ha tocado con un solo dedo) de la lista contenida en el atributo targetTouches del propio evento.

```
const puntoContacto = evento.targetTouches[0];
elemento = puntoContacto.target;
```

Luego, se comprueba que no se haya pulsado sobre una zona vacía de la página, es decir, que la etiqueta del elemento (atributo nodeName) no sea la del propio documento HTML. Si se tratara de cualquier otra etiqueta, se calcularían los valores offsetX y offsetY, ya que, a diferencia de los eventos de ratón, en los táctiles no existen los atributos offsetX y offsetY. Estos valores representan la diferencia entre las coordenadas del punto de contacto y las de la esquina superior izquierda del rectángulo que enmarca el elemento. Las primeras se encuentran en las propiedades clientX y clientY del punto de contacto. Las segunda están en los atributos left y top del rectángulo devuelto por el método getBoundingClientRect() del elemento.

```
if(elemento.nodeName != "HTML"){
    offsetX = puntoContacto.clientX - elemento.getBoundingClientRect().left;
    offsetY = puntoContacto.clientY - elemento.getBoundingClientRect().top;
}
```

La siguiente imagen muestra gráficamente dichos cálculos:

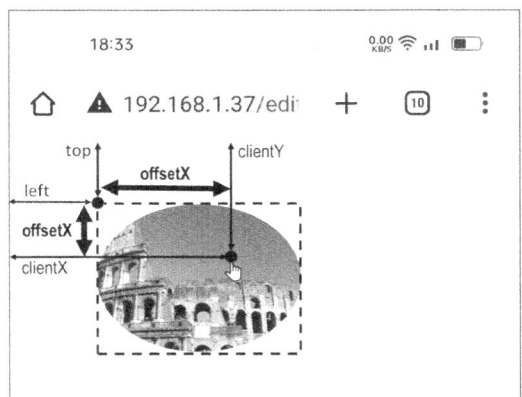

Para mover un elemento es necesario capturar el evento touchmove que delata los desplazamientos del dedo. Su controlador obtiene inicialmente la posición a la que se ha movido, almacenada en el atributo changedTouches del evento. Aunque su valor es una lista, estará formada por un único elemento (se supone que se toca la pantalla con un dedo), por lo que el nuevo punto de contacto será el primero.

```
const nuevoPuntoContacto = evento.changedTouches[0];
```

A continuación, se desplaza el elemento a la nueva posición (nuevoPuntoContacto), para lo cual se asigna el valor de sus coordenadas (atributos clientX y clientY) a las propiedades de estilo left y top una vez restado el offset correspondiente.

```
elemento.style.left = nuevoPuntoContacto.clientX - offsetX;
elemento.style.top = nuevoPuntoContacto.clientY - offsetY;
```

Antes de probar este código en un teléfono móvil, recuerde que los archivos HTML y JavaScript deben estar en la capeta "htdocs" de XAMPP, en la que también debe haber creado otra carpeta ("Imágenes") dentro de la que se encuentre el archivo JPG del Coliseo. Por último, asegúrese de que el servidor web está arrancado.

Si no ha cometido ningún error, al cargar la página deberá ser capaz de mover tanto el texto como la imagen de forma correcta… hasta que arrastre alguno de estos elementos hacia abajo demasiado deprisa, momento en el que la página adquiere de nuevo su aspecto original. Eso es debido a que, por defecto, este gesto provoca la recarga de la página. Para bloquear dicho comportamiento, añada la propiedad de estilo touch-action a la etiqueta <html> y asígnele el valor pan-down para desactivarlo.

```
<html style="touch-action: pan-down">
```

Aunque el manejo de gestos que realiza por defecto el navegador se desactiva llamando al método preventDefault(), en los teléfonos móviles también se debe usar la propiedad touch-action con el fin de garantizar que este conozca la intención de la aplicación antes de invocar cualquiera de los controladores de eventos.

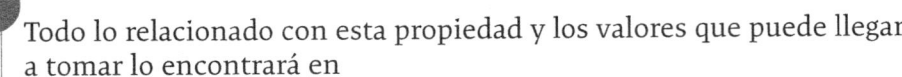

Todo lo relacionado con esta propiedad y los valores que puede llegar a tomar lo encontrará en https://developer.mozilla.org/en-US/docs/Web/CSS/touch-action.

Una vez que ya sabe mover los elementos HTML de una página web tanto con el ratón como con el dedo en una pantalla táctil, le dejo como ejercicio combinar el código de ambas prácticas en uno capaz de ejecutarse en cualquier tipo de dispositivo.

13.2.1.2 *Atrapa el zombi*

En esta nueva práctica realizará un entretenido juego donde irán apareciendo una serie de zombis en posiciones aleatorias de la pantalla. El reto consiste en eliminarlos aplastándolos con el dedo hasta convertirlos en una mancha de sangre. Dispondrá de 10 segundos para deshacerse del mayor número posible de ellos.

Debido a su extensión (no por su complejidad, que no la tiene), el código HTML, CSS y JavaScript se describirá en secciones independientes.

13.2.1.2.1 *Código HTML*

Tal como se acaba de anticipar, el código HTML es fiel reflejo de la sencillez de este programa.

```html
<!DOCTYPE html>
<html>
<head>
    <meta charset="utf-8">
    <meta name="viewport" content="width=device-width, initial-scale=1.0">
    <link rel="stylesheet" href="zombis.css">
</head>
<body>
    <h3 id="puntuacion"></h3>
    <h3 id="tiempo"></h3>
    <div>
        <button>Pulsar para empezar</button>
    </div>
    <audio id="explosion" src="Audio/explosion.ogg"></audio>
    <audio id="fondoMusical" src="Audio/terror.wav" loop></audio>
    <script src="zombis.js"></script>
</body>
</html>
```

En el cuerpo del documento solo hay dos etiquetas `<h3>` cuyo identificador (atributo `id`) indica claramente que se trata de los marcadores que muestran el tiempo transcurrido y la puntuación obtenida (número de zombis abatidos).

```html
<h3 id="puntuacion"></h3>
<h3 id="tiempo"></h3>
```

La siguiente etiqueta es el botón que tendrá que pulsar para empezar la partida. Se ha incluido dentro de un contenedor `<div>` con el fin de centrarlo en pantalla.

```html
<div>
    <button>Pulsar para empezar</button>
</div>
```

Para dar ambiente al juego, durante la partida se escuchará una música de fondo escalofriante. Además, cada vez que se elimine uno de los zombis se oirá una explosión. De esta forma, se producirá una sensación inmersiva que trasladará al jugador al tenebroso escenario donde se desarrolla la acción. Estos efectos sonoros se cargan mediante las correspondientes etiquetas <audio>. Observe que la segunda incluye el atributo loop ya que, al tratarse de la música ambiente, deberá escucharse continuamente.

```
<audio id="explosion" src="Audio/explosion.ogg"></audio>
<audio id="fondoMusical" src="Audio/terror.wav" loop></audio>
```

Los archivos de audio, que deberán almacenarse en la carpeta "Audio", se descargarán del sitio https://freesound.org/. Uno de ellos ya lo tiene de un ejercicio anterior (el efecto de la explosión, código 587196), por lo que solo tendrá que obtener el archivo .wav con la música ambiente ("The Terror") introduciendo el código 556597en el campo de búsqueda.

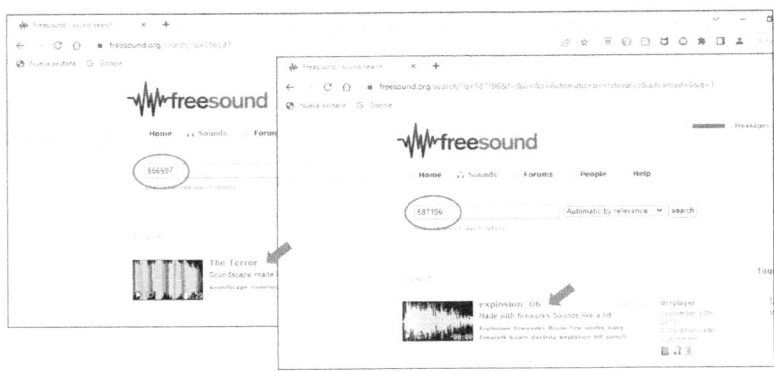

Por simplicidad, la etiqueta `<script>` que carga el código JavaScript se sitúa al final del cuerpo del documento HTML para asegurar que el DOM de la página esté creado cuando empiece a ejecutarse.

```
<script src="zombis.js"></script>
```

Se estará preguntando dónde están los zombis. El código JavaScript será el responsable de crearlos. De esa forma, podrá configurar el número que quiera que aparezca en pantalla.

En la cabecera se encuentran las conocidas etiquetas con las que se establece el juego de caracteres y se ajusta la página al área de visualización o el tamaño de la pantalla de un dispositivo.

```
<meta charset="utf-8">
<meta name="viewport" content="width=device-width, initial-scale=1.0">
```

Por último, se importa la hoja de estilo.

```
<link rel="stylesheet" href="zombis.css">
```

13.2.1.2.2 *Código CSS*

Si el código HTML le ha resultado fácil de entender, el código CSS no iba a ser menos.

```css
body {
    background-image: url("Imagenes/fondo_zombis.jpg");
    background-repeat: no-repeat;
    background-attachment: fixed;
    background-size: cover;
}
div {
    position: absolute;
    top: 50%;
    left: 50%;
    transform: translate(-50%, -50%);
}
button {
    border: 0px;
    color: white;
    background-color: inherit;
    font-weight: bolder;
    font-size: 1.5em;
    font-family: Times, serif;
}
```

```
h3 {
  display: inline;
  color: white;
}
#puntuacion {
  float: left;
}
#tiempo {
  float: right;
}
```

La regla de estilo asociada al cuerpo del documento HTML muestra una imagen de fondo acorde al tema del juego. Las propiedades utilizadas son las habituales en estos casos.

```
body {
  background-image: url("Imagenes/fondo_zombis.jpg");
  background-repeat: no-repeat;
  background-attachment: fixed;
  background-size: cover;
}
```

i La imagen se encuentra en la carpeta "Imágenes", que deberá haber creado previamente.

Como se adelantó con anterioridad, la regla de estilo del contenedor lo centran horizontal y verticalmente en la ventana del navegador.

```
div {
  position: absolute;
  top: 50%;
  left: 50%;
  transform: translate(-50%, -50%);
}
```

Por su parte, la del botón lo mimetiza con el fondo (border y background-color), además de establecer su fuente, color, estilo y tamaño.

```
button{
  border:0px;
  color: white;
  background-color: inherit;
  font-weight: bolder;
  font-size: 1.5em;
  font-family: Times, serif;
}
```

Las siguientes reglas de estilo afectan a los marcadores. La primera establece el color y, sobre todo, un modo de presentación en línea (el valor de `display` es `inline`) ya que, por defecto, las etiquetas `<h3>` lo hacen en modo bloque. De esta forma, con las otras dos reglas ambos marcadores se sitúan uno al lado del otro. El de la puntuación a la izquierda y el del tiempo a la derecha (valores `left` y `right` de la propiedad `float`)

```
h3{
  display: inline;
  color: white;
}
#puntuacion{
  float: left;
}
#tiempo{
  float: right;
}
```

13.2.1.2.3 *Código JavaScript*

Una vez descrito el código HTML y CSS, toca el turno al de JavaScript. No se deje acomplejar por su tamaño porque unas breves explicaciones serán suficientes para entender lo que hace.

```
const duracionPartida = 10;
const numeroZombis = 5;
let partidaIniciada = false;

let temporizador
let puntuacion;
```

```
let tiempo;

const listaZombis = [];
let sangre;

const html = document.documentElement;
const boton = document.querySelector("button");
const explosion = document.getElementById("explosion");
const fondoMusical = document.getElementById("fondoMusical");
const marcadorPuntuacion = document.getElementById("puntuacion");
const marcadorTiempo = document.getElementById("tiempo");

crearZombis();
crearSangre();

boton.addEventListener("click", iniciarPartida);

window.addEventListener("blur", function(){
  partidaIniciada = false;
  fondoMusical.pause();
});

window.addEventListener("focus", function(){
  partidaIniciada = true;
  fondoMusical.play();
});

function iniciarPartida(){
  partidaIniciada = true;
  boton.style.display = "none";
  puntuacion = 0;
  tiempo = 0;
  marcadorPuntuacion.innerHTML = "PUNTUACIÓN: " + puntuacion;
  marcadorTiempo.innerHTML = "TIEMPO: " + tiempo;
  marcadorPuntuacion.style.display = "block";
  marcadorTiempo.style.display = "block";

  temporizador = window.setInterval(actualizarPantalla, 500);
  fondoMusical.play();
}
```

```
function crearZombis(){
 for(let x = 0; x < numeroZombis; x++){
  const zombi = document.createElement("img");
  html.appendChild(zombi);
  zombi.src ="../Imagenes/zombi.png";
  zombi.style.position = "absolute";
  zombi.style.zIndex = "-1";
  zombi.style.display = "none";
  zombi.addEventListener("touchstart", matarZombi);
  listaZombis[x] = zombi;
 }
}
function crearSangre(){
 sangre = document.createElement("img");
 html.appendChild(sangre);
 sangre.src ="../Imagenes/sangre.png";
 sangre.style.position = "absolute";
 sangre.style.zIndex = "-1";
 sangre.style.display = "none";
}

function actualizarPantalla(){
 if(partidaIniciada){
 sangre.style.display = "none";
 actualizarTiempo();
 actualizarZombis();
 }
}

function actualizarTiempo(){
 tiempo += 0.5;
 if (tiempo >= duracionPartida){
  partidaIniciada = false;
  clearTimeout(temporizador);
  fondoMusical.pause();
  boton.style.display = "block";
 }
 else marcadorTiempo.innerHTML = "TIEMPO: " + Math.round(tiempo);
}
```

```
function actualizarZombis(){
 let zombiX, zombiY;
 for(let x = 0; x < numeroZombis; x++){
  const zombi = listaZombis[x];
  if(Math.random() > 0.5){
    zombiX = Math.random()*(window.innerWidth - zombi.clientWidth);
    zombiY = Math.random()*(window.innerHeight - zombi.clientHeight);
    zombi.style.left = zombiX + "px";
    zombi.style.top = zombiY + "px";
    zombi.style.display = "block";
  }
 }
}

function matarZombi(evento) {
 if(partidaIniciada){
  explosion.currentTime=0;
  explosion.play();
  const zombi = evento.target;
  zombi.style.display = "none";
  const puntoContacto = evento.changedTouches[0];
  puntuacion += 1;
  marcadorPuntuacion.innerHTML = "PUNTUACIÓN: " + puntuacion;
  sangre.style.display = "block";
  sangre.style.left = puntoContacto.clientX - sangre.clientWidth/2 + "px";
  sangre.style.top  = puntoContacto.clientY - sangre.clientHeight/2 + "px";
 }
}
```

En primer lugar, se declaran las constantes y las variables utilizadas a lo largo del programa. Las dos primeras determinan la duración de la partida (en segundos) y el número de zombis que pueden aparecen en pantalla.

```
const duracionPartida = 10;
const numeroZombis = 5;
```

La siguiente variable indica si la partida está iniciada (su valor sería true).

```
let partidaIniciada = false;
```

La variable que se declara a continuación guarda el identificador del temporizador que contabiliza el tiempo (y el movimiento del juego). Se emplea para detenerlo una vez finalizada la partida.

```
let temporizador
```

Estas otras dos variables contendrán la puntuación y el tiempo actual.

```
let puntuacion;
let tiempo;
```

Las dos variables que hay después almacenarán los objetos que representan las imágenes de los zombis (agrupados en una lista) y la sangre.

```
const listaZombis = [];
let sangre;
```

Las últimas constantes son los objetos DOM que representan el botón que se debe pulsar para iniciar la partida, los reproductores de audio y los marcadores del tiempo y la puntuación.

```
const html = document.documentElement;
const boton = document.querySelector("button");
const explosion = document.getElementById("explosion");
const fondoMusical = document.getElementById("fondoMusical");
const marcadorPuntuacion = document.getElementById("puntuacion");
const marcadorTiempo = document.getElementById("tiempo");
```

Seguramente le haya llamado la atención la primera constante (html), a la que intencionadamente no se ha hecho mención en el párrafo anterior. Como pronto descubrirá, se utiliza para mostrar el juego a pantalla completa y para añadir los zombis que se creen al cuerpo del documento.

Una vez declaradas todas las variables/constantes, se crean los objetos DOM que representan las imágenes de los zombis y la sangre, sentencias que se encapsulan en sus correspondientes funciones.

```
crearZombis();
crearSangre();
```

Veamos lo que hace cada una de ellas.

La función crearZombis() está formada por un bucle for que los produce uno a uno hasta llegar al número especificado en la constante numeroZombis.

```
for(let x = 0; x < numeroZombis; x++){
    …
}
```

Puesto que los zombis no son más que imágenes, se llama al método `createElement()` con el nombre de la etiqueta `<img>` como argumento para crearlas. Acto seguido, se agregan al documento HTML con el método `appendChild()`.

```
const zombi = document.createElement("img");
html.appendChild(zombi);
```

La siguiente sentencia especifica el archivo donde se encuentra la imagen (atributo `src`).

```
zombi.src ="../Imagenes/zombi.png";
```

Las sentencias que hay a continuación afectan a sus propiedades de estilo. En la primera se establece un modo de posicionamiento absoluto (la propiedad de estilo `position` toma el valor `absolute`), algo imprescindible para situar el zombi en cualquier punto de la ventana. La propiedad `zIndex` tiene un valor negativo para que aparezcan por debajo de los marcadores (y el botón con el que se inicia una partida). Por último, como no deben verse hasta que se conozca su posición (se genera posteriormente de forma aleatoria), se asigna el valor `none` a la propiedad `display`.

```
zombi.style.position = "absolute";
zombi.style.zIndex = "-1";
zombi.style.display = "none";
```

Para completar el zombi, se le asocia un controlador que permita matarlo cuando se pulse sobre él (se genere el evento `touchstart`).

```
zombi.addEventListener("touchstart", matarZombi);
```

Finalmente, se añade a la lista de zombis.

```
listaZombis[x] = zombi;
```

La función `crearSangre()` es similar a `crearZombis()` salvo que solo se crea una imagen, por lo que no se requiere ningún bucle `for`. Tampoco lleva asociada ningún controlador. Por lo tanto, las explicaciones dadas en la función anterior son igualmente válidas para esta.

```
function crearSangre(){
  sangre = document.createElement("img");
  html.appendChild(sangre);
  sangre.src ="../Imagenes/sangre.png";
  sangre.style.position = "absolute";
  sangre.style.zIndex = "-1";
  sangre.style.display = "none";
}
```

Volviendo de nuevo al flujo principal del programa, se define el controlador asociado al botón de inicio de partida y los que se ejecutan cuando la aplicación pierde el foco y lo vuelve a ganar.

Si el navegador donde se ejecuta el juego perdiera el foco se generaría el evento blur, cuyo controlador detendría la partida y la música. Lo primero se consigue asignando el valor false la variable partidaIniciada (más adelante descubrirá dónde se utiliza y por qué se detiene el juego). Para lo segundo se invoca el método pause() del objeto que representa el reproductor de música ambiente (fondoMusical).

```
window.addEventListener("blur", function(){
  partidaIniciada = false;
  fondoMusical.pause();
});
```

 Dada la sencillez del código de este controlador (y el del siguiente), se ha optado por declararlos como una función anónima.

Cuando el usuario vuelva de nuevo a la pantalla del juego, se producirá el evento focus. Su controlador revierte las acciones llevadas a cabo por el anterior, es decir, asigna el valor true a la variable partidaIniciada (el juego se reanudaría) e invoca el método play() del objeto que representa el reproductor de música ambiente (la música volvería a sonar).

```
window.addEventListener("focus", function(){
  partidaIniciada = true;
  fondoMusical.play();
});
```

Cuando se pulse el botón (se produce el evento `click`), se ejecutará el controlador `iniciarPartida()`, que es el responsable de iniciar la partida.

```
boton.addEventListener("click", iniciarPartida);
```

Lo primero que hace este controlador, es asignar el valor `true` a la variable `partidaIniciada` para indicar que comienza la partida, momento en el que desaparece el botón (se asigna el valor `none` a su propiedad de estilo `display`).

```
partidaIniciada = true;
boton.style.display = "none";
```

A continuación, se inician a 0 las variables que llevan la cuenta del tiempo y la puntuación, se asignan al marcador correspondiente, es decir, a la propiedad `innerHTML` de cada uno de ellos, y se hacen visibles (la propiedad de estilo `display` toma el valor `block`).

```
puntuacion = 0;
tiempo = 0;
marcadorPuntuacion.innerHTML = "PUNTUACIÓN: " + puntuacion;
marcadorTiempo.innerHTML = "TIEMPO: " + tiempo;
marcadorPuntuacion.style.display = "block";
marcadorTiempo.style.display = "block";
```

Por último, se crea un temporizador que actualiza la pantalla cada medio segundo y comienza a sonar la música de fondo.

```
temporizador = window.setInterval(actualizarPantalla, 500);
fondoMusical.play();
```

Veamos, pues, la función `actualizarPantalla()` encargada de dar vida al juego. Su código está formado únicamente por una sentencia `if` que comprueba si la partida está iniciada (el valor de la variable `partidaIniciada` es `true`), en cuyo caso se actualizaría tanto el tiempo como la posición de los zombis (aparte de borrar cualquier rastro de sangre anterior).

```
function actualizarPantalla(){
 if(partidaIniciada){
 sangre.style.display = "none";
 actualizarTiempo();
 actualizarZombis();
 }
}
```

La función `actualizarTiempo()` es la responsable de actualizar el tiempo de partida. Puesto que el temporizador ejecuta esta función cada medio segundo, incrementa el valor de la variable `tiempo` en dicho valor.

```
tiempo += 0.5;
```

Mientras el tiempo de partida transcurrido no supere el número de segundos establecido en la variable `duracionPartida`, se muestra en el marcador. Observe que el tiempo se redondea con el método `Math.round()`, ya que los segundos aparecen como un número entero.

```
if (tiempo >= duracionPartida){
  ..
}
else marcadorTiempo.innerHTML = "TIEMPO: " + Math.round(tiempo);
```

Si se hubiera superado el tiempo de partida, se asignaría el valor `false` a la variable `partidaIniciada`, se detendría el temporizador, se pararía la música y se mostraría el botón de inicio.

```
partidaIniciada = false;
clearTimeout(temporizador);
fondoMusical.pause();
boton.style.display = "block";
```

Por su parte, la función `actualizarZombis()` va extrayendo los zombis de la lista uno a uno (`zombi`) con el fin de moverlos de posición.

```
for(let x = 0; x < numeroZombis; x++){
  const zombi = listaZombis[x];
  ...
}
```

Sin embargo, no todos los zombis cambian de posición, sino solo aquellos en los que un número generado aleatoriamente entre 0 y 1, sea mayor de 0.5. Veamos cómo se aplica este extraño requisito.

Si el número obtenido fuera menor o igual que 0.5 (no se cumpliera la condición de la siguiente sentencia `if`), el zombi mantendría su posición actual (o seguiría desaparecido si hubiera sido eliminado previamente). De esta forma, se crea un efecto de movimiento aleatorio mucho más efectivo que modificando la posición de todos cada medio segundo.

```
if(Math.random() > 0.5){

    ...

}
```

Si se cumpliera la condición, se calcularía de forma aleatoria la nueva posición del zombi, en concreto, las coordenadas de su esquina superior izquierda. Para que la imagen no salga por los bordes, el rango de valores de dichas coordenadas debe tener en cuenta tanto las dimensiones de la ventana (atributos innerHeight e innerWidth del objeto window) como las del zombi (atributos clientHeight y clientWidth del objeto zombi). Una vez obtenidas las nuevas coordenadas, se asignan a las propiedades de estilo top y left del zombi (no se olvide añadir la unidad, "px"). La última sentencia asegura que este se muestre (podría estar oculto si el usuario lo hubiera eliminado anteriormente).

```
zombiX = Math.random()*(window.innerWidth - zombi.clientWidth);
zombiY = Math.random()*(window.innerHeight - zombi.clientHeight);
zombi.style.left = zombiX + "px";
zombi.style.top = zombiY + "px";
zombi.style.display = "block";
```

> La forma de situar un zombi en pantalla es similar a la de la pelota en el juego del frontón, por lo que estas sentencias no requieren de más explicaciones.

El único controlador que falta por describir es matarZombi(), que sustituye el zombi por una mancha de sangre al pulsarlo. Veamos cómo lo hace.

Dicha función consta de una única sentencia if que comprueba si la partida está iniciada (el valor de la variable partidaIniciada es true), ya que de lo contrario no haría nada. Esto evita que se puedan matar los zombis que hayan sobrevivido a la última partida.

```
if(partidaIniciada){

    ...

}
```

Cuando se pulsa un zombi, se llama al método play() para que suene un disparo. Sin embargo, un reproductor de audio solo puede reproducir un sonido simultáneamente, por lo que si fuera lo suficientemente rápido como para matar un segundo zombi mientras todavía estuviera sonando el primer disparo, el segundo no se oiría. Para evitarlo, se reinicia la reproducción que pudiera haber actualmente en curso asignando el valor 0 a la propiedad currentTime.

```
explosion.currentTime=0;
explosion.play();
```

La propiedad currentTime especifica el tiempo de reproducción actual en segundos.

Luego, se incrementa la puntuación y se muestra en el marcador correspondiente.

```
puntuacion += 1;
marcadorPuntuacion.innerHTML = "PUNTUACIÓN: " + puntuacion;
```

Después, se obtiene el elemento sobre el que se hizo clic (en este caso, el zombi), almacenado en la propiedad target del propio evento y se le hace desaparecer.

```
const zombi = evento.target;
zombi.style.display = "none";
```

Solo queda mostrar la sangre donde se tocó la pantalla. Como se supone que se ha hecho con un solo dedo, el punto de contacto corresponde al primer elemento de la lista almacenada en el atributo changedTouches del evento.

```
const puntoContacto = evento.changedTouches[0];
```

Para que la sangre aparezca donde se pulsó, el centro de su imagen debe coincidir con las coordenadas del punto de contacto (clientX y clientY), motivo por el que estas se calcula a partir de sus dimensiones (clientWidth y clientHeight).

```
sangre.style.display = "block";
sangre.style.left = puntoContacto.clientX - sangre.clientWidth/2 + "px";
sangre.style.top = puntoContacto.clientY - sangre.clientHeight/2 + "px";
```

La siguiente imagen muestra gráficamente el valor asignado a las propiedades de estilo left y top de la sangre a partir del punto donde se tocó la pantalla.

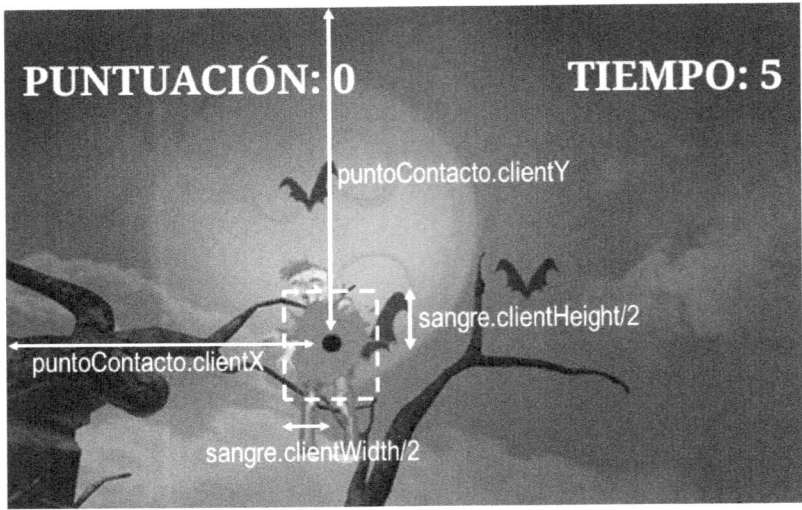

Hecho el trabajo, solo queda disfrutar con este sencillo, pero divertido juego. Recuerde que en todos los ejercicios que haga en este capítulo los archivos HTML, CSS y JavaScript deben estar en la carpeta "htdocs" de la herramienta XAMPP. Además, dentro de esta debe haber creado otras dos carpetas ("Imágenes" y "Audio") donde se almacenen los gráficos y los sonidos requeridos en cada práctica. En concreto, el fondo de pantalla, la imagen de los zombis y la sangre en la primera, así como la música de fondo y el efecto de la explosión en la segunda. Por último, asegúrese de tener arrancado el servidor web antes de cargar la página HTML en su teléfono móvil.

En su insaciable curiosidad (o por maldad), estoy seguro que se le ocurrió girar el móvil mientras jugaba. En ese momento, se daría cuenta de que el área de juego no coincidía con la de la pantalla y, por lo tanto, había zombis que permanecían ocultos en zonas que no eran visibles. Aunque al recargar la página se resuelve el problema, como el escenario está pensado para verse en posición vertical (no apaisada), su estética y jugabilidad empeoran considerablemente.

En desarrollos personales esto no es un gran inconveniente, pero en aplicaciones profesionales no sería admisible. Por ese motivo, en la siguiente sección se propone una forma de resolver este problema haciendo uso de un tipo de sensores que detectan la posición del dispositivo.

13.3 SENSORES DE ORIENTACIÓN ESPACIAL

Por lo general, los dispositivos móviles disponen de sensores que les permiten saber su posición en el espacio. Son los que hacen posible girar automáticamente la pantalla cuando lo hace el dispositivo. Se trata del acelerómetro y/o el giroscopio. El acelerómetro detecta los cambios de velocidad en el tiempo, es decir, la aceleración a la que se somete al teléfono en cualquiera de las tres dimensiones espaciales (X, Y, Z). Esta información se utiliza para obtener la posición del dispositivo en el espacio, por ejemplo, si se ha inclinado a la derecha o la izquierda, si la pantalla está boca arriba o boca abajo, si se ha puesto de pie, etc. El giroscopio complementa los datos del acelerómetro al añadir la rotación como una cuarta dimensión, lo que mejora la precisión con la que se obtiene dicha orientación espacial.

Los datos ofrecidos por estos sensores se pueden utilizar con dos fines diferentes:

- Adaptar la página a la posición de la pantalla.
- Obligar a que su orientación siempre sea la misma.
- Controlar la propia aplicación (por ejemplo, convirtiendo el dispositivo móvil en un mando de juego que dirija el movimiento de un objeto o un personaje).

Veamos de qué forma se consigue cada uno de estos objetivos.

13.3.1 Bloqueo de la orientación de la pantalla

Existen aplicaciones que, por su diseño, no funcionarían de forma adecuada en posición vertical u horizontal. Por ejemplo, el juego de los zombis se muestra en un escenario cuya orientación es claramente vertical. En esos casos, será necesario bloquear la pantalla en la posición deseada para que no gire cuando lo haga el dispositivo, tal como se observa a continuación:

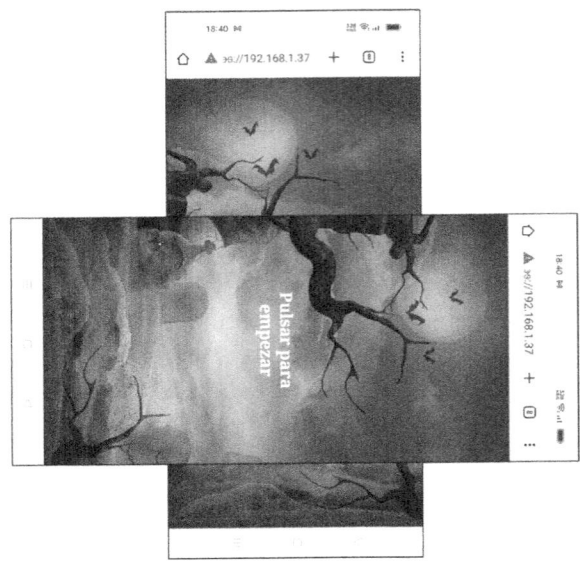

Para conseguirlo, deberá utilizar el siguiente atributo del objeto `screen`:

```
screen.orientation
```

Su valor es un objeto de tipo `ScreenOrientation` que, a su vez, tiene dos atributos y dos métodos.

Los atributos son:

- `angle`. Ángulo (en grados) que se gira la pantalla en el sentido contrario a las agujas del reloj desde su orientación natural. Su valor puede ser 0, 90, 180 o 270.

- `type`. Tipo de orientación. Su valor puede ser `"portrait-primary"`, `"portrait-secondary"`, `"landscape-primary"`, o `"landscape-secondary"`.

Para entender los valores que pueden tomar ambos atributos, primero debe sabe que la orientación puede ser:

- Vertical o retrato (*portrait*). El alto de la pantalla es mayor que el ancho.

- Horizontal o apaisada (*landscape*). El ancho de la pantalla es mayor que el alto.

- Natural. Es la establecida por el usuario en la configuración del dispositivo. Por defecto suele ser la horizontal en los monitores y la vertical en los teléfonos móviles.

- Primaria (*primary*). La orientación natural de la pantalla del dispositivo (ya sea vertical u horizontal).
- Secundaria (*secundary*). La orientación opuesta a la natural.

En el caso de pantallas con orientación vertical natural, los ángulos asociados a cada tipo de orientación son:

- `"portrait-primary"`: 0°
- `"landscape-primary"`: 90°
- `"portrait-secondary"`: 180°
- `"landscape-secondary"`: 270°

En el caso de pantallas con orientación horizontal natural serían:

- `"landscape-primary"`: 0°
- `"portrait-primary"`: 90°
- `"landscape-secondary"`: 180°
- `"portrait-secondary"`: 270°

Además de los atributos anteriores, el objeto `ScreenOrientation` dispone de los siguientes métodos:

- `lock`(orientación). Fuerza que el documento HTML se vea con el tipo de orientación indicada como argumento (esta ya no cambia, aunque se gire el dispositivo).
- `unlock()`. Desbloquea la orientación en la que se muestra el documento.

El argumento del primer método podrá tomar como valor `"portrait-primary"`, `"portrait-secondary"`, `"landscape-primary"`, o `"landscape-secondary"`, además de `"any"` (cualquier de las anteriores), `"natural"`, `"landscape"`, o `"portrait"`.

Si quiere saber más sobre el objeto `ScreenOrientation`, **encontrará toda la información en** https://developer.mozilla.org/en-US/docs/Web/API/ScreenOrientation.

Aparte de los atributos y los métodos que se acaban de mencionar, el objeto `ScreenOrientation` dispone del siguiente evento genérico, que se dispara cuando cambia la orientación del documento:

`change`

Se utiliza para adaptar el contenido de la página a dicha orientación, motivo por el que la labor principal del controlador que tenga asociado sería la de reorganizar el diseño del documento HTML y adecuarlo a cada posición. Para ello, el propio evento proporciona un conjunto de atributos que facilitan esta labor, entre los que destacan los que almacenan información de las dimensiones y la posición de la pantalla (`width`, `height`, `availWidth`, `availHeight`, `orientation` o `angle`).

Los métodos `lockOrientation()` y `unlockOrientation()` y el evento `orientationChange` han quedado obsoletos, motivo por el que no se estudian.

Una vez conocido el objeto `ScreenOrientation`, llegó el momento de ponerlo en práctica. Y qué mejor forma de hacerlo que añadirlo al juego de los zombis para que únicamente pueda verse en modo vertical.

Sin embargo, antes de ponerse manos a la obra debe saber que el método `lock()` solo tiene efecto cuando el navegador se muestra a pantalla completa (algo que incluso favorece la presentación del juego). A tal efecto, deberá utilizar este nuevo método, perteneciente a los objetos de tipo `element`:

```
requestFullscreen()
```

El método para salir del modo pantalla completa, que pertenece al objeto `document` (no `element`), es:

```
document.exitFullscreen()
```

Aunque dicho método puede aplicarse a cualquier elemento, por ejemplo, a un vídeo que quiera verse a pantalla completa, en el caso que nos ocupa se trata del propio documento HTML. Para obtenerlo, se pueden emplear cualquiera de estas dos expresiones:

```
document.documentElement
document.querySelector("HTML")
```

Desafortunadamente, los navegadores no suelen implementan el método `requestFullscreen()`, por lo que deberá llamar a estos otros específicos de cada uno de ellos:

- Chrome, Opera y Edge: `webkitFullscreenElement()`.
- Firefox: `mozRequestFullScreen()`.

Por lo tanto, para mostrar una página web a pantalla completa en cualquier dispositivo/navegador, incluya el siguiente código a su aplicación:

```
if (html.requestFullscreen) { html.requestFullscreen(); }
else if (html.mozRequestFullScreen) { html.mozRequestFullScreen(); }
else if (html.webkitRequestFullscreen) { html.webkitRequestFullscreen(); }
```

Ese mismo código es el que deberá incluir al principio de la función `iniciarPartida()` del juego de los zombis para mostrarlo en pantalla completa.

En ordenadores personales, para salir de la pantalla completa normalmente basta con pulsar la tecla ESC. En teléfonos móviles hay que arrastrar un dedo hacia arriba desde el extremo inferior de la pantalla.

Como también se quiere bloquear su orientación para que siempre se vea de forma vertical, agregue inmediatamente después de las sentencias anteriores esta otra:

```
window.screen.orientation.lock('portrait');
```

Curiosamente, para que un elemento se vea a pantalla completa se requiere que antes el usuario haya provocado algún evento. En este caso sirve el producido al pulsar el botón de inicio de la partida. Hasta que el usuario no interactúe con el juego, no se verá a pantalla completa ni su orientación quedará bloqueada. Téngalo siempre presente.

Una vez añadidas estas sencillas líneas de código, vuelva a cargar el juego en el navegador de su teléfono móvil y compruebe que, ahora, no solo muestra un mejor aspecto al ocupar toda la pantalla, sino que ya no le afecta la posición del teléfono.

13.3.2 Control basado en la orientación del dispositivo

Cuando lo que se quiere no es algo tan sencillo como bloquear la pantalla en posición horizontal o vertical, sino utilizar los datos ofrecidos por el acelerómetro en cada instante y en cada uno de los tres ejes espaciales (X, Y, Z), deberá hacer uso de alguno de estos dos tipos de eventos:

- deviceOrientation. Se genera cuando se detecta un cambio en la orientación del dispositivo.
- deviceMotion. Se genera cuando se detecta un cambio de aceleración, es decir, de la velocidad en el tiempo.

El primer tipo de eventos suele producirse solo en ordenadores portátiles, mientras el segundo se genera también en teléfonos móviles y tabletas. Puesto que la información ofrecida por este último varía de un navegador a otro, esta sección se centrará exclusivamente en el primero (deviceMotionEvent).

Si estuviera interesado en deviceOrientationEvent, encontrará toda la información necesaria en https://developer.mozilla.org/en-US/docs/Web/API/DeviceMotionEvent.

Siempre que use cualquiera de estos eventos, la página HTML deberá ser accedida por HTTPS. Si lo hiciera por HTTP el navegador los bloquearía. Téngalo siempre en cuenta si no quiere volverse loco tratando de entender por qué no funciona su código.

El evento deviceOrientation se representa mediante el objeto deviceOrientationEvent, entre cuyos atributos destacan:

- alpha. Giro del dispositivo en posición horizontal alrededor del eje Z. Su valor (expresado en grados) varía entre 0 (inclusive) y 360 (exclusive).
- beta. Balanceo hacia delante o hacia atrás respecto del eje X. Su valor (expresado en grados) varía entre -180 (inclusive) y 180 (exclusive).
- gamma. Giro del dispositivo en posición vertical alrededor del eje Y. Su valor (expresado en grados), varía entre -90 (inclusive) y 90 (exclusive).

La siguiente imagen muestra gráficamente la relación entre cada uno de estos atributos y la posición del dispositivo:

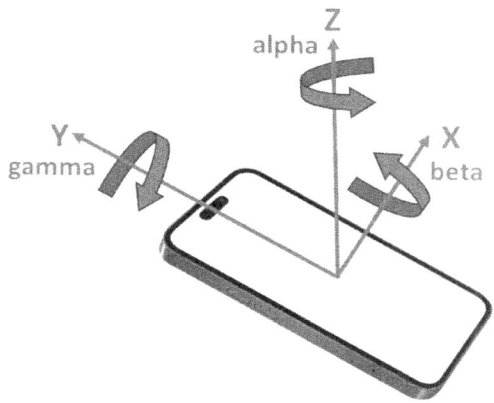

Con el fin de familiarizarse con estos atributos, realizará un pequeño ejercicio que muestre en pantalla el valor de cada uno de ellos según la posición del teléfono.

El código HTML es el siguiente:

```html
<!DOCTYPE html>
<html>
<head>
  <meta name="viewport" content="width=device-width, initial-scale=1.0">
  <style>
    div {
      position: absolute;
      top: 50%;
      left: 50%;
      transform: translate(-50%, -50%);
    }
  </style>
</head>
<body>
  <div>
      <h1 id="datos"></h1>
  </div>
  <script src="deviceOrientation.js"></script>
</body>
</html>
```

Como puede observar, el cuerpo del documento solo está formado por un encabezado `<h1>` dentro de un contenedor `<div>` que la centra en pantalla. La etiqueta `<script>` carga el archivo con el código JavaScript responsable de componer el texto del encabezado a partir de los valores que tienen las propiedades `alpha`, `beta` y `gamma` del evento `deviceOrientation`.

La cabecera del documento únicamente contiene la etiqueta `<meta>` que ajusta la página al área de visualización o el tamaño de la pantalla del dispositivo, además de la regla de estilo que centra horizontal y verticalmente el contenedor `<div>` en la ventana del navegador.

Si el código HTML era simple, el código JavaScript también lo es:

```javascript
const datos = document.getElementById("datos");
let alfa, beta, gamma;

window.addEventListener("deviceorientation", mostrarDatos);
```

```
function mostrarDatos(evento){
    alpha = Math.round(evento.alpha);
    beta = Math.round(evento.beta);
    gamma = Math.round(evento.gamma);
    datos.innerHTML = alpha + ", " + beta + ", " + gamma;
}
```

En primer lugar, se obtiene el objeto DOM que representa la cabecera `<h1>` (datos).

```
const datos = document.getElementById("datos");
```

A continuación, se declaran las variables que contendrán los valores del acelerómetro en los tres ejes.

```
let alfa, beta, gamma;
```

Luego, se añade el controlador `mostrarDatos()` al evento `deviceorientation` de la ventana.

```
window.addEventListener("deviceorientation", mostrarDatos);
```

> Si quisiera avisar de que un dispositivo no admite este tipo de eventos (por ejemplo, cuando se abra esta página desde un ordenador de sobremesa), podría utilizar este otro código:
>
> ```
> if (window.DeviceOrientationEvent) {
>     window.addEventListener("deviceorientation",
> mostrarDatos);
>   }
> else alert ("Datos no dispobibles");
> ```

Dicho controlador únicamente extrae el valor de los atributos `alpha`, `beta` y `gamma` del evento, redondea su valor y compone el texto que se muestra en pantalla:

```
alpha = Math.round(evento.alpha);
beta = Math.round(evento.beta);
gamma = Math.round(evento.gamma);
datos.innerHTML = alpha + ", " + beta + ", " + gamma;
```

Para probarlo recuerde que el protocolo utilizado tiene que ser HTTPS. Por ejemplo, si el documento HTML estuviera en el archivo "deviceOrientation.html" situado en la carpeta "htdocs" y la dirección IP del servidor web fuera 192.169.1.37, en la barra de direcciones del navegador del teléfono móvil debería introducir el URL:

https://192.169.1.37/ deviceOrientation.html

La primera vez que cargue la página aparecerá un mensaje de alerta indicando que la conexión no es segura. En una página desconocida no sería aconsejable seguir adelante, pero como la ha desarrollado usted mismo, haga caso omiso de este aviso y pulse sobre el enlace "configuración avanzada" en esta pantalla y sobre el enlace de su página web en la siguiente.

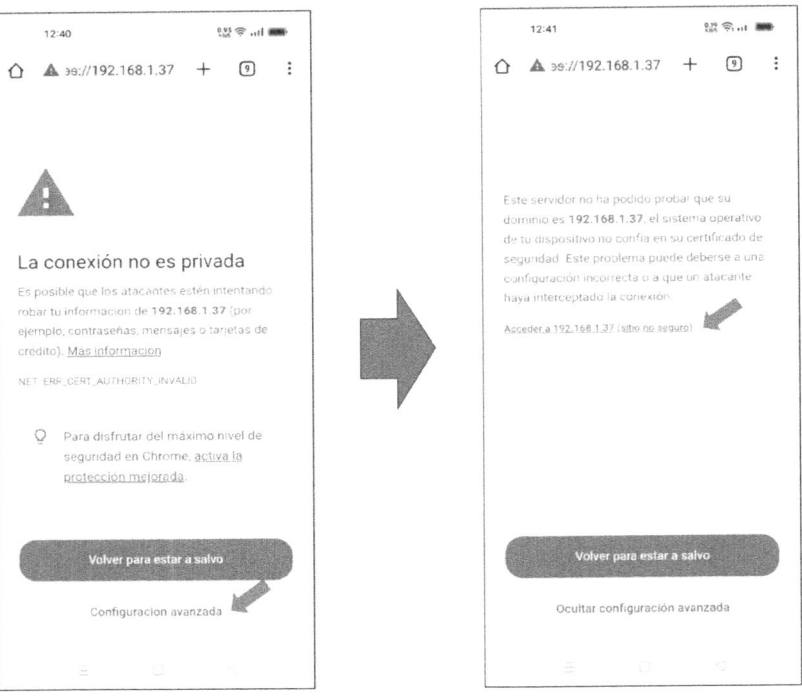

Ahora sí, mueva el teléfono en todas direcciones y compruebe los valores mostrados en cada uno de los ejes X, Y, Z.

Puede que le resulte incómodo tener que usar el teléfono móvil durante la realización de las pruebas con este tipo de sensores. Por ese motivo, Chrome ofrece una herramienta especial que simula los eventos producidos por un acelerómetro. Para utilizarla, una vez cargada la página en el navegador de su ordenador, vaya a las herramientas para desarrolladores. En ella, pulse los tres puntos verticales situados en la esquina superior derecha de la ventana y seleccione la opción "Más herramientas" → "Sensores".

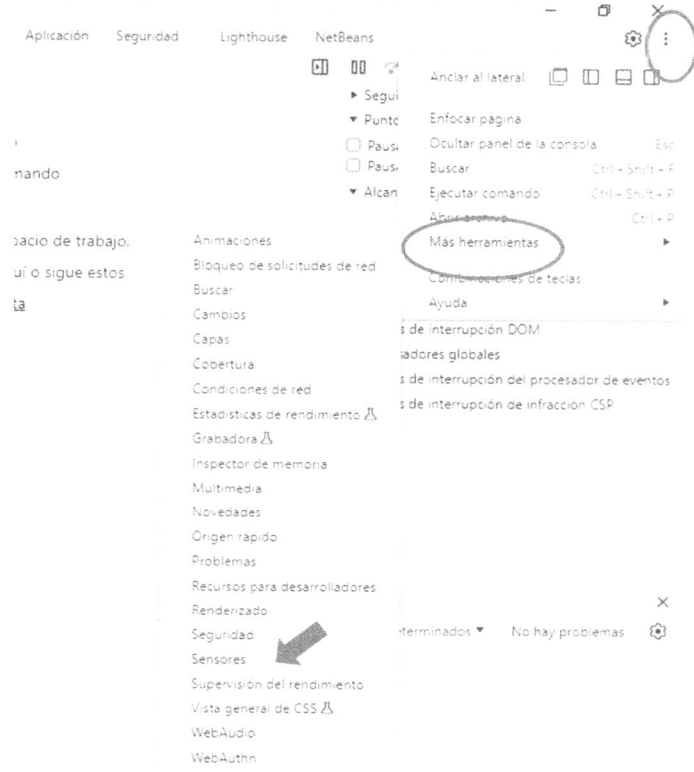

En el panel inferior (el de la consola) aparecerá la pestaña "Sensores." En esta, desplácese hacia abajo hasta encontrar la sección correspondiente a "Orientación" y, en el menú desplegable, seleccione la opción "Orientación personalizada."

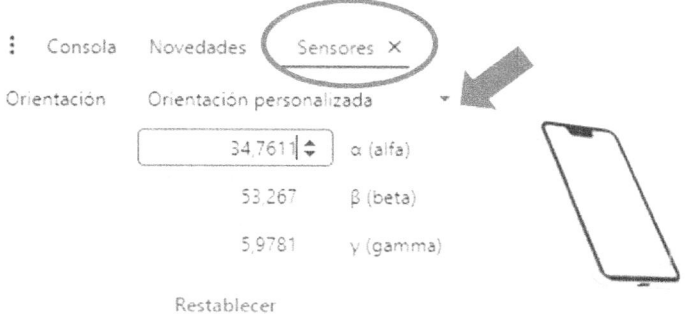

Solo tiene que mover la imagen del móvil con el ratón hasta que adopte la posición deseada y ver cómo cambian los valores de los campos alfa, beta y gamma de forma sincronizada con los mostrados en la página web.

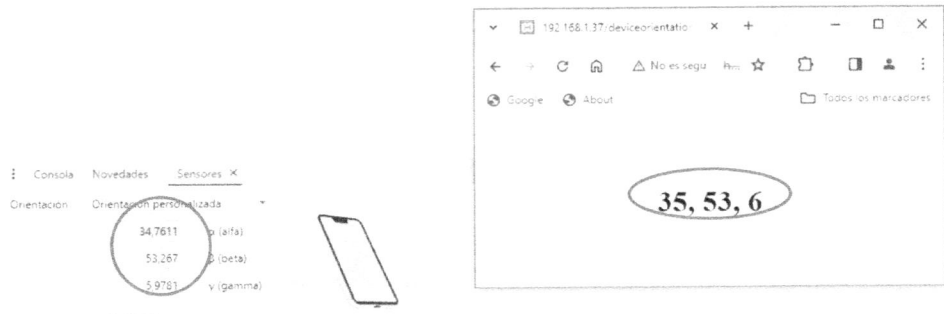

 Reduzca el tamaño de ambas ventanas para verlas a la vez.

13.3.3 Prácticas

Con el fin de dar una utilidad práctica a estos números realizará dos ejercicios muy sencillos, pero lo suficientemente representativos como para poner en evidencia el potencial de este tipo de eventos. En el primero de ellos conseguirá hacer flotar un texto sobre la pantalla. En el segundo, será capaz de mover una pelota en la dirección que incline el teléfono con una velocidad proporcional al grado de inclinación (tal como sucedería si la pelota fuera de verdad y estuviera sobre la pantalla del teléfono).

13.3.3.1 *Efecto de flotación*

Con objeto de demostrar la versatilidad del evento `deviceOrientation`, en este primer ejercicio desarrollará una aplicación capaz de mostrar un texto siempre en la misma posición, independientemente de la que adopte la pantalla (como si estuviera flotando sobre ella).

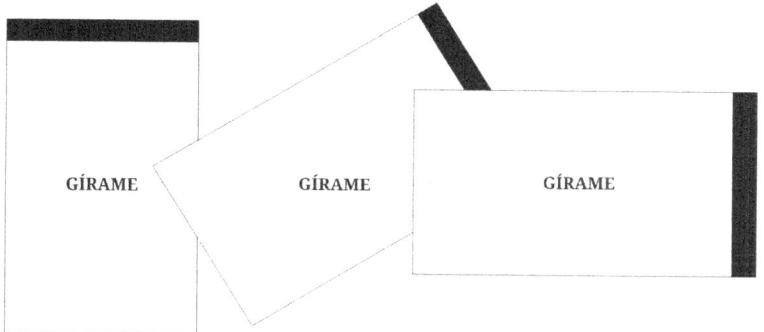

El código HTML es el siguiente:

```
<!DOCTYPE html>
<html>
<head>
  <meta charset="utf-8">
  <meta name="viewport" content="width=device-width, initial-scale=1.0">
  <style>
    div {
      position: absolute;
      top: 50%;
      left: 50%;
      transform: translate(-50%, -50%);
    }
    button{
      border:0px;
      background-color: inherit;
      font-weight: bolder;
      font-size: 2em;
      font-family: Times, serif;
    }
    h1{display: none;}
  </style>
</head>
```

```
  </head>
  <body>
    <div>
      <button>PULSAR</button>
      <h1>GÍRAME</h1>
    </div>
    <script src="giraTexto.js"></script>
  </body>
  </html>
```

El cuerpo del documento está formado por el botón PULSAR y una cabecera `<h1>` con la palabra "GÍRAME". Ambos elementos están dentro de un contenedor `<div>` que los centra en pantalla.

En la cabecera hay dos etiquetas `<meta>`. La primera establece el juego de caracteres UTF-8 (la palabra "GÍRAME" lleva acento) y la segunda ajusta la página al área de visualización o el tamaño de la pantalla del dispositivo. A continuación, se definen las reglas de estilo. La primera centra el contenedor horizontal y verticalmente en la ventana del navegador (sus declaraciones son de sobra conocidas). La segunda determina el aspecto del botón y el del texto que incluye. La tercera oculta inicialmente la cabecera `<h1>` (el valor de `display` es `none`).

El código JavaScript es aún más sencillo:

```
  let correccion = 90;
  let giro;

  const html = document.documentElement;
  const h1 = document.querySelector("h1");
  const boton = document.querySelector("button");

  boton.addEventListener("click", function (evento) {
   boton.style.display = "none";
   h1.style.display = "block";
   if (html.requestFullscreen) { html.requestFullscreen(); }
   else if (html.mozRequestFullScreen) { html.mozRequestFullScreen(); }
   else if (html.webkitRequestFullscreen) { html.webkitRequestFullscreen(); }
   window.screen.orientation.lock('portrait');
  });
```

```
window.addEventListener("deviceorientation", function (evento) {
  giro = Math.round(evento.alpha);
  h1.style.transform = `rotate(${giro + correccion}deg)`;
```

Como viene siendo habitual, primero se declaran las variables y las constantes. La primera (correccion) se describirá cuando se llegue a la sentencia donde se utiliza. La segunda (giro), guardará el valor del atributo alpha, es decir, la posición del teléfono en el eje Z en todo momento (se va a girar como si fuera un volante).

```
let correccion = 90;
let giro;
```

El resto de constantes contienen los objetos DOM que representan el cuerpo del documento HTML, el encabezado <h1> y el botón.

```
const html = document.documentElement;
const h1 = document.querySelector("h1");
const boton = document.querySelector("button")
```

A continuación, se asocian los eventos a sus controladores, que se declaran como funciones anónimas en el segundo argumento del método addEventListener().

El controlador asociado al evento click del botón lo primero que hace es mostrar el encabezado <h1> en la posición del botón mediante la propiedad de estilo display.

```
boton.style.display = "none";
h1.style.display = "block";
```

Las siguientes sentencias le resultarán familiares, ya que son las que muestran la página a pantalla completa y bloquen la orientación del dispositivo.

```
if (html.requestFullscreen) { html.requestFullscreen(); }
else if (html.mozRequestFullScreen) { html.mozRequestFullScreen(); }
else if (html.webkitRequestFullscreen) { html.webkitRequestFullscreen(); }
window.screen.orientation.lock('portrait');
```

El controlador del evento deviceorientation obtiene el valor alfa del acelerómetro y gira el encabezado <h1> haciendo uso de la propiedad de estilo transform, cuyo valor es una plantilla literal compuesta por la palabra clave rotate (indica que se trata de una rotación), un valor y la unidad (grados, deg). El valor es el obtenido en la sentencia anterior, al que se suman 90°

(contenido de la variable `correccion`) para que el texto se muestre horizontalmente en cualquier posición de la pantalla.

```
giro = Math.round(evento.alpha);
h1.style.transform = `rotate(${giro + correccion}deg)`;
```

Una vez desarrollado el código, para probarlo acceda a la página HTML desde el navegador Chrome de su teléfono móvil. Suponiendo que se encuentra en el archivo "giraTexto.html" dentro de la carpeta "htdocs" de XAMPP (al igual que el archivo "giraTexto.js" con el código JavaScript) y que el servidor web atiende las peticiones por la dirección IP 192.169.1.37, su URL sería:

https://192.169.1.37/ giraTexto.html

No olvide que el acceso debe ser necesariamente por HTTPS.

Ahora sí, gire el teléfono y compruebe el curioso fenómeno que se produce. Es como si el texto estuviera flotando sobre la pantalla, tal como lo haría la aguja de una brújula.

Con un poco de imaginación y muy pocas líneas de código podrá crear aplicaciones realmente curiosas y prácticas, como, por ejemplo, un nivel como el que utilizan los albañiles para saber si un objeto está en posición horizontal. Solo tiene que adaptar ligeramente este código y añadir algún tipo de gráfico adecuado a la utilidad que le quiera dar.

13.3.3.2 *Efecto de gravedad*

Los giroscopios se emplean con frecuencia en juegos, ya que permiten convertir el propio dispositivo móvil en un mando de control. Para demostrarlo, en este nuevo ejercicio será capaz de controlar el movimiento de una pelota virtual de la misma forma que lo haría con una real si estuviera situada sobre la pantalla, simulando el efecto que ejercería la gravedad sobre ella.

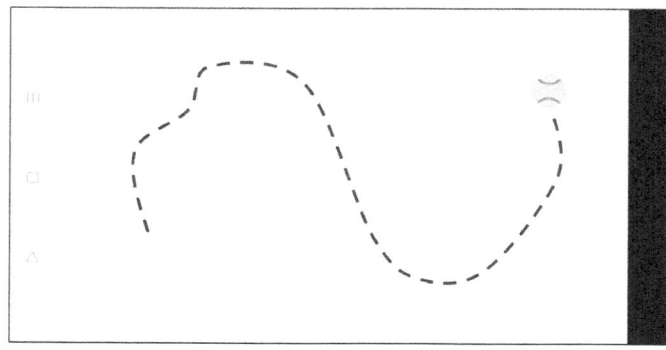

El código HTML es el siguiente:

```
<!DOCTYPE html>
<html>
<head>
    <meta name="viewport" content="width=device-width, initial-scale=1.0">
    <style>
        div {
            position: absolute;
            top: 50%;
            left: 50%;
            transform: translate(-50%, -50%);
        }
        button{
            border:0px;
            background-color: inherit;
            font-weight: bolder;
            font-size: 1.5em;
            font-family: Times, serif;
        }
        img{
            position: absolute;
            width: 10%;
            display: none;
        }
    </style>

</head>
<body>
    <div>
        <button>Pulsar para empezar</button>
    </div>
    <img src = "../Imagenes/pelota.png">
    <script src="muevePelota.js"></script>
</body>
</html>
```

El cuerpo de este documento HTML no puede ser más simple, ya que solo contiene un botón situado dentro de un contenedor <div> (sería el que lo muestra centrado en pantalla), aparte de la imagen de la pelota. Recuerde que el botón, además de comenzar el juego, sirve para que el usuario interactúe físicamente con el dispositivo, algo imprescindible si se quiere mostrar la aplicación a pantalla completa y bloquear su orientación. La última etiqueta carga el código JavaScript una vez generado el DOM del documento HTML.

En la cabecera no podía faltar la etiqueta <meta> que ajusta la página al área de visualización o el tamaño de la pantalla del dispositivo. La regla de estilo del contenedor y la del botón son similares a las de la práctica anterior, por lo que no requieren explicaciones adicionales.

La regla de estilo de la imagen establece un modo de posicionamiento absoluto, imprescindible para que la pelota pueda moverse libremente por la pantalla (el valor de position es absolute). El tamaño se fija en un 10% del ancho de la pantalla (width) con el fin de adaptarlo a distintos tamaños de pantalla. Por último, se asigna el valor none a la propiedad display de modo que la imagen permanezca oculta cuando se cargue la página en el navegador.

El código JavaScript es el siguiente:

```javascript
let pelotaX, pelotaY;
let velocidadX, velocidadY;
const nivelReduccion = 10;

const html = document.documentElement;
const pelota = document.querySelector("img");
const boton = document.querySelector("button");

boton.addEventListener("click", function (evento) {
  boton.style.display = "none";
  if (html.requestFullscreen) { html.requestFullscreen(); }
  else if (html.mozRequestFullScreen) { html.mozRequestFullScreen(); }
  else if (html.webkitRequestFullscreen) {html.webkitRequestFullscreen();}
  window.screen.orientation.lock('portrait');

  pelotaX = window.innerWidth/2 - pelota.clientWidth/2
  pelotaY = window.innerWidth/2 - pelota.clientHeight/2
  pelota.style.left = pelotaX + "px";
  pelota.style.top = pelotaY+ "px";
  pelota.style.display = "block";
});

window.addEventListener("deviceorientation", function (evento) {
```

```
  velocidadY = evento.beta/nivelReduccion;
  velocidadX = evento.gamma/nivelReduccion;
});

window.setInterval(moverPelota, 1);

function moverPelota(){
 pelotaX += velocidadX;
 pelotaY += velocidadY;

 if (pelotaX < 0) pelotaX = 0;
 if(pelotaX > window.innerWidth - pelota.clientWidth)
  pelotaX = window.innerWidth - pelota.clientWidth;
 if (pelotaY < 0) pelotaY = 0;
 if(pelotaY >  window.innerHeight - pelota.clientHeight)
  pelotaY =  window.innerHeight - pelota.clientHeight;

 pelota.style.left = pelotaX + "px";
 pelota.style.top = pelotaY + "px";
}
```

En primer lugar, se declaran las variables que contendrán la posición de la pelota y su velocidad en cada instante. La posición será la de la esquina superior izquierda. La velocidad dependerá del grado de inclinación del dispositivo.

```
let pelotaX, pelotaY;
let velocidadX, velocidadY;
```

La constante que viene después toma el nombre de los engranajes de la caja de cambios de los coches. Cuanto mayor sea su valor, más lento se moverá la pelota. El motivo lo descubrirá cuando se describan las sentencias donde se emplea.

```
const nivelReduccion = 10;
```

Las últimas constantes corresponden a los objetos DOM que representan el cuerpo del documento HTML, la imagen (la pelota) y el botón.

```
const html = document.documentElement;
const pelota = document.querySelector("img");
const boton = document.querySelector("button");
```

Una vez finalizada la declaración de todas las constantes, llegó el turno de los controladores, el primero de los cuales se ejecuta cuando se pulsa el botón. Veamos qué es lo que hace.

En primer lugar, oculta el citado botón.

```
boton.style.display = "none";
```

Luego, muestra la aplicación a pantalla completa y bloquea su orientación con las sentencias utilizadas habitualmente.

```
if (html.requestFullscreen) { html.requestFullscreen(); }
else if (html.mozRequestFullScreen) { html.mozRequestFullScreen(); }
else if (html.webkitRequestFullscreen) { html.webkitRequestFullscreen(); }
window.screen.orientation.lock('portrait');
```

El siguiente bloque de sentencias muestra la pelota en el centro de la pantalla.

```
pelotaX = window.innerWidth/2 - pelota.clientWidth/2
pelotaY = window.innerWidth/2 - pelota.clientHeight/2
pelota.style.left = pelotaX + "px";
pelota.style.top = pelotaY+ "px";
pelota.style.display = "block";
```

El segundo controlador se ejecuta cuando se genera el evento deviceorientation en la ventana del navegador (se mueve el dispositivo). Será el encargado de establecer la velocidad de la pelota a partir del valor de las propiedades beta y gamma del evento una vez aplicado el correspondiente nivel de reducción (nivelReduccion).

```
window.addEventListener("deviceorientation", function (evento) {
  velocidadY = evento.beta/nivelReduccion;
  velocidadX = evento.gamma/nivelReduccion;
});
```

Recuerde que la velocidad es una magnitud vectorial que se proyecta en los ejes X e Y, cuyo valor determina la rapidez del movimiento, su dirección y sentido.

Volviendo de nuevo al flujo principal del programa, se arranca el juego invocando la función `moverPelota()`, que desplazará la pelota según el grado de inclinación del dispositivo cada milisegundo.

```
window.setInterval(moverPelota, 1);
```

Se ha preferido adoptar esta solución para mover la pelota, en vez de usar el propio evento `deviceorientation`, porque el efecto de movimiento producido es mucho más natural y fluido.

Para ello, la función `moverPelota()` suma la proyección de la velocidad en cada eje a la coordenada correspondiente de su posición actual.

```
pelotaX += velocidadX;
pelotaY += velocidadY;
```

Las siguientes sentencias condicionales aseguran que la pelota no salga fuera de los límites de la pantalla. Su código es muy similar al del juego del frontón, excepto por el hecho de que la pelota no bota, sino que se mantiene pegada al borde donde ha llegado.

```
if (pelotaX < 0) pelotaX = 0;
if(pelotaX > window.innerWidth - pelota.clientWidth)
   pelotaX = window.innerWidth - pelota.clientWidth;
if (pelotaY < 0) pelotaY = 0;
if(pelotaY >  window.innerHeight - pelota.clientHeight)
   pelotaY = window.innerHeight - pelota.clientHeight;
```

Una vez asegurada la validez de las nuevas coordenadas, se mueve la pelota a dicha posición asignando su valor a las propiedades de estilo `top` y `left` (sin olvidarse nunca de añadir la unidad empleada, "px").

```
pelota.style.left = pelotaX + "px";
pelota.style.top = pelotaY + "px"
```

Ya solo queda probar que todo funciona correctamente. No checkolvide que el acceso a la página HTML debe ser por HTTPS.

Unidad 14

ANEXO

En esta sección se incluye el código completo de aquellos ejercicios que, al ser adaptaciones de otros existentes, se describieron parcialmente (solo aquellas partes afectadas por los cambios realizados sobre el original).

14.1 EXPLOSIÓN DE UN GLOBO CON EFECTO SONORO

14.1.1 Código HTML

```html
<!DOCTYPE html>
<html>
<head>
  <style>
    img {
      position: absolute;
      top: 50%;
      left: 50%;
      transform: translate(-50%, -50%);
    }
  </style>
</head>
<body>
  <img src="../Imagenes/globo.png" id="globo">
  <audio src="../Audio/explosion.ogg"></audio>
  <script src="globoSonido.js"></script>
</body>
</html>
```

14.1.2 Código JavaScript

```javascript
const intervalo = 10;
const anchoInicial = 100, anchoFinal = 250;
let ancho = anchoInicial;
const incremento = 1;
let idTemporizador;

const globo = document.querySelector("img");
const explosion = document.querySelector("audio");

globo.addEventListener("click", function(){
  idTemporizador = setInterval(hinchaGlobo, intervalo);
});

function hinchaGlobo(){
  ancho += incremento;
  document.getElementById("globo").width = ancho;
  if(ancho >= anchoFinal){
    document.getElementById("globo").src = "../Imagenes/explosion.png";
    explosion.play();
    clearInterval(idTemporizador);
  }
}
```

14.2 GESTIÓN DEL TAMAÑO DE LA VENTANA

14.2.1 Código HTML

```html
<!DOCTYPE html>
<html>
<head>
  <style>
    #contenedor{
      position: relative;
      width: 50vw;
      height:50vh;
      border: 2px solid black;
```

```
      top: 50%;
      left: 50%;
      transform: translate(-50%, 50%);
    }
    #pelota{
      position: absolute;
      display: none;
    }
  </style>
  <script src="pelotaDivResize.js"></script>
</head>
<body>
  <div id="contenedor">
    <img id="pelota" src="../Imagenes/pelota.png">
  </div>
</body>
</html>
```

14.2.2 Código JavaScript

```
let intervaloId;
let redimensionando = false;

let contenedor;
let anchoContenedor, altoContenedor;
let contenedorX, contenedorY;

let pelota;
const tamanioPelota = 25;
let pelotaX, pelotaY;

let velocidadX = 2;
let velocidadY = 2;

window.addEventListener("load", iniciarJuego);
window.addEventListener("resize", redimensionarPantalla);
```

```
function iniciarJuego(){
 contenedor = document.getElementById("contenedor");
 contenedorX = contenedor.getBoundingClientRect().left;
 contenedorY = contenedor.getBoundingClientRect().top;
 anchoContenedor = contenedor.clientWidth;
 altoContenedor = contenedor.clientHeight;
 pelotaX=Math.random()*(anchoContenedor - contenedorX - tamanioPelota);
 pelotaY=Math.random()*(altoContenedor - contenedorY - tamanioPelota);
 pelota = document.getElementById("pelota");
 pelota.style.width = tamanioPelota + "px";
 pelota.style.display = "block";
 pelota.style.left = pelotaX + "px";
 pelota.style.top = pelotaY + "px";
 window.setInterval(moverPelota, 1);
}
function moverPelota(){
 pelotaX += velocidadX;
 pelotaY += velocidadY;
 if (pelotaX <= 0 || pelotaX >= anchoContenedor - tamanioPelota)
     velocidadX = -velocidadX;
 if (pelotaY <= 0 || pelotaY >=  altoContenedor - tamanioPelota)
     velocidadY = -velocidadY;
 pelota.style.left = pelotaX + "px";
 pelota.style.top = pelotaY + "px";
}

function redimensionarPantalla(){
 pelota.style.display = "none";
 if(redimensionando) window.clearTimeout(intervaloId);
 else redimensionando = true;
 intervaloId = window.setTimeout(reiniciarJuego, 200);
}
function reiniciarJuego(){
 redimensionando = false;
 iniciarJuego();
}
```

14.3 JUEGO DEL FRONTÓN MANEJADO CON EL RATÓN

14.3.1 Código HTML

```
<!DOCTYPE html>
<html>
<head>
    <meta charset="UTF-8">
    <script src="frontonRaton.js"></script>
</head>
<body style="background-color: lightgreen;">
    <h1 id="marcador" style="text-align: center;color: blue;"></h1>
    <img id="pelota" src="../Imagenes/pelota.png"
        style="position: absolute; display: none;">
    <img id="raqueta" src="../Imagenes/raqueta.png"
        style="position: absolute; display: none;">
</body>
</html>
```

14.3.2 Código JavaScript

```
let idTemporizador;

let offsetX;
let ratonPulsado = false;
let elemento;

let numeroPelota;
let numeroPelotas = 3;
let marcador;

let anchoVentana, altoVentana;
```

```
let pelota;
const tamanioPelota = 25;
let pelotaX, pelotaY;
let velocidadX = 1;
let velocidadY = 1;

let raqueta;
const anchoRaqueta = 100;
const altoRaqueta = 30;
let raquetaX, raquetaY;

window.addEventListener("load", iniciarJuego);
document.addEventListener("mousedown", pulsarRaton);
document.addEventListener("mouseup", soltarRaton);
document.addEventListener("mousemove", moverRaqueta);

idTemporizador = window.setInterval(moverPelota, 1);

function iniciarJuego(){
 anchoVentana = window.innerWidth;
 altoVentana = window.innerHeight;

 marcador = document.getElementById("marcador");

 pelota = document.getElementById("pelota");
 numeroPelota = 0;
 iniciarPelota();
 raqueta = document.getElementById("raqueta");
 raqueta.style.width = anchoRaqueta + "px";
 raqueta.style.height = altoRaqueta + "px";
 raquetaX = anchoVentana / 2 - anchoRaqueta / 2;
 raquetaY = altoVentana - altoRaqueta;
 raqueta.style.left = raquetaX + "px";
 raqueta.style.top = raquetaY + "px";
 raqueta.style.display = "block";
}
function moverPelota(){
 pelotaX += velocidadX;
 pelotaY += velocidadY;
```

```
  if (pelotaX <= 0 || pelotaX >= anchoVentana - tamanioPelota)
    velocidadX = -velocidadX;
  if (pelotaY <= 0) velocidadY = -velocidadY;
  if (((pelotaX >= raquetaX - tamanioPelota + 10) &&
      (pelotaX < raquetaX + anchoRaqueta - 10)) &&
      (pelotaY >= raquetaY - tamanioPelota)){
        velocidadY = -velocidadY;
        pelotaY = raquetaY - tamanioPelota;
    }
  if ((pelotaY >= altoVentana - tamanioPelota)){
   if(numeroPelota < numeroPelotas) iniciarPelota();
   else{
     pelota.style.display = "none";
     ratonPulsado = false;
     if(window.confirm("¿Desea comenzar otra partida?")){
       iniciarJuego();
     }
     else{
       window.clearInterval(idTemporizador);
       marcador.innerHTML = "FIN DE PARTIDA";
     }
   }
  }
  pelota.style.left = pelotaX + "px";
  pelota.style.top = pelotaY + "px";
}
function moverRaqueta(evento) {
 evento.preventDefault();
 if (ratonPulsado){
    raquetaX = evento.clientX - offsetX;
     if(raquetaX > anchoVentana - anchoRaqueta)
      raquetaX = anchoVentana - anchoRaqueta;
     else if(raquetaX < 0) raquetaX = 0;
     raqueta.style.left = raquetaX + "px";
 }
}
function iniciarPelota(){
 pelota.style.width = tamanioPelota + "px";
 pelotaX = Math.random() * (anchoVentana - tamanioPelota);
 pelotaY = Math.random() * altoVentana / 2;
 pelota.style.left = pelotaX + "px";
```

```
    pelota.style.top = pelotaY + "px";
    pelota.style.display = "block";
    numeroPelota += 1;
    marcador.innerHTML = `Pelota ${numeroPelota}`;
  }
  function pulsarRaton(evento){
    elemento = evento.target;
    if(elemento.id == "raqueta"){
        ratonPulsado = true;
        offsetX = evento.offsetX;
    }
  }
  function soltarRaton() {
    ratonPulsado = false;
  }
```

14.4 ALMACENAMIENTO DE DATOS DE SESIÓN

14.4.1 Código HTML

14.4.1.1 *Página de acceso*

```
<!DOCTYPE html>
<html>
<head>
   <meta charset="UTF-8">
   <title>Página de acceso</title>
   <script src="paginaAcceso.js"></script>
   <style>
     h1{
        text-align: center;
     }
     button{
        display: block;
        margin: auto;
     }
   </style>
</head>
```

```
<body>
   <h1>JavaScript como nunca antes se lo habían contado</h1>
   <button onclick="abrirPopup()">ACCEDER</button>
</body>
</html>
```

14.4.1.2 *Página de popup*

```
<!DOCTYPE html>
<html>
<head>
   <meta charset="UTF-8">
   <title>Credenciales de acceso</title>
   <script src=popupLogin.js></script>
</head>
<body>
   <form>
      <fieldset>
         <legend>CREDENCIALES</legend>
         <label for="Usuario">Usuario:</label>
         <input type="text" id="usuario" name="usuario"
               style="margin-left: 20px;">
         <br><br>
         <label for="Contraseña">Contraseña:</label>
         <input type="password" id="contraseña" name="contraseña">
         <br><br>
         <button onclick="accesoAreaPrivada()">Confirmar</button>
         <button onclick="cerrarPopup()" style="float: right;">
            Cancelar
         </button>
      </fieldset>
   </form>
</body>
</html>
```

14.4.1.3 *Página privada*

```
<!DOCTYPE html>
<html>
<head>
   <meta charset="UTF-8">
   <title>Página privada</title>
```

```
  <style>
    button{
      float: right;
    }
    div {
        position: absolute;
        top: 50%;
        left: 50%;
        transform: translate(-50%, -50%);
        display: flex;
        align-items: center;
        justify-content: center;
    }
  </style>
  <script src="paginaPrivada.js"></script>
</head>
<body>
  <span></span>
  <button onclick="abrirPaginaAcceso()">SALIR</button>
  <div>
    <img src="../Imagenes/peligro.png">
    <h1>PÁGINA EN CONSTRUCCIÓN</h1>
  </div>
</body>
</html>
```

14.4.2 Código JavaScript

14.4.2.1 *Página de acceso*

```
function abrirPopup() {
  const anchoPopup = 400;
  const altoPopup = 200;
  window.open("popupLogin.html", "popupLogin",
           `width=${anchoPopup},height=${altoPopup}`);
}
```

14.4.2.2 *Página de popup*

```javascript
function accesoAreaPrivada(){
    let usuario = document.getElementById("usuario").value;
    let password = document.getElementById("contraseña").value;
    if(validarUsuario(usuario, password)){
        window.sessionStorage.setItem("usuario", usuario);
        window.open("paginaPrivada.html");
        window.close();
    }
}

function cerrarPopup(){
    window.close();
}

function validarUsuario(usuario, password){
    return true;
}
```

14.4.2.3 *Página privada*

```javascript
window.addEventListener("load", function (){
    const usuario = window.sessionStorage.getItem("usuario");
    document.querySelector("span").innerHTML = usuario;
})

function abrirPaginaAcceso() {
    if (window.confirm("¿Desea realmente cerrar la sesión?"))
        window.close();
}
```

14.5 JUEGO DEL FRONTÓN CON VENTANA DE CONFIGURACIÓN

Solo se incluye el código modificado de los archivos "fronton.html" y "fronton.js", ya que los correspondientes a la ventana de configuración ("configuracionFronton.html" y "configuracionFronton.js") fueron completamente descritos.

14.5.1 Código HTML

```
<!DOCTYPE html>
<html>
<head>
   <meta charset="UTF-8">
   <script src="fronton.js"></script>
</head>
<body style="background-color: lightgreen;">
   <h1 id="marcador" style="text-align: center;color: blue;"></h1>
   <img id="configuracion" src="../Imagenes/configuracion.png"
        style="width: 40px;position: absolute;top:20px; right:20px">
   <img id="pelota" src="../Imagenes/pelota.png"
        style="position: absolute; display: none;">
   <img id="raqueta" src="../Imagenes/raqueta.png"
        style="position: absolute; display: none;">
</body>
</html>
```

14.5.2 Código JavaScript

```
let idTemporizador;

let offsetX;
let ratonPulsado = false;
let elemento;

let numeroPelota;
let numeroPelotas = 3;
let marcador;
```

```
let anchoVentana, altoVentana;

let pelota;
const tamanioPelota = 25;
let pelotaX, pelotaY;
let velocidadX = 1;
let velocidadY = 1;

let raqueta;
let anchoRaqueta = 100;
const altoRaqueta = 30;
let raquetaX, raquetaY;

let anchoConfigurado;
let velocidadConfigurada;
let juegoPausado = false;
let juegoFinalizado = false;
let botonConfiguracion;

window.addEventListener("load", iniciarJuego);
document.addEventListener("mousedown", pulsarRaton);
document.addEventListener("mouseup", soltarRaton);
document.addEventListener("mousemove", moverRaqueta);

window.addEventListener("blur", function () {
  juegoPausado = true;
});
window.addEventListener("focus", function () {
  if(!juegoFinalizado) iniciarJuego();
});

idTemporizador = window.setInterval(moverPelota, 1);

function iniciarJuego(){
  anchoVentana = window.innerWidth;
  altoVentana = window.innerHeight;

  anchoConfigurado=window.localStorage.getItem("anchoRaqueta");
  velocidadConfigurada=window.localStorage.getItem("velocidadPelota");
  if (anchoConfigurado) anchoRaqueta = parseInt(anchoConfigurado);
```

```
    if (velocidadConfigurada){
      velocidadX = parseInt(velocidadConfigurada);
      velocidadY = parseInt(velocidadConfigurada);
     }

    botonConfiguracion = document.getElementById("configuracion");
    botonConfiguracion.addEventListener("click", function () {
     if(!juegoFinalizado)
        window.open("configuracionFronton.html", "configuracion",
                    "width=400,height=200");
    });

    marcador = document.getElementById("marcador");

    numeroPelota = 0;
    pelota = document.getElementById("pelota");
    iniciarPelota();
    raqueta = document.getElementById("raqueta");
    raqueta.style.width = anchoRaqueta + "px";
    raqueta.style.height = altoRaqueta + "px";
    raquetaX = anchoVentana / 2 - anchoRaqueta / 2;
    raquetaY = altoVentana - altoRaqueta;
    raqueta.style.left = raquetaX + "px";
    raqueta.style.top = raquetaY + "px";
    raqueta.style.display = "block";
    juegoPausado = false;
}
function moverPelota(){
  if (juegoPausado) return;
  pelotaX += velocidadX;
  pelotaY += velocidadY;
  if (pelotaX <= 0 || pelotaX >= anchoVentana - tamanioPelota)
      velocidadX = -velocidadX;
  if (pelotaY <= 0) velocidadY = -velocidadY;
  if (((pelotaX >= raquetaX - tamanioPelota + 10) &&
      (pelotaX < raquetaX + anchoRaqueta - 10)) &&
      (pelotaY >= raquetaY - tamanioPelota)){
        velocidadY = -velocidadY;
```

```
      pelotaY = raquetaY - tamanioPelota;
    }
   if ((pelotaY >= altoVentana - tamanioPelota)){
    if(numeroPelota < numeroPelotas) iniciarPelota();
    else{
       pelota.style.display = "none";
       ratonPulsado = false;
       if(window.confirm("¿Desea comenzar otra partida?")){
         iniciarJuego();
       }
       else{
         window.clearInterval(idTemporizador);
         marcador.innerHTML = "FIN DE PARTIDA";
         juegoFinalizado = true; //<--
       }
     }
   }
  pelota.style.left = pelotaX + "px";
  pelota.style.top = pelotaY + "px";
}
function moverRaqueta(evento) {
 evento.preventDefault();
 if (ratonPulsado){
    raquetaX = evento.clientX - offsetX;
    if(raquetaX > anchoVentana - anchoRaqueta)
        raquetaX = anchoVentana - anchoRaqueta;
    else if(raquetaX < 0) raquetaX = 0;
  raqueta.style.left = raquetaX + "px";
  }
}
function iniciarPelota(){
 pelota.style.width = tamanioPelota + "px";
 pelotaX = Math.random() * (anchoVentana - tamanioPelota);
 pelotaY = Math.random() * altoVentana / 2;
 pelota.style.left = pelotaX + "px";
 pelota.style.top = pelotaY + "px";
 pelota.style.display = "block";
 numeroPelota += 1;
```

```
  marcador.innerHTML = `Pelota ${numeroPelota}`;
}
function pulsarRaton(evento){
 elemento = evento.target;
 if(elemento.id == "raqueta"){
    ratonPulsado = true;
    offsetX = evento.offsetX;
 }
}
function soltarRaton() {
 ratonPulsado = false;
}
```